辽宁大学
经济法学文丛

辽宁省高等学校创新人才支持计划
（辽教函〔2019〕432号）资助

Research on Patent Rule of Law Based
on Drug Accessibility

基于药品可及性的专利法治研究

闫海　王洋　马海天　等◎著

法律出版社 | LAW PRESS

写作分工

绪　论	闫　海	王　洋
第一章	马海天	李秋慧
第二章	闫　海	张华琴
第三章	王　洋	王　林
第四章	王　洋	李晨艳
第五章	王　洋	王振宁
第六章	闫　海	韩　旭
第七章	闫　海	张华琴
统　稿	闫　海	王　洋
校　稿	兰　天	刘　洁

总　序

经济法学，在辽大

辽大经济法学成果累累

新一代经济法学者成长喜人

一

请允许我从一本书谈起。

这是一部编译之作——《日本经济法概要》（以下简称《概要》）。

此书 1982 年 9 月由地质出版社出版。

最先受到读者质疑的是，为什么经济法这类书稿要交给地质出版社出版呢？

情况是这样的：1980 年我受命出任辽宁大学日本研究所所长。同年 10 月开始，在著名日本问题专家金明善教授的支持与配合下，我组织所内几位学者选译了日本经济法规并进行了简要论述，定名为《日本经济法概要》。

1981 年秋，我背着《概要》书稿奔赴北京寻找出版单位。“文化大革命”期间撤销的司法部刚刚恢复，但是法律出版社何时恢复尚无音信。于是我分别拜访了北京综合性和经济类的两家出版社。但遗憾的是,他们都以种种理由婉言谢绝,理由之一是经济法概念尚存疑虑。当时我已认为出版无望了!

正在此时,巧遇一位在地质出版社任职的辽宁大学校友,知道我遇到难题后,便爽快地说:"没地方出版,就到我们社出版吧!"

就这样,祖国大陆最早论及经济法的一部专著,通过地质出版社与读者见面了!

二

作为经济理论工作者,为什么对经济法有如此浓厚的兴趣与热情?

这是对《概要》一书提出的另一类疑问。

在中国,政治经济学课程是以苏联同类教材为蓝本的。1953 年斯大林的《苏联社会主义经济问题》问世,成为经济类专业的基本教材。

20 世纪初,苏联在"十月革命"夺取政权后,经历了一种人类历史上前所未有的新制度——计划经济。计划经济作为一种国家经济制度,不是有没有计划的问题,这是表层命题。它的本质乃是两个消灭,即消灭市场,消灭财产私人所有制。1919 年俄共(当时尚未称苏共)第八次代表大会通过的党纲明确宣布:"社会主义就是消灭价值规律。"消灭价值规律就是消灭市场。20 世纪苏联官方与学界对待价值规律采用的理论,在 30 年代是"消灭论";在 40 年代变为"改造论",即改造价值规律;在 50 年代则转为"限制论",即限制价值规律。

1949 年中华人民共和国成立后,在"一边倒"和"全面学习苏联"的方针下,中国从理论与实践两个方面建立苏式计划经济制度和理论体系。在中国,20 世纪 50 年代至 70 年代是不准谈商品经济的。1979 年我发表了《社会主义救中国,商品经济"富"中国》(《辽宁大学学报》1979 年第 6 期)一文。不到一周,便接到在北京国家机关工作的朋友劝告:"不要再讲商品经济了,上面明确指示:不准讲商品经济。"

1984 年党的十二届三中全会通过了《关于经济体制改革的决定》,明确提出我国将实行有计划的商品经济体制。从此,学术界开始了探索商品经济的热烈讨论。但是,仍然不能讲市场经济,1991 年各主流媒体还在大批市场经济制度。

1992 年邓小平南方谈话,首次提出"社会主义也可以搞市场经济"的命题。从此,学术界和经济界掀起了市场经济大讨论,大大推进了中国的改革与开放事业。

经济法恰恰是市场经济的产物,也是市场经济大发展的标志和社会文明进步的标志。

我是主张市场经济的。价值规律是市场经济的基本规律。20 世纪初,我发表《价值规律是一个伟大的学校》(《社会科学辑刊》1984 年第 5 期)等一系列文章,阐释价值规律(市场经济)对资源配置的调节作用,并确认市场经济的五大功能(《当代企业》1993 年第 1 期、《人民日报》1984 年 12 月 3 日)。在反复强调市场经济五大功能的同时,我又十分重视那只"看得见的手"的重要作用。于是我郑重地提出在市场经济发展过程中,必须建立五大调节体系(《辽宁大学学报》1982 年第 6 期),其中第四个调节体系为"法规调节",详细探讨了经济法在对微观经济运作和宏观经济决策方面的"调节"与"监督"功能。

也就是说,我在探索那只"看不见的手"的过程中,深深领悟到那只"看得见的手"的重要作用。于是,我抢先"找到"了具有完备体系的日本现行经济法规,并向读者推介。

就这个意义而言,经济法虽然不是我本专业的"内涵",但我却认为探索经济法学恰恰是经济学专业所"必需的"。正是因为有如此强烈的心理诉求和专业需求,我也就顾不上有"班门弄斧"之嫌,遂出版《概要》。

三

在辽宁大学,法学院有一种文化,叫"传承"。

弘扬传承文化的前提和基础,是"追求"。

以杨松教授为代表的辽宁大学法学院团队具有一种理论兴趣和理论追求(包括法学理论、经济理论和人文理论),具有一种信息追求和学术追求,甚至还有一种学术伦理追求。他们这种积极进取、孜孜以求的行为,使辽宁大学法学院取得了传承与发展的丰硕理论成果、学术成果和人才成果,并开创了具有辽宁大学特色的学术风格和治学品格。

大大出乎我意料的是,多年来他们居然对《概要》如此珍重,甚至把它列为辽宁大学经济法学科的一种记忆、一种符号和一种文化。《概要》出版后,我就"言归正传",埋首探索本专业了。至于它在社会上有什么反应,我一概不知。是他们——辽宁大学青年学者们,始终关注、关心并收集此书的社会反响。不久前,法学院给我开列了一张反馈清单,其中法学界戴凤岐、梁慧星、杨紫烜、车丕照、周汉民、邵建东等多位学者曾引用和点赞此书的若干观点。这使我十分惊讶,十分感动,也给予我莫大鼓舞!

凡此种种,透过这般追求与传承、探索,可以看到辽宁大学法学院还有一种文化,谓之"八端文化"。八端者,即孝悌忠信礼义廉耻。体现八端文化的举措之一,就是"辽宁大学经济法学文丛"的开设。这是一项发展学术、振兴辽宁大学的创举。它将是校内外学者展示成果、交流思想、探索学术、繁荣经济法学的平台与百花园地。我希望它将是开放式、"群众性"的,既有长篇宏论,也有微文小品;既有精品展示,也有青年学者"处女之作"。倘若吸引众多辽宁大学校友,并诚邀法律界实践家都来耕耘这块田园,那么,本文丛将成为辽宁大学乃至法学界响当当的"品牌"。

我由衷地预祝,诚挚地企盼!

四

在辽宁大学,法学院还有一种精神,即"三向":向上、向善、向爱!

我衷心地祝愿辽宁大学法学院的老师和同学们,继续坚守这"三向"精神:

天天向上，

天天向善，

天天向爱！

是为序。

八十有五的辽宁大学老员工

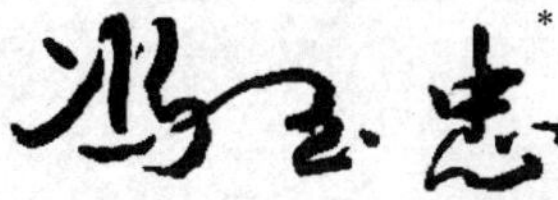
*

谨记

二○一七年元月十二日

于辽阳县首山镇

---

* 原辽宁大学校长，经济学教授，第七届、第八届、第九届全国人大代表。

Contents

目录

绪　论

一、基于健康权保障的药品可及性

药品源自人类防治疾病、保障健康的天然需求，药品对于人类个体、社群的存续和发展不可或缺，健康权保障是从法学角度探讨药品可及性的逻辑起点。药品可及性既是一项人类需要共同面对的挑战，又具有国别特殊性：一方面，人类共同面临着威胁公共健康和社会可持续发展的流行病，对健康的渴望不分国别、种族，人人应当享有获得药品以防治疾病的权利，任何国际层面的制度协调都应当体现人本主义和公平性的普世价值关怀；另一方面，具体到每个国家层面，各国均应将提高药品可及性水平作为其基本的法律和政策目标，但各国处于不同的经济社会发展阶段，药品研发、制药产业发展和医疗保障水平参差不齐，尚须基于国情确保法律制度和政策的可行性和可持续性。

(一)健康权的基本人权属性

1. 健康权的历史发展

20 世纪初，在一些工业化和早期现代化国家的宪法中，率先出现关于健康权的表述。德国 1919 年最早将健康保险纳入《魏玛宪法》,1925 年智利宪法首先规定了与卫生相关的国家义务。为应对自由放任引发的经济大萧条及其一系列社会问题,美国罗斯福总统展开一系列新政改革措施,其基本理念被归结为"第二权利法案",其中一项权利是"充分的医疗条件,有机会获得并享受健康的权利",他提出的"免于匮乏的自由"是包括健康权在内的社会性权利发展的基础。① 作为一项基本人权,健康权在世界范围内得到广泛的传播和认可,主要是得益于第二次世界大战后多个重要的国际法律文件。反思两次世界大战,以及构想未来人类社会发展,世界卫生组织(World Health Organization,WHO)和联合国等国际组织将健康权纳入一系列重要的国际性法律文件。

1946 年《世界卫生组织组织法》首次从法律角度作出了"健康"的定义:"健康不仅为疾病或羸弱之消除,而系体格、精神与社会之完全健康状态。"《世界卫生组织组织法》序言还指出,"本组织法签订国,依据联合国宪章,宣告下列各原则为各民族幸福、和睦与安全之基础……享受最高而能获致之健康标准,为人人基本权利之一。不因种族、宗教、政治信仰、经济或社会情境各异,而分轩轾"。1948 年联合国《世界人权宣言》是第二次世界大战后通过的第一个基本人权文件,其中第 25 条首次规定了健康权是一项人人享有的基本人权,应当得到法律保障。目前关于健康权的最全面定义,规定在联合国 1966 年《经济、社会及文化权利国际公约》(以下简称《经社文公约》)中:健康权是指"人人有权享有能达到的最高的体质和心理健康的标准"。此外,1965 年《消除一切形式种族歧视国际公约》第 5 条,1979 年《消除对妇女一切形式歧视公约》第 11、12 条,1989 年《儿童权利公约》第 24 条,2006 年《残疾人权利公约》第 25 条等国际性公约,以及 1961 年《欧洲社会宪章》第 11 条、1981 年《非洲人权和民族权宪章》第 16 条、1988 年《关于经济、社会和文化权利的美洲人权公约附加议定书》第 10 条等地域性国际公约,也将健康权列为基本人

① "第二权利法案"是后来《世界人权宣言》的重要组成部分,并直接影响到数十部国家的宪法。参见[美]凯斯·R. 桑斯坦:《罗斯福宪法:第二权利法案的历史与未来》,毕竟悦、高瞰译,中国政法大学出版社 2016 年版,第 2 页。

权,并予以规定。

健康权经由一系列国际公约和宣言确立为一项基本人权,健康权的保护和促进离不开国家的制度安排和政府职能行使。据统计,当今世界上约70%的国家宪法规定了健康权的相关内容,主要表现为国家或政府目标、义务或方针,公民的基本权利,或者指示制定相关法律。此外,美国、印度、菲律宾等一些英美法系国家在宪法司法实践中确立了健康权,健康权受宪法保障已是大势所趋。①

2. 健康权的基本权利属性

健康权紧密地依附于自然人,自然人个体乃是健康权的最基本单位。同时,与人身自由、财产权相比,健康权具有更加广泛的社会价值:一方面,自然人的健康权实现程度既关系个人的生命和财产利益,又对其家庭和所处工作职位产生影响;另一方面,以地域、职业、性别、收入水平等不同标准划分的群体性健康权,既影响群体内的发展水平,又在一定程度上影响其他群体、国家,甚至世界范围内的安全和秩序。此外,其他任何权利的实现程度均依赖于健康权的实现水平。例如,个人财产或者社会经济发展须以健康权的实现程度为基础,一旦发生问题,诸如个人疾病和公共疫情,不仅造成一定的经济消耗,甚至发生个人和国家经济活动的停摆。

3. 健康权内涵及其法律保障

《经社文公约》第12条对健康权的内涵予以较为完整地阐释:(1)享有母婴健康、儿童健康和生殖健康。这三个方面健康权对于人类种群存续发展具有基础性作用,但由于其主体往往处于弱势地位,或者不易被察觉,因而常被忽视。(2)享有健康的自然环境和工作环境的权利。这方面健康权强调环境是影响健康的外部关键因素,对人体健康具有累积性、群体性的潜在影响。疾病是健康的对立面,是影响健康的直接内部因素,也关系人格尊严。(3)享有预防、治疗和控制传染病、风土病、职业病及其他疾病的权利。(4)在患病时能够得到适当的医疗照顾,使用药品、医疗设施和服务的权利。

---

① 参见焦洪昌:《论作为基本权利的健康权》,载《中国政法大学学报》2010年第1期。

据此，健康权的法律保障应当围绕特殊群体、自然和工作环境以及疾病防治3个维度展开。药品是疾病防治的基本途径之一，健康权的基本权利属性亦延伸至药品。药品因此不仅具有一般商品的交易价值和使用价值，用于预防、治疗、诊断人的疾病，有目的地调节人的生理机能，还具备深刻的社会性。公众获得药品的质量、数量和便利程度直接影响健康权的实现水平，缺乏有效的药品供应意味着生命健康缺乏保障，个体权利无法实现，群体和社会发展陷入停滞乃至倒退，公众因此生活在匮乏和恐惧之中。因此，现代国家往往通过专门立法，设置相对独立的专业机关对药品的生产、流通及支付等诸环节予以管理，基本目标在于保障药品的安全性、有效性以及可及性。2019 年修订《药品管理法》第 3 条指出，"药品管理应当以人民健康为中心，坚持风险管理、全程管控、社会共治的原则，建立科学、严格的监督管理制度，全面提升药品质量，保障药品的安全、有效、可及"。

（二）药品可及性及其国家义务

1. 药品可及性的产生

"可及性"即"可获得性"，药品可及性（Access to Medicines）是指患者获得药品以满足防治疾病、恢复和维持健康的客观状态和水平。就健康权的本质而言，联合国经济及社会理事会指出，健康权包含了若干相互联系的要素：（1）可得性，指为保障公民的健康权利，国家应当提供与其经济社会发展水平相适应的充分、有效运作的公共健康和卫生保障设施、物品和服务，包括但不限于安全的饮用水、充足的卫生机构、专业医护人员和重要的药品；（2）可接近性，指国家提供上述设施、物品或服务应当具有非歧视性、地理空间上的可接近性以及合理的价格；（3）可接受性，指国家提供这些设施、物品或服务时应当尊重医学伦理和文化适当性，例如尊重少数民族的文化、性别平等、医学信息的保密性；（4）质量要求，包括技术精湛的医护人员、安全有效的药品和医疗设备等。[①] 健

---

① 参见 CESCR General Comment No. 14: *The Right to the Highest Attainable Standard of Health*（*Art.* 12），11 August 2000（Contained in Document E/C. 12/2000/4），para. 12。转引自王玫黎、谭畅：《挑战与回应：我国药品专利制度的未来——以药品专利与健康权的关系为视角》，载《知识产权》2017 年第 2 期。

康权的“可得性”、“可接近性”和“质量要求”均与药品可及性直接相关,保障和提高药品可及性水平是保护、实现健康权的主要途径。由于药品可及性直接关系自然人生命健康和生存发展的质量,因此获取药品的水平是衡量一国公民健康保护和经济发展的核心指标。

2. 药品可及性的内涵

2003 年,联合国发展集团发布《监督千年发展目标指南》,其中药品可及性被定义为“在距离一小时步行内的公共或私人医疗机构或药店,能够持续获得负担得起的药品”。① 考虑获取药品的若干因素相互作用,此定义过于简单化。“可及性”简单、狭义地理解为“根据需求而及时获得商品服务”,但是,“可及性”不仅要求具备购买基本商品或服务的能力,技术上的可用性通常需要健全的监管规范以及监督、执行的支持,以便提供合理的保证和技术上的安全、有效。②

因此,就构成要素而言,药品的可及性应当是以可用性、安全性和有效性为前提的可获取性和可负担性综合体:(1)可用性、安全性和有效性。“可用性”是指药品具备治疗疾病的功效,在一定适应症范围内,药品的可用性又以安全性和有效性为支撑和评价标准。“安全性”要求药品发挥治愈疾病功能,但不得造成人体不必要的损害,毒副反应应当被控制在一定范围内。“有效性”要求在规定的适应症、用法和用量条件下,药品能够满足治愈人的疾病,有目的地调节人的生理机能要求。不具备可用性、安全性或者有效性的“药品”,例如《药品管理法》第 98 条规定的“假药”和“劣药”,不仅无法防治疾病,还可能损害患者的生命健康。因此,可用性、安全性和有效性是对药品“质”的要求,不具备药品的“质”,无从谈起药品的“可及性”。(2)可获取性。可获

① U. N. Development Group, *Indicators for Monitoring the Millennium Development Goals* (Oct. 2003), https://www.undp.org/content/dam/aplaws/publication/en/publications/poverty-reduction/poverty-website/indicators-for-monitoring-the-mdgs/Indicators_for_Monitoring_the_MDGs.pdf. p. 81. 最后访问日期:2019 年 4 月 1 日。

② See David H. Peters et al., *Poverty and Access to Healthcare in Developing Countries*, ANN. N. Y. ACAD. Sci. 2008(1).

取性是技术上的可及性,防治疾病的药品在技术层面可以被生产出来,并且能够在地理上被公众及时地获取。(3)可负担性。可负担性是经济上的可及性,是指公民(患者)有能力支付治愈其疾病的药品费用。只有药品在消费终端被购买并使用,才能实现其作为商品的交换价值,并且某一药品的社会整体可负担性或支付能力也决定了药品研发和生产的动力。

3. 基于药品可及性的国家义务

以药品为中介,国家通过制定和执行保障药品可及性的法律、政策以保护公民健康权,是其尊重和保护人权的国际法和宪法义务。《世界卫生组织组织法》序言明确规定:"促进人民卫生为政府之职责;完成此职责,唯有实行适当之卫生与社会措施"。因此,保障和促进药品可及性是一国其履行国际公约项下国际法义务的体现:一方面,国家应当不断提高国内的药品可及性水平,将缔结的与药品可及性相关的国际条约转化为国内立法和执行措施,例如依据国际知识产权公约保护药品专利以促进药品研发,或者根据公共卫生紧急情况授予强制许可;另一方面,国家根据国际援助协议或国际人道主义精神,向其他国家或地区提供防治疫情的药品。我国作为联合国和世界卫生组织成员,是《世界卫生组织组织法》《经社文公约》等具有健康权内容的国际条约的缔约方,保障和促进药品可及性是我国践行相关条约义务的体现。

人权成为宪法中的公民基本权利是健康权实在化的重要标志,宪法规定的公民健康权对应国家实现、保障和促进人权的义务。我国《宪法》规定健康权的主要依据及其规范:(1)第 33 条第 3 款、第 36 条第 3 款关于公民健康不受侵犯的规定;(2)第 33 条第 3 款、第 45 条第 1 款关于公民在患病时有权从国家和社会获得医疗照护、物质给付和其他服务的规定;(3)第 21 条、第 26 条第 1 款关于国家应发展医疗卫生事业、体育事业、保护生活和生态环境的规定。① 其中,第 21 条第 1 款规定,"国家发展医疗卫生事业,发展现代医药和传统医药",构成我国为保障公民健康权而推进以药品可及性为基础的药事法治建设的直接宪法依据。改革开放 40 多年以来,我国医药事业取得了长足

① 参见焦洪昌:《论作为基本权利的健康权》,载《中国政法大学学报》2010 年第 1 期。

发展,并且制定《基本医疗卫生与健康促进法》《药品管理法》《传染病防治法》《中医药法》等法律法规,以保障公民生命健康权。2020 年开始实施的《基本医疗卫生与健康促进法》为保障我国公民健康权,提高药品可及性水平提供了全面的制度框架,为保障我国公民健康权利提供了组织机构、人力、物资和资金等全方位的制度建构指引。其中第 4 条第 1 款明确规定:"国家和社会尊重、保护公民的健康权";第五章药品供应保障明确规定,"保障药品的安全、有效、可及"的基本目标,从基本药物制度、药品审评审批制度、质量、价格和供求等方面全面提升药品可及性水平。但是,未来较长一段时期内,我国仍须不断推进药事法治,以提高药品可及性水平,这是我国人权保障体系构建的重要一环。①

基于药品可及性的国家义务在本质上是建立健全以保障和促进公民健康为目标的法治体系,包括建立一套完整法律体系,通过法律的执行来提供医药服务体系、医疗社会保险和支付体系,干预和调节药品市场。药品可及性涉及药品的生产者、经营者、医疗服务机构和支付者,其中支付者又包括患者和社会保险机构,处于药品生产和消费两个市场终端的生产者和患者是药品可及性问题的两大主体。在市场经济中,药品的生产和定价权在很大程度上掌握在制药企业手中,所以药品可及性要求建立规制药品生产为核心的法治体系。基于药品可及性的国家义务涉及广泛的政府职能行使,以药品监管机关为中心,专利主管机关、反垄断执法机关、卫生行政管理机关等多个政府机关都具有相应的行政执法权力。

二、药品可及性法治的原则与工具

药品具有不同于一般商品的消费特征:一方面,药品存在需求上的弱价格弹性,一旦患病,药品便成为患者的刚需品,患者为治愈疾病倾向于压缩其他支出,在医药方面往往不计成本,以致药品需求的判定往往只是关注健康因

① 参见中华人民共和国国务院新闻办公室:《改革开放40年中国人权事业的发展进步》,载《人民日报》2018 年 12 月 13 日,第 13 版。

素。此外,药品实际支付方还包括医疗保险机构,与之有关的保障范围、报销规范及自付比例等都影响药品的相对价格。另一方面,药品存在供给上的专利药与仿制药之间的强价格差异,两者的研发成本和上市审批成本等相差悬殊。[①] 质言之,市场供求规律或者私法工具不足以保证市场上的药品供应,应当依据实现药品可及性的良法善治目标,按照循序渐进的步骤,从市场供给和价格控制两个维度,运用法治工具对药品的生产、流通和购买支付等各个环节予以干预。

(一)药品可及性的法治原则

药品可及性是制药企业和患者之间进行利益分配的过程,在规则制定和具体执法中,政府机关扮演着利益分配者的角色。广泛的职权存在滥用和腐败风险,WHO 指出,“腐败的形式多种多样,并潜伏于世界各地的卫生系统内。卫生部门腐败阻碍人们获得高质量的卫生服务和安全有效的药物,破坏金融风险防范体系,直接阻碍全面卫生覆盖进程”。[②] “善治”被视为世界各国政府的共同目标,是公共利益最大化的社会管理。[③] 药品可及性是典型的公共治理问题,实现善治应当推进良法建设。

1. 公开透明原则

公开透明原则要求法律规范和政策制定过程的公众参与,例如药品专利规范制定、基本药品目录遴选应当面向公众开放,后者有权通过各种渠道提出建议,又如各种规范、政策以及药品专利信息等数据应当通过便利途径向公众开放查询,形成药品法治的“良性文牍主义”。

2. 成本收益原则

药品可及性法治应当充分考虑给各方带来的成本,例如药品上市审查、药

---

① 参见何华:《药品专利期限补偿制度探究——以药品消费特性为视角》,载《法学评论》2019 年第 4 期。

② 世界卫生组织简报第 96 期第 9 号(2018 年 9 月),第 589 ~ 664 页。参见 https://www.who.int/bulletin/volumes/96/9/18 - 209502.pdf? ua = 1,最后访问日期:2020 年 2 月 24 日。

③ 吴汉东:《国家治理现代化的三个维度:共治、善治与法治》,载《法制与社会发展》2014 年第 5 期。

品专利、医疗社会保险等制度中涉及长短不同的期限,而规范的复杂程度也会影响当事方的合规成本。时间、合规成本必然影响制药企业的利益和患者的健康权利,因此药品可及性法治需要在制度上将不必要的成本降至最低,实现社会整体收益最大化。

3. 循序渐进原则

健康与非健康、不同疾病之间并无优先性差异,人权的普遍性和基本权利保障的一致性要求药品可及性"不落下任何一个人",即在范围上覆盖全体公民。但是,鉴于财政资源、医药资源的有限性,不可能同时保障所有公民的用药需求,需要各国药品可及性法治依据本国国情循序渐进展开。例如,基本药物(Essential Medicines)可及性是药品可及性的首要层次,基本药物以外的药物可及性是满足首要层次后的发展。① 基本药物制度可以划分为三个发展阶段:(1)集体健康权利的救济阶段,主要面对社会中的贫困群体,注重药品价格控制;(2)集体健康权利的请求阶段,面对社会整体中的每一个体,并强调基本药物遴选的"成本—收益";(3)个体健康权的权利请求阶段,面向个体化的健康权保障,如罕见病用药,强调基本药物中"Essential"释义中的"精华"含义,针对个体疾病的药品"优中选优"。② 基本药物制度作为药品可及性法治的基础制度之一,其发展的阶段性亦可理解为药品可及性的发展层次。健康权的保障是一项永无止境的事业,药品可及性法治应当以经济社会发展阶段为基础,循序渐进地从集体到个体、从价格到品质的双重发展,努力消除因个体贫富和病症不同而存在的健康保障水平差异,以最终实现全体社会成员的

---

① 基本药物的概念源于1975年世界卫生大会的一份报告。此次大会旨在推动建立一个渠道,以帮助因贫穷或用法不当的人群能够受益于现代药物的发展。在2002年前,基本药物主要面向贫困人群,政府通过各种手段降低药物价格,保证其获得基本药物,具有社会救济的性质。2002年WHO对基本药物的理解转向要求政府向所有公民提供具有良好性价比的药物,具有集体健康权保障的性质。参见宋玉萍、王晨光:《从权利救济到权利请求——基本药物制度的法理学分析》,载《比较法研究》2013年第3期;Jonathan D. Quick、Hans V. Hogerzeil、German Velasquez等:《基本药物今昔25年》,载《中国循证医学杂志》2003年第2期。

② 参见宋玉萍、王晨光:《从权利救济到权利请求——基本药物制度的法理学分析》,载《比较法研究》2013年第3期。

药品可及性为目标。

(二)药品可及性的法治工具

1.药品供给保障:激励生产与扩大进口

保障药品供给的主要途径是激励国内药品生产的数量,并且促进制药产业结构转型升级。从药品生产、流通和消费环节看,药品可及性实现处于第一位的是药品生产能够满足患者的用药需求,不断升级优化制药产业的结构。但是,制药企业的逐利性、既有产业结构的固化与此目标存在矛盾冲突:(1)在市场经济环境下,制药企业为实现营利目标,根据药品市场需求选择生产利润高、需求大的药品;(2)不同疾病的患病率因群体、年龄和地区不同而存在较大差异,如制药企业对于罕见病用药的研发和生产动力较低;(3)在原研药和仿制药的二元界分模式下,原研药企业需要巨额资金投入,是我国制药产业转型升级难以逾越的障碍。这些问题导致了药品生产与用药需求之间只能形成大体上的平衡,非紧密勾连的存在将导致部分药品的短缺,从而危及患者的健康权。

基于药品可及性的药品供应保障前提是尊重制药企业的市场主体地位和自主经营权,与之相适应的干预措施是干预程度较低的法治工具,包括私法工具、信息工具或者经济工具。这些法治工具的优点是具有市场化和灵活性特征,可以根据药品市场供求变化及时调整,并且按照时间、数额、比率的选择适用于具体药品:(1)私法工具主要通过专利制度赋予制药企业对研发药品的垄断性权利,包括垄断性经营权利、较长的专利保护期或特殊情况下的专利期延长,如罕见病用药保护期在一般专利药品的 20 年基础上再增加若干年;(2)信息工具主要是政府搭建药品供求的信息平台,重点是沟通全国范围和区域内短缺药品和原料信息、政府采购信息,实时向制药企业传递供求信息,引导后者根据药品市场需求情况调节生产规模;(3)经济工具包括税收、补贴等财政工具,一方面运用税收优惠政策在一定时期内减免特定药品的税收,另一方面通过补贴等方式对特定药品的研发、生产进行资金支持。相较信息工具和私法工具的普遍适用性,税收、补贴等经济工具在适用过程中具有个别性,涉及对药品及其生产者的遴选,若是缺乏事前一般性标准或者充分地正当性、合理性论证,可能不当干预药品市场,增加某些制药企业的竞争优势,造成不公平的政府干预。

保障药品供给的另一途径是扩大特殊药品进口。虽然提高国内制药企业的供给水平是解决我国药品可及性的主要途径,具有保障国家战略安全和优化产业结构的意义。但我国制药产业处于生产能力强而研发能力弱的状态,抗癌药物、艾滋病药物、罕见病用药等某些特殊疾病药品的研发和生产较为滞后,国产仿制药物与进口原研药物的疗效也存在明显差距。在短时期内无法扭转此格局,通过法治建设构建保证特殊药品进口是目前保证我国药品可及性不可忽视的途径。目前,我国扩大特殊药品进口主要采取简化审批程序来缩短上市时间,如临床试验申请的到期默认制、进口检验以企业检验结果为标准,尽管通过减免进口关税等措施,共同推进进口药品的可及性,但近年来引起社会广泛关注的"陆勇案""聊城抗癌假药案"①等都反映出进口药品的法治困境,其中包括专利药品平行进口的障碍,以及药品可及性和安全性之间的权衡。

2. 药品消费保障:维护秩序与干预供销

价格是市场资源配置的重要调节杠杆,药品价格的高低及其变化直接决定了用药费用的高低和市场的竞争活力。随着我国市场经济不断发展,政府在药品价格形成中的角色渐趋淡化,对药品价格的管控逐步放开。② 市场化

---

① 2018 年,聊城医生陈宗祥向一名癌症患者推荐印度仿制药"卡博替尼",此药未经我国批准上市属于"假药"。患者去世后,家属因不满治疗效果,与医院产生纠纷。公安机关在侦查阶段认定陈宗祥没有牟取私利,与药品销售人员不存在利益关联等,虽然违法,但不构成犯罪。

② 2015 年《国务院办公厅关于完善公立医院药品集中采购工作的指导意见》(国办发〔2015〕7 号)和《中共中央国务院关于推进价格机制改革的若干意见》(中发〔2015〕28 号)明确指出,药品价格主要由市场竞争形成,政府对绝大多数药品放开价格管制,取消先前制定的药品价格,将定价权交还给市场,创造有利条件,充分发挥市场定价的优势。国家发展改革委于 2016 年 7 月又发布了《关于印发推进医疗服务价格改革意见的通知》(发改价格〔2016〕1431 号),要求控制医药费用的总量,优化医药费用的结构,充分发挥市场调节机制的作用,引导医疗服务价格合理形成。2019 年 8 月,国务院总理李克强主持召开常务会议,对短缺药清单中的品种允许企业自主合理定价、直接挂网招标采购。参见《常用药短缺、涨价?国务院提出多项新招疏解》,载人民网:http://yn.people.com.cn/n2/2019/0821/c378440-33273306.html,最后访问日期:2020 年 3 月 24 日。

的药品价格形成机制具有药品价格上涨的风险，其中既有供求关系变化、成本上升导致的合理价格上涨，也有违法性垄断、操纵价格导致的不合理涨价，还有药品专利合法垄断而设定高价。药品涨价或高价直接增加患者的负担，降低了药品的经济可及性，需要政府综合运用多种法治工具以控制药品价格，维护药品市场秩序。

为维护药品市场秩序，应当执行和完善我国《反垄断法》《反不正当竞争法》《价格法》《基本医疗卫生与健康促进法》《药品管理法》。2019 年修订《药品管理法》专设第八章药品价格和广告，其中第 84 ~ 88 条集中对药品价格予以规定，包括对药品价格的监测、监督检查和查处价格违法行为以及关于药品价格制定的原则，禁止暴利和价格欺诈，第 91 条还规定，“药品价格和广告，本法未作规定的，适用《中华人民共和国价格法》、《中华人民共和国反垄断法》、《中华人民共和国反不正当竞争法》、《中华人民共和国广告法》等的规定”。2019 年我国《基本医疗卫生与健康促进法》第 62 条第 1 款规定：“国家建立健全药品价格监测体系，开展成本价格调查，加强药品价格监督检查，依法查处价格垄断、价格欺诈、不正当竞争等违法行为，维护药品价格秩序。”面对复杂的药品技术和市场环境，政府机关对于药品价格的监测和监管面临日益严峻的挑战。在法律上，如何判断价格或涨价行为是否合理，难以给出具体明确的判断依据；在事实上，政府机关不是生产经营者，不可能取代后者在市场价格形成机制中的地位，对于生产经营者价格行为的评价存在方法论和行政成本的诸多障碍。因此，对药品价格行为的监管，不能仅从价格角度进行观察和判断，重点是从市场竞争秩序角度判断价格行为背后是否存在限制竞争或不正当竞争。2017 年国家发展改革委《短缺药品和原料药经营者价格行为指南》明确禁止经营者通过达成横向或纵向的价格垄断协议操纵市场价格，禁止经营者滥用市场支配地位以不合理价格进行交易、限制交易、拒绝交易、附加不合理费用和实行差别待遇等行为。但是，一般性反垄断法框架对于制药产业的违法垄断行为查处力度有限，《反垄断法》震慑不足以抵抗来自药品违法垄断的暴利诱惑。因此，药品价格规制应当与制药产业竞争法规范的制定相衔接，将竞争执法范围完整地覆盖制药产业的上下游和全领域，对药品垄断、操控价格等行为,依法实施巨额罚款、市场禁入直至刑事处罚。

药品价格合理上涨或者专利性垄断高价的情况下,政府缺乏强制性干预的空间,可行途径是依靠医疗社会保险从购销端干预药品价格。“社会医疗保险体系的建立是市场经济国家政府干预药价的主要原因,也使‘医保支付价’成为政府药价管理的核心内容”。[①] 医保支付价是由一套相互关联的制度构成,包括基本药物目录、政府采购、储备和支付等多个环节。

首先,国家基本医疗保险药品目录划定了制度运行的客体范围。为保证药品遴选的合理性:(1)范围应当覆盖诸如癌症、艾滋病、罕见病等更多重大疾病,并且不断提高目录内药品的质量和性价比;(2)在参照目录用药和医师决策用药之间保持适当平衡,药品目录对药品采购、用药和报销均有法律约束力,但医疗行为存在固有规律,划定药品目录范围亦须保留医师的专业处断权,应当丰富同种疾病中的药品种类;(3)实施有进有出的动态调整,注重结构性优化,加大新药的纳入比例,促进药品创新。

其次,充分发挥政府采购的价格调节作用。药品市场存在明显的市场失灵,制药企业和患者个体之间的经济实力悬殊,并且信息不对称问题严重,患者不具备平等议价的能力。因此,政府应当承担全体患者或消费者的代理人角色责任,凭借其财政能力、组织协调能力与制药企业展开平等交易和价格谈判,减少药品流通环节和不必要的社会交易成本。药品的集中采购、带量采购属于特殊的政府采购类型,[②]扭曲市场竞争、恶性价格竞争、行政垄断等政府

① 国家发展改革委经济研究所课题组:《应建立“医保支付价管理”为核心的我国药价新体制》,载《宏观经济研究》2014 年第 4 期。

② 药品带量采购是以保障药品供应、切实降低药品价格为目标,由购买方确定药品采购数量并保证足量采购,药品供应企业通过集中采购平台竞价或议价,最终确定采购价格,其核心为“以量换价”“以价保量”。2015 年是我国药品采购里程碑年份,国家先后出台《关于完善公立医院药品集中采购工作的指导意见》(国办发〔2015〕7 号)和《关于落实完善公立医院药品集中采购工作指导意见的通知》(国卫药政发〔2015〕70 号),明确提出:坚持以省(区、市)为单位的网上药品集中采购方向,采取招生产企业、招采合一、量价挂钩、双信封制、全程监控等措施,保障药品质量和供应,落实带量采购。参见陈昊、饶苑弘:《新时代的药品带量采购实践与思考》,载《中国药物经济学》2019 年第 7 期;夏金彪:《国家药价谈判初现改革成效》,载《中国经济时报》2017 年 7 月 25 日;人力资源和社会保障部:《人社部发布医保药品目录准入谈判结果》,载《中国医疗保险》2017 年第 8 期。

采购存在的一般性问题，亦会发生在药品采购活动中。因此，我国应当加强《政府采购法》《合同法》《招标投标法》等一般性法律约束，并且坚持药品采购的基本目标，评估药品的合理价格范围，考察采购目标企业的供应能力。[①] 严格执行我国《基本医疗卫生与健康促进法》第 62 条第 2 款规定，"国家加强药品分类采购管理和指导。参加药品采购投标的投标人不得以低于成本的报价竞标，不得以欺诈、串通投标、滥用市场支配地位等方式竞标"，以及落实第 103 条规定的法律责任。

再次，药品储备和供应制度是应对市场药品短缺和公共突发事件时，平抑市场药价、保障药品可及性的法治工具。2019 年我国《基本医疗卫生与健康促进法》第 63 条规定："国家建立中央与地方两级医药储备，用于保障重大灾情、疫情及其他突发事件等应急需要。"由此可见，药品储备制度主要针对紧急事件。虽然医药产品储备在常态环境下的多年时间里不会产生显著功效，并且消耗大量的公共资金，但 21 世纪肆虐全球多地的非典型肺炎疫情、埃博拉病毒疫情、新型冠状病毒肺炎疫情等重大突发公共卫生事件凸显了医药物资储备制度在特殊时期发挥挽救公民生命、保障公共健康、维护生产生活秩序的重要功能。我国 2019 年修订《药品管理法》专设第九章药品储备和供应，包括第 92 条药品储备制度和紧急调用、第 93 条基本药物制度、第 94 条药品供求监测体系、第 95 条短缺药品的清单管理制度、第 96 条特殊新药优先审评审批、第 97 条保障供应机制，使药品储备和供应在总体上有法可依。但是，机关职权协同配合、信息化管理和储备基地建设等具体操作事项有待在次级立法中具体化。药品储备涉及卫生健康机关、应急管理机关和市场监管机关的多方协作和职权配置，储备药品种类、管理和使用需要建立在以药品市场和应急预案为基础的信息系统之上，应当制定药品储备设施建设和管理的制度规范，因此药品储备和供应是一个需要系统化建设的子系统。

---

① 在政府药品采购中，各药品生产经营者纷纷展开价格争夺战排挤竞争对手，导致中标企业供不上药，其他企业有药不能供，或者是药物质量大大降低。参见陈云良：《基本医疗服务法制化研究》，载《法律科学》（西北政法大学学报）2014 年第 2 期。

最后,医保药品支付是影响患者经济负担的终端。在医保改革的大环境下,医疗费用和个人负担呈现“双增长悖论”的局面。长期以来,我国医保资金使用过于侧重“安全”的政策目标,法制规范建设却相对空白,不注重对医保管理机构的能力建设和资金支持,使后者缺乏对医师和患者道德风险的监督激励。① 近年来,在部分地方发生的医保资金欺诈案亦说明,以安全为导向的资金管理情况堪忧。对于医保资金这一公共财产的监管涉及医药领域多方利益分配,不能仅适用一般性社会保障法律规范,应当以公平可及、稳定适度、协同高效为基本目标,②制定可操作性较强的专项规则。

(三)社会医疗保险和基本药物制度的药品可及性法治发展

在尊重药品生产经营者市场主体地位的前提下,政府应当综合运用信息、标准、市场准入、竞争执法、政府采购、税收补贴等多元化的工具,从供给保障和价格控制两个路径建立药品可及性法治。长久以来,我国在推进医药体制改革过程中,基本药物制度和社会医疗保险制度的法治建设虽然还有不尽完备之处,但已基本成型,成为保障我国药品可及性的三大支柱之二。

我国社会医疗保险发展相对较早,大致经历四个阶段:(1)1979～1992 年的探索阶段。在社会主义市场经济体制确立之初,我国借鉴国外先进医疗保险的经验,开始探索与自身市场经济体制相适应的社会医疗保险模式,这一阶段的改革核心是控制医药费用。同时,我国开始探索建立医疗保险法律体系,出台了《关于进一步加强公费医疗管理的通知》《试行职工大病统筹的意见》等部门规章,为社会医疗保险模式和医疗保险大病统筹的探索提供法律依据。

---

① 参见刘凯、和经纬:《激励机制、资源约束与监管成本——医保经办机构组织能力影响医疗费用增长的实证研究》,载《公共行政评论》2018 年第 2 期。

② 2020 年《中共中央、国务院关于深化医疗保障制度改革的意见》指出,我国未来十年的医疗保障制度完善应当“坚持应保尽保、保障基本,基本医疗保障依法覆盖全民,尽力而为、量力而行,实事求是确定保障范围和标准。坚持稳健持续、防范风险,科学确定筹资水平,均衡各方缴费责任,加强统筹共济,确保基金可持续。坚持促进公平、筑牢底线,强化制度公平,逐步缩小待遇差距,增强对贫困群众基础性、兜底性保障。坚持治理创新、提质增效,发挥市场决定性作用,更好发挥政府作用,提高医保治理社会化、法治化、标准化、智能化水平。坚持系统集成、协同高效,增强医保、医疗、医药联动改革的整体性、系统性、协同性,保障群众获得高质量、有效率、能负担的医药服务”的基本原则。

(2)1993~1997年的“统账结合”社会医疗保险改革试点。以1994年国务院颁行《关于职工医疗制度改革的试点意见》为标志，我国开始逐步建立覆盖城镇所有劳动者的“统账结合”社会医疗保险制度的改革目标，建立由政府、用人单位和员工三方共同负担的筹集机制、运行机制，推动我国医疗保险法律体系的改革与发展。(3)1998~2009年基本医疗保险制度形成阶段。这一阶段初步形成了基本医疗保险制度三支柱体系，包括城镇职工基本医疗保险制度、新型农村合作医疗保险制度和城镇居民基本医疗保险制度。1998年，国务院颁布《关于建立城镇职工基本医疗保险制度的决定》，标志着“统账结合”的城镇职工基本医疗保险制度在我国正式确立；2003年，根据国务院《关于建立新型农村合作医疗制度的意见》，新型农村合作医疗保险制度试点在全国范围内展开；2007年，国务院印发《开展城镇居民基本医疗保险试点的指导意见》，城镇居民医疗保险试点工作逐渐开展。这些行政法规、部门规章的相继出台，极大地丰富了我国医疗保险法律体系。(4)2010年至今的医疗保险法治化的新阶段。2010年，我国颁布社会保险领域的第一部综合性法律《社会保险法》，以法律形式确立了我国基本医疗保险的地位，在我国医疗保险法律体系建设进程中具有里程碑意义，全面总结了我国多年以来社会保险领域的探索经验，开启了社会医疗保险法治化的新纪元。[①] 2019年《基本医疗卫生与健康促进法》对我国基本养老保险制度从资金保障方面作出更加明确的规定。2020年《中共中央、国务院关于深化医疗保障制度改革的意见》为我国未来10年医疗保障制度改革指明了基本方向，引导法治建设朝着更加公平、协调、与医药服务高质量协调发展的方向不断完善。

基本药物制度是我国药品供应保障体系的基础，相较医疗社会保险发展较晚，历经政策推广到法治化建设的发展，总体上分为三个阶段：(1)1992~2006年的基本药物政策探索。1992年开始，我国以借鉴WHO和发达国家的经验开始探索制定基本药物的方针政策，同年原卫生部公布实施《制订国家

① 参见张再生、李亚男：《中国医疗保险法律体系的发展与改革》，载《中国卫生政策研究》2015年第4期。

基本药物工作方案》,分别于 1994 年、1996 年印发《国家基本药物》目录。在此阶段,我国尚未形成体系化的制度规范,主要以政策性规范文件的形式在全国范围内推行《国家基本药物》目录,指导药品生产和使用,相关实践经验为我国后续正式建立制度法规奠定了基础。(2)2007 ~ 2011 年的基本药物制度初步建立。我国建立国家基本药物制度始于 2007 年国务院《卫生事业发展"十一五"规划纲要》。2009 年《中共中央、国务院关于深化医药卫生体制改革的意见》和《关于建立国家基本药物制度的实施意见》明确提出我国基本药物制度的目标和构建蓝图,后者提出:"国家基本药物制度是对基本药物的遴选、生产、流通、使用、定价、报销、监测评价等环节实施有效管理的制度,与公共卫生、医疗服务、医疗保障体系相衔接。"同年颁行的《国家基本药物目录管理办法(暂行)》,正式将国家基本药物目录上升为法律规范。(3)2012 年至今:基本药物制度巩固完善。此阶段基本药物制度更加注重基本药物公平可及性,重点对特殊人群保障、供应保障机制、使用激励机制、评价和监测的信息系统进行建设。我国 2019 年修订《药品管理法》第 93 条规定,"国家实行基本药物制度,遴选适当数量的基本药物品种,加强组织生产和储备,提高基本药物的供给能力,满足疾病防治基本用药需求",基本药物制度正式成为一项法律层级的规范。2019 年《基本医疗卫生与健康促进法》第 59 条规定,"国家实施基本药物制度,遴选适当数量的基本药物品种,满足疾病防治基本用药需求。国家公布基本药物目录,根据药品临床应用实践、药品标准变化、药品新上市情况等,对基本药物目录进行动态调整。基本药物按照规定优先纳入基本医疗保险药品目录。国家提高基本药物的供给能力,强化基本药物质量监管,确保基本药物公平可及、合理使用"。

我国新一轮医改以来,社会医疗保险制度和基本药品制度的建立和完善对于保障公民获得基本药品、减轻经济负担、促进健康权发展起到了重要作用。尽管相关法治尚存在一定问题,但已基本上支撑起我国现阶段"药品可及性"的目标。

我国药品可及性正处于由面向社会贫困群体转为面向全体公众的过渡阶段,人类健康权发展和药品可及性水平的提升永无止境,我国药品可及性的药事法治建设须以维护公民个体健康,提供个体化、高质量药品作为更高层次的目标。实现此目标应当以我国制药产业高水平发展为基础,目前我国制药产业处于从低质量仿制向高质量仿制和创新转型的关键期。一方面,我国制药产业长期以来大而不强,仿制药占绝对主导地位,重广告而轻研发。一些重大疾病的高效药严重依靠进口专利药品,专利药品的政府采购价格谈判的覆盖范围有限,患者用药负担沉重。我国仿制药与原研药存在明显差距,2013 年开始的仿制药质量一致性评价计划于 2018 年年底完成,但绝大多数仿制药企业无法达标,这一时限被迫取消。另一方面,经过多年投资和制度支持,我国制药企业的自主研发能力大幅提升,正在迎来自主原研药物的收获期。与 2017 年相比,2018 年国内Ⅰ类原研药(未在国内外上市的药品)注册申请的品种数、新药临床试验申请及新药上市申请的品种数量均实现了快速的增长,全年审评通过的 106 个新药品种,包括 9 个Ⅰ类国产原研药及 67 个进口原研药品种。[①] 药品评审制效率的提升、医保入选和金融科创板的支持等是我国原研药发展的制度因素。

总之,推动制药产业转型升级和药品市场供给侧结构性改革,实现更高层次的药品可及性目标,需要进一步的法治建构。参考欧美等制药产业发达国家的经验,我国药品可及性法治的重点应当是药品专利法治建设。

三、药品可及性的专利法治两难与发展

药品专利法治存在技术可及性和经济可及性的两难,缺乏全面调控的专利权在有限范围内会促进药品技术可及性,却损害了更广泛群体的技术可及性和经济可及性。简单赋予药品以专利权,承认其作为私人财产的市场经济利益,远不能实现专利作为公共财产的社会公共利益目标。只有通过体系化药品专利法治建构,在原研药企业、仿制药企业和社会公众之间,在药品技术可及性和经济可及性之间,才能实现恰当的利益平衡。

---

① 参见国家药品监督管理局:《2018 年度药品审评报告》,载 http://www.nmpa.gov.cn/WS04/CL2196/338621.html,最后访问日期:2020 年 1 月 24 日。

(一)药品可及性的专利法治两难状况

1. 药品的技术可及性与专利激励

"人类的历史即其疾病的历史",[①]人类的历史进步亦是不断研发新药以战胜疾病的过程,公民健康总体水平和生命质量的提高以技术上的"有药可治"为前提。在医药技术迅速发展的今天,一些重大疾病和罕见疾病仍缺乏有效的治疗药品,新药研发对于药品的技术可及性至关重要。

新药研发是一项耗时漫长、巨额投入且极具风险的商业活动和科研活动。新药研发是指从实验室发现新化合物到治疗疾病的药品成功上市的过程,须经发现或筛选有效成分、结构式确定、临床前试验、新药临床研究申请、一期临床试验、二期临床试验、三期临床试验、新药申请、批准上市等阶段。[②] 在新药研发的整个过程中,临床前研究仅占约30%的时间,20%的时间在等待药品监管机关的审批,约50%的时间用于临床试验。[③] 一种新药研发通常需要10~15年时间。相对于漫长的研发周期,新药品研发成功率非常之低,资料显示,仅1/5000备选药物最终进入市场,绝大部分备选药物在临床阶段即被淘汰。[④] 新药研发的长周期和高风险增加了研发的总成本。制药产业研发投入/营收占比为18.3%,为所有制造行业中最高,是平均水平的6倍。[⑤] 据美国塔弗茨药物开发研究中心2014年发布的报告,一款成功上市的新药会消耗掉29亿美元,包括约14亿美元的直接投入和因研发失败而导致约12亿美元的间接投入。[⑥] 此外,药品进入市场之后,若是不良反应发生率高或者危害严重,不但会被停止生产、销售、使用,药品的巨额研发成本因此付之东流,还面临患者的巨额损害赔偿请求。

---

① 桑林等:《瘟疫:文明的代价》,广东经济出版社2003年版,第5页。

② 参见胡善联主编:《药物经济学》,高等教育出版社2009年版,第224~226页。

③ 参见陈洁主编:《药物经济学》,人民卫生出版社2016年版,第204页。

④ 参见[美]玛西娅·安吉尔:《制药业的真相》,续芹译,北京师范大学出版社2006年版,第17页。

⑤ See Phrma, Biopharmaceutical Research Industry 2016 Profile, http://www.phrma.org/report/industry-profile-2016,最后访问日期:2019年9月24日。

⑥ 曹斯:《机器人医生来了》,载《南方日报》2017年11月20日,第A15版。

高昂的研发成本决定了制药产业对专利的高度依赖性，专利是激励制药企业研发药品的根本性制度保障。有的研究认为，制药产业对专利保护的依赖程度在所有技术领域中最高，[①]90%的药品只有在专利保护情况下才会被研发出来。[②] 质言之，原研药上市之后的高定价，其目的在于通过专利所形成的市场垄断收回高昂的研发成本，[③]若是不给予专利保护，研发者的前期投入无法收回，将极大挫伤研发者的研发热情和投资者的投资兴趣，形成无人愿意研发新药的局面，最终导致新药研发的停滞不前，专利成为原研药企业的核心竞争力和最重要的财产。换言之，人类从技术可能性上获取更佳药效、防治更多疾病的药品，在很大程度上依赖专利法治的构建和完善。

专利法治还在专利信息公开意义上促进药品的技术可及性。被授予药品专利权的原研药企业需要将专利信息公开，其他主体可以利用这些信息在专利药基础上展开进一步研发活动，促进专利药的更新换代。相比原研药企业以商业秘密形式保护药品"秘方"，药品专利能够实现制药技术的广泛传播和进步。放眼世界，全球创新型制药强国对制药产业利益的保护主要是通过药品专利来实现的。例如，美国主要通过专利商标局（Patent and Trademark Office，PTO）来实现此功能，联邦食品药品监督管理局（Food and Drug Administration，FDA）亦越来越多地通过各种方式涉及制药产业的利益保护。美国制药产业在药品研发、生产和销售所取得的世界一流成果，与美国各行政机关在专利方面的帮助和支持是密不可分的。[④] 尽管美国国内贫富差距悬殊，缺乏社会医疗保险制度，低收入者的药品可及性层次较低，但其以专利为中心的药事法治不乏值得借鉴之处。

---

① 参见张清奎：《医药生物技术领域知识产权保护现状及发展趋势》，载《中国药学杂志》2010年第16期。

② See Mansfield, M. Schwarz, S. Wagner, *Imitation Costs and Patents: An Empirical Study*, Economic Journal, 1981(4).

③ 参见何华：《药品专利期限补偿制度探究——以药品消费特性为视角》，载《法学评论》2019年第4期。

④ 参见蔡江南：《管制与竞争：美国药品市场中政府的作用》，载《世界经济文汇》2004年第3期。

2. 药品的经济可及性与专利局限

药品专利的另一面是直接导致药价高企,降低患者对于药品的经济可及性。专利赋予原研药企业在有效期内垄断性经营利益,在缺乏市场竞争的环境下,原研药企业拥有决定原研药价格的权利。原研药的高价虽然包括药品研发的投资、其他失败研究的成本、国内税收和关税、与其他治疗方案的专利药品之间竞争、专利期过后与仿制药的竞争以及政府药品采购的价格谈判能力等多种因素,但无法否认的是,药品专利是其中最为重要的原因。有关调研报告显示,“药价虚高在很大程度上源自药品中的专利因素。此种情况在发展中国家尤为突出,因药品专利致药价上涨率高达120% ~200%,甚至更多”。[①] 横向对比国际药价可以发现,有无专利的同种药品价格差距有数十倍之大。[②] 药品专利期届满,仿制药上市后,市场竞争导致同样疗效的药品价格降幅可以达到八成。[③]

高企的原研药价格也间接影响药品的技术可及性。在专利垄断利益推动下,制药产业研发投资的首要目标是利润回报最大的疾病领域,重要衡量指标之一是患者的支付能力。对于回报率和需求量较小的疾病,如罕见病、结核病、疟疾等,由于商业利益较小,尽管需求迫切或需求量大,制药企业也不会投入大量资金从事研发。据统计,全世界仅有不足5%的药品研发资金用于研

---

① 尹吉:《专利成本导致药价虚高》,载人民网:http://yn.people.com.cn/n2/2019/0821/c378440-33273306.html,最后访问日期:2020年3月24日。

② 以治疗艾滋病引起的脑膜炎的药品弗康唑为例,在肯尼亚受到专利保护情况下的价格是每200豪克胶囊价格是18美元;而一些国家生产的同样非专利药品,只需30美分。在印度,一种防治艾滋病人发生溃疡的药品只需2美元;而在巴基斯坦,却要花14美元,因为巴基斯坦迫于美国压力,执行了严厉的专利保护制度。参见罗思:《专利向人命低头》,载《中国新闻周刊》2001年第17期。

③ WHO指出,专利药品拉米夫定(3TC),按每年每个患者使用这种药的数量估算,使用专利持有者葛兰素史克制药公司药品的费用为3271美元,而引入仿制药竞争后,专利药价格下降非常明显。在印度,仿制药企业西普拉(Cipla)和熙德隆(Hetero)的仿制药费用分别是190美元和98美元;在巴西,引入仿制药竞争前、后平均药物下降的幅度达到了79%。参见姚颉靖、彭辉:《药品专利与公共健康关系的实证研究——基于27个国家和地区的数据分析》,载《科技与经济》2010年第3期。

发治疗严重影响发展中国家的疾病的药品。[①] 大部分制药企业的目光集中在回报率高的项目上，大型制药企业对一种药品作出研发决策的前提是该药品具有10亿美元以上的年销售额。为保证预期收益，很可能将研发群体和对象锁定在发达国家的富裕阶层常患疾病，如研发治疗心脏病、糖尿病等所谓“富贵病”的药品。因为发达国家的富裕阶层具有较高的药品支付能力，能够承担长期用药的经济负担，可以保证长期、稳定的收益，从而收回研发成本。药品研究课题因此受发达国家的市场需求引导，而不是满足数量上居多的发展中国家穷人的需求。[②] WHO研究与开发方面筹资和协调问题磋商性专家工作小组在2012年的研究报告《满足发展中国家卫生需求的研究与开发加强全球筹资与协调》中指出，无论是在公共还是私营部门，当前激励体系均未能生成足够的新药研发来满足发展中国家的卫生需求。[③]

单纯私权意义上的药品专利降低了药品的经济可及性，只能在有限药品和群体范围内促进技术可及性，结果导致一国公民或全球人类整体意义上药品可及性水平的降低，这违背了专利促进公共利益的价值目标。事实上，专利法治从诞生到全球推广，始终强调其增进公共利益的宗旨。就制度功能而言，对知识的垄断并不是专利追求的目的，垄断只是为了鼓励更多的发明创造，促进知识传播、科技进步、消费者福祉及社会经济发展等，社会整体福利提升才是专利的终极价值目标。例如，我国《专利法》第1条规定：“为了保护专利权人的合法权益，鼓励发明创造，推动发明创造的应用，提高创新能力，促进科学技术进步和经济社会发展，制定本法。”由此可见，专利法治需要兼顾专利权人、专利技术使用者和社会公众的利益，以求使专利制度达到最佳的社会效益。“专利法的实质，是在专利权人的垄断利益和社会公众的利益以及在此基础上更广泛的社会公共利益之间进行利益选择、利益整合和协调，从而求得

---

① 参见尹新天：《专利权的保护》(第2版)，知识产权出版社2005年版，第204页。

② 参见姚颉靖：《全球视野下的药品专利：从利益分配到利益创造》，知识产权出版社2011年版，第53页。

③ 参见WHO：https://www.who.int/phi/CEWG_Report_ZH.pdf? ua = 1，最后访问日期：2019年9月24日。

利益平衡的一种制度设计和安排。”[①]

(二)基于药品可及性的专利国际法治发展

1. TRIPs 和药品可及性议题

我国在内的世界绝大部分发展中国家授予药品以专利法律保护往往源于美国等发达国家的高压贸易政策,后者以《与贸易有关的知识产权协定》(Agreement on Trade-Related Aspects of Intellectual Property Rights, TRIPs)这一发达国家保护知识产权的标准要求所有 WTO 成员保护药品专利,由此在全球范围内加剧了药品专利和药品可及性之间的矛盾。20 世纪末,以美国辉瑞公司为代表的世界制药企业巨头为了维护其全球市场利益而组成同盟,在美国商界、国会和智库中制造“思想王国”,将贸易、知识产权和投资相互联系,并且以此为目标游说国会议员和联邦政府贸易谈判代表。在医药、半导体和影音业等美国知识产权业界的联合推动下,美国的谈判立场变成“没有知识产权,就没有贸易回合谈判”,在多边、双边和单边的全方位形成知识产权贸易战略,并延续至今。[②] TRIPs 正是在此背景下建立的多边知识产权条约,充分体现了美国等发达国家知识密集型产业的利益诉求。

TRIPs 第五节专利部分第 27 条关于可授予专利的规定,将药品纳入可授予专利的范围之内。第 27 条第 1 款规定所有技术领域内的发明,只要符合新颖性和实用性,并具有发明步骤,即应当获得专利。第 27 条第 3 款仅将人类、动物的诊断、治疗和外科方法排除在可授予专利之外,并未将药品排除在外。因此,各 WTO 成员应依照 TRIPs 的具体规定,对合格的药品或者药品成分的制造方法授予专利保护。尽管为了缓和 TRIPs 可能给成员带来的公共健康影响,增加成员适用 TRIPs 保护药品专利的灵活性,TRIPs 第 8 条第 1 款规定公

---

① 参见冯晓青:《知识产权法利益平衡理论》,中国政法大学出版社 2006 年版,第 338 页。

② 参见[澳]彼得·达沃豪斯、约翰·布雷斯韦特:《信息封建主义》,刘雪涛译,知识产权出版社 2005 年版,第 72～81 页。

共健康保护原则,第 27 条第 2 款、第 30 条和第 31 条规定了例外条款,①但总体而言,TRIPs 极大地改变了制药企业的商业经营模式和发展中国家普通患者获取廉价药品的机会,发达国家与发展中国家的药品可及性差距进一步扩大。发展中国家和最不发达国家因为无力进口或没有条件生产专利药品而面临巨大的公共健康压力,甚至导致严重的公共健康危机。②

为了进一步平衡 TRIPs 中药品专利权与健康权之间的矛盾关系,2001 年 11 月,WTO 第四次部长会议通过了《关于 TRIPs 与公共健康的宣言》(以下简称《多哈宣言》)。《多哈宣言》明确了公共健康保护优先于知识产权保护,TRIPs 的解读和适用应当促进各国的公共健康,特别是促进药品的可及性。TRIPs 不能也不应当阻碍成员方采取措施来保护公共健康,特别是保障公众的药品可及性。但是,就《多哈宣言》性质而言,它既不是 TRIPs 的修正案,也不是 TRIPs 的解释,仅是一份政治宣言,③其适用性与拘束力没有强制效果,④

① TRIPs 第 8 条规定:"一、在制定或修改其法律和法规时,各成员可采用对保护公共健康和营养,促进对其社会经济和技术发展至关重要部门的公共利益所必需的措施,只要此类措施与本协定的规定相一致。二、只要与本协定的规定相一致,可能需要采取适当措施以防止知识产权权利持有人滥用知识产权或采取不合理地限制贸易或对国际技术转让造成不利影响的做法。"第 27 条第 2 款规定:"……二、各成员可拒绝对某些发明授予专利权,如在其领土内阻止对这些发明的商业利用是维护公共秩序或道德,包括保护人类、动物或植物的生命或健康或避免对环境造成严重损害所必需的,只要此种拒绝授予并非仅因为此种利用为其法律所禁止。"第 30 条规定:"各成员可对专利授予的专有权规定有限的例外,只要此类例外不会对专利的正常利用发生无理抵触,也不会无理损害专利所有权人的合法权益,同时考虑第三方的合法权益。"第 31 条允许成员方在以下情形可以不经专利持有人的允许而强制许可使用专利技术或生产专利产品:(1)成员方进入国家紧急状态或非常紧迫的其他情形;(2)为了非商业用途的公共利益的需要或者限制反竞争性行为;(3)以合理条件请求专利权人授权使用,但在合理长的时间内未能获得使用许可。在这三种情况下,成员方可以暂不执行对有关产品专利权的保护,但也列举了多达 12 款的规定对实施强制许可的条件进行了非常严格的限制。

② 参见胡潇潇:《药品专利实验例外制度研究》,知识产权出版社 2016 年版,第 25 页。

③ See Steve Chernovtsy, *The Legal Status of The DOHA Declaration*, Journal of International Economic Law, 2002(1).

④ 也有学者认为,虽然《多哈宣言》没有法律拘束力,它仍构成一个具有实质性劝告效力的软法(Soft Law),能够对各国政府和国际社会施加政治压力。See James Thuo Gathii, *The Legal Status of the DOHA Declaration on TRIPs and Public Health under the Vienna Convention on the Law of Treaties*, Harvard Journal of Law & Technology, 2002(2).

《多哈宣言》并未彻底地解决 TRIPs 与公共健康保护之间的根本矛盾。[①] 经 TRIPs 理事会主席尽力沟通协调之后，WTO 成员最终于 2003 年 8 月 30 日达成临时性的《关于执行 TRIPs 协定与公共健康宣言第六段的决定》。2005 年 12 月，WTO 各成员一致通过了修改 TRIPs 协定有关强制许可条款的决定，决定附属的《修正 TRIPs 协定的议定书》(以下简称《TRIPs 修正案》)与 2003 年《关于执行 TRIPs 协定与公共健康宣言第六段的决定》在实质内容上完全一致，并于 2017 年 1 月生效。《TRIPs 修正案》核心内容是允许 WTO 成员为解决缺乏制药能力或能力不足的其他成员面临的公共健康问题而颁发强制许可，制造有关药品并将其出口到这些成员。WTO 澄清和修改 TRIPs 药品专利的相关条款，为缓解发展中国家和最不发达国家成员的公共健康危机，提高药品可及性提供了法律空间。但是，发达国家未停止继续提高包括药品专利在内的知识产权保护水平的脚步，当发现 WTO 框架下实现此目标的阻力重重，再次转移知识产权的国际论坛，通过区域或双边条约维护其知识密集型产业的利益。

2. 美国主导的区域贸易协定及其影响

TRIPs 作为多边知识产权协议，只是美国全球知识产权战略的一个部分。2008 年金融危机以来，美国以复苏 20 世纪 80 年代的竞争力和创新力为旗帜，积极加快了 TRIPs-plus(或称"超 TRIPs")的推进步伐，美国推动的自由贸易协定(Free Trade Agreements，FTA)强化对药品创新的保护机制，[②]规定比 TRIPs 要求更高的保护标准，试图将其国内法中超 TRIPs 义务性质的药品专利制度通过 FTA 的方式向其他国家移植。全球知识产权保护水平随着 FTA 的"棘轮效应"而不断提高。[③]

---

① 参见冯晓青:《知识产权法哲学》，中国人民公安大学出版社 2003 年版，第 192 页。

② 梁志文:《美国自由贸易协定中药品 TRIPs-plus 保护》，载《比较法研究》2014 年第 1 期。

③ "棘轮效应"，又称制轮作用，是指人的消费习惯形成之后有不可逆性，即易于向上调整，而难于向下调整。参见韦森:《棘轮效应与代理的动态行为》，载《经济科学》1998 年第 6 期；杨静、朱雪忠:《中国自由贸易协定知识产权范本建设研究——以应对 TRIPs-plus 扩张为视角》，载《现代法学》2013 年第 2 期。

《跨太平洋伙伴关系协定》(Trans-Pacific Partnership,TPP)①是历年来美国为知识产权设立最高标准保护水平的 FTA。TPP 延续了美国 FTA 的药品专利超 TRIPs 义务的要求:(1)设立药品专利期补偿制度,即第 18.48 条因不合理缩短导致的药品专利保护期调整;(2)对药品试验数据提供类似专利权的保护方式并明确保护期限,即第 18.50 条保护未披露的实验或其他数据;(3)确立药品专利链接度,即第 18.53 条特定药品上市的有关措施;(4)对生物药品提供专利保护,即第 18.61 条生物制剂。虽然 TPP 以单独条款的形式明确了缔约国对公共健康保护的义务,但相较于 TPP 中数量众多、明确具体的超 TRIPs 药品专利制度性义务,TPP 的公共健康条款过于原则性和模糊化,可操作性较差,难以作为例外规定在具体案例中加以适用。对于 TPP 的公共健康条款的解释和适用,发展中国家和发达国家会产生不可调和的分歧。②此外,TPP 框架下缺乏能够有效执行公共健康安排的设计,公共健康条款实质上沦为一纸空文,形式意义大于实际功效。③ TPP 框架下诸多超 TRIPs 的药品专利条款与少数宣示性质的公共健康条款之间难以形成平衡,严重倾向原研药企业的利益,TRIPs 及其修正案所创设的药品专利权与公共健康保护之间的脆弱平衡关系被打破。

2017 年美国特朗普政府上台后退出 TPP,参与 TPP 谈判的其他 11 个亚太国家于 2018 年 3 月签署《全面进步的跨太平洋伙伴关系协定》(Comprehensive Progressive Trans-Pacific Partnership,CPTPP),CPTPP 于 2018 年 12 月 30 日生效。CPTPP 通过援引的方式纳入了 TPP,仅暂时搁置(suspension)TPP 少数有争议的条款,其中包括与药品专利期补偿、药品试验数据保护、生物制

① TPP 包含 12 个成员国,分别是新西兰、智利、新加坡、文莱、美国、秘鲁、越南、澳大利亚、马来西亚、日本、墨西哥和加拿大。2015 年 10 月,12 个成员国成功结束谈判,达成 TPP 贸易协定,并于 2016 年 2 月正式签署。参见白洁、苏庆义:《CPTPP 的规则、影响及中国对策:基于和 TPP 对比的分析》,载《国际经济评论》2019 年第 1 期。

② 参见范文舟:《试论 WTO 的药品知识产权保护对健康权的影响》,载《河北法学》2014 年第 9 期。

③ 参见陈瑶:《论美国 TPP 药品知识产权建议条款对公共健康之反作用——与 TRIPs 之比较》,载《国际经济法学刊》2014 年第 1 期。

剂保护。[①] 但是,TPP 和 CPTPP 的知识产权条款正在成为双边或区域自由贸易谈判的基础,其中关于药品专利的 TRIPs-plus 规则若是成为今后自由贸易谈判的模仿对象和新的起点,将对世界各国药品专利法治产生实质性影响。[②]

(三)基于药品可及性的我国药品专利法治发展

1. 我国药品专利法治的发展

改革开放之初,为改善对外贸易环境,促进科技创新发展,我国于 1978 年开始起草《专利法》,着手专利法治建设。1980 年我国加入世界知识产权组织(World Intellectual Property Organization,WIPO)。1984 年全国人大常委会通过《专利法》,鉴于当时众多国家未对药品予以专利保护,而且我国制药产业较为薄弱,依据《保护工业产权的巴黎公约》相关保留条款,我国《专利法》将药品排除于专利保护之外,该法第 25 条规定"疾病的诊断和治疗方法"以及"药品和用化学方法获得的物质"不授予专利权。[③]

在美国与中国贸易政策谈判背景下,1992 年我国对《专利法》进行第 1 次修订。作为世界上最大的发展中国家,我国存在巨大的药品需求,美国为了获得最大化的贸易利益并充分保护本国制药企业,迫切要求中国提高知识产权保护标准,以贸易制裁相威胁,将中国列入美国"特殊 301 条款"[④]黑名单。1992 年,中美双方经过谈判签订关于保护知识产权的谅解备忘录,中国政府

---

① CPTPP 第 2 条中止适用特定条款规定"自本协定生效之日起,缔约方应中止适用本协定附件中的规定,直到缔约方同意终止中止其中一项或多项规定为止",参见加拿大政府网站,https://www. international. gc. ca/trade-commerce/trade-agreements-accords-commerciaux/agr-acc/cptpp-ptpgp/text-texte/cptpp-ptpgp. aspx? lang = eng,最后访问日期:2020 年 4 月 20 日。由此可见,CPTPP 只是暂时搁置了 TPP 关于药品专利的部分条款,CPTPP 生效后,TPP 的这些条款暂不对缔约成员发生法律效力,但是此后缔约方仍可以经协商同意后使之再次生效。

② 有学者认为,FTA 具有的连锁效应、集合效应、压制效应、模仿效应、解释效应和服从效应使发达国家可以利用其推行"超 TRIPs"条款的国际化。参见李顺德:《自由贸易协定(FTA)与知识产权国际环境》,载《知识产权》2013 年第 10 期。

③ 参见国家知识产权局条法司编:《新专利法详解》,知识产权出版社 2001 年版,第 474 页。

④ 特殊 301 条款是美国综合贸易法中与知识产权有关的一项特殊措施,其目的在于对贸易伙伴施加压力并通过谈判,以保证美国的知识产权在国外得到充分有效的保护。

承诺允许1986~1992年获得药品专利的美国企业在中国享受7年半的市场独占权,并按照谅解备忘录有关规定对《专利法》进行修改:(1)对药品、化学物质、食品、饮料和调味品给予产品专利和方法专利保护;(2)专利权人的权利除原有的生产、使用和销售等内容之外,又增加进口权;(3)在专利的保护期上,将发明专利的保护期由原来15年延长为20年;(4)强制许可取消“本地实施要求”。依据本次修正,我国开启药品专利法治化进程,药品发明在我国既可以得到产品专利保护,亦可以得到方法专利保护,或者两者兼而有之。此种保护要求已超出了我国制药产业的发展水平,是美国持续高压之下的政治博弈结果。虽然我国当时尚未加入WTO,但此次修改后《专利法》已经基本符合TRIPs的要求。

由于迫切加入WTO,以及与TRIPs全面接轨,我国于2000年对《专利法》进行第2次修订。2000年修正《专利法》为与TRIPs接轨增加了“许诺销售”“诉前临时措施”规定,取消了“终局决定”,改进了强制许可制;同时,为与《专利合作条约》接轨,明确了单位或者个人提出专利国际申请的权利及其应当满足的条件。本次修订进一步加大了专利的保护力度,简化了专利审批程序,使我国专利法治在国际协调方面又前进一步。

2008年我国对《专利法》进行第3次修订,与前2次外力作用下的被动修订不同,此次系主动修法,是根据我国自身发展的需要而对专利法治的进一步完善,既加强对专利权的保护,亦兼顾了与公众利益的平衡。药品专利的显著变化是丰富药品实验例外,即《专利法》第69条规定“不视为侵犯专利权的情形”第5款,“为提供行政审批所需要的信息,制造、使用、进口专利药品或者专利医疗器械的,以及专门为其制造、进口专利药品或者专利医疗器械的”。

原国家食品药品监督管理总局(以下简称原食药监总局)自2015年深化药品审批改革,相继发布了一系列旨在促进药品医疗器械产业结构调整和技术创新,提高产业竞争力,满足公众临床需要的医药行业政策。2017年5月,为鼓励药品和医疗器械创新,原食药监总局发布了《关于鼓励药品医疗器械创新保护创新者权益的相关政策(征求意见稿)》,以期在政策层面引导、鼓励药品和医疗器械生产企业的创新,其中包括建立药品专利链接和完善药品试验数据保护制度。2017 年 10 月，中共中央办公厅、国务院办公厅印发《关于深化审评审批制度改革鼓励药品医疗器械创新的意见》，为促进药品创新和仿制药发展，提出“探索建立药品专利链接制度”，“开展药品专利期限补偿制度试点”，“完善和落实药品试验数据保护制度”。2018 年《专利法修正案（草案）》增加药品专利期延长制度。此 3 项制度都是运用专利激励药品研发，促进药品的技术可及性，对《专利法》中的专利权予以拓展。

2020 年 1 月，中国和美国在华盛顿签署《中华人民共和国政府和美利坚合众国政府经济贸易协议》（以下简称《中美经贸协议》），此乃双方历时 23 个月、经 13 轮高级别经贸磋商达成的第一阶段协议，是中美经贸摩擦朝向最终解决问题的方向迈出的切实一步，体现双方的核心关切。《中美经贸协议》包括 9 个章节，涉及知识产权、技术转让、食品和农产品、金融服务、汇率和透明度、扩大贸易、双边评估与争端解决等议题，其中第一章知识产权专设第三节药品相关的知识产权，包括药品试验数据法律保护、药品专利链接，以及第四节专利有效期的延长。《中美经贸协议》的落实对正在进行的《专利法》第 4 次修改产生重大影响，成为我国药品专利法治未来建设的关键因素。

2. 对我国药品专利法治的可及性评价

比较印度等发展中国家的相关法治，我国对药品专利法律保护略早，以致对本国制药产业发展产生影响。1992 年，仅实施 8 年的《专利法》在我国尚未加入 WTO 的情况下即采取了 TRIPs 中发达国家的药品专利保护标准，我国未能享受 TRIPs 给予发展中国家的过渡期安排，以致本国制药产业长期处于一个相对严苛的知识产权法治环境，其发展受到较为明显的制约。同为发展中国家和人口大国，印度在 1995 年加入 WTO，依照 TRIPs，印度应当在 5 年内保护药品专利，但其在 1999 年、2002 年和 2004 年专利法律修改中巧妙地利用 TRIPs 的过渡期，与美国等发达国家周旋。由于药品不受专利的保护，国外专利药品不受限制地被仿制，印度仿制药价格远低于发达国家，约相当于美国的 1/3。这不但满足了国内公众的药品需求，其生产的价格低廉、疗效不错的艾滋病等疾病治疗的仿制药销往众多经济不发达的国家和地区，缓解了这些地方的药品可及性危机。印度本国制药企业在仿制国外专利药过程中积累了丰富的医药化学知识,大大提高了本土创新能力,进而开发出极具效率的生产工艺,培养出了一批能与跨国医药巨头抗衡的制药企业。在 2005 年修改《专利法》将药品纳入专利保护之前,印度医药产业已初步完成了技术、资金、仿制创新的"原始积累"过程。

我国制药产业因为起步晚而先天不足,缺乏政策与法律的有效引导和支持而发展缓慢,加之受到《专利法》过早制约而错过了发展的最佳阶段,导致目前的低水平重复较多、自主创新能力不足,不仅在国际市场上与印度制药企业存在明显差距,也难以满足国内市场的药品需求。虽然一个产业的发展受政治、经济、科技、法律等多种因素影响,但大量研究表明,药品专利法治对制药产业的发展具有举足轻重的作用。①

近年来,我国加大对制药产业的法律与政策引导、激励,制药产业正在不断壮大,自主创新能力大幅提高。与此同时,"中国知识产权立法已经摆脱了被动移植的局面,从'特征性适用'进入'主动性安排'阶段"。② 2020 年《中共中央、国务院关于构建更加完善的要素市场化配置体制机制的意见》将技术要素改革作为"进一步激发全社会创造力和市场活力,推动经济发展质量变革、效率变革、动力变革"的一项重要内容,为此需要"强化知识产权保护和运用"。通过完善药品专利制度,构建有利于药品研发技术创新的环境和适当的激励机制,引导和促进我国原研药产业和仿制药产业均衡、高质量发展,进而不断提高我国公民的药品可及性水平。笔者认为,吸取以往经验教训,借鉴他国经验,利用深化药品审批改革、《专利法》第 4 次修改和刚刚完成《药品管理法》《基本医疗卫生与健康促进法》落实的契机,构建我国药品专利法治,以平衡仿制药和原研药发展为基本目标,为提升我国制药产业的药品质量和创新水平提供全面的法治支撑,从而全面推进我国的药品可及性。

---

① 参见胡潇潇:《药品专利实验例外制度研究》,知识产权出版社 2016 年版,第 214 ~ 217 页。

② 吴汉东:《国际知识产权制度的发展潮流与中国知识产权制度的发展道路》,载《法制与社会发展》2009 年第 6 期。

第一章　药品专利强制许可

一、药品专利强制许可概述

(一)药品专利强制许可的概念和类型

一般而言,任何人实施他人专利,应当取得专利权人的许可并支付报酬,否则构成专利权的侵犯。但是,为防止专利权独占而产生的不利影响,国际和各国往往对专利权予以一定限制,如强制许可。与专利权人的自愿许可相对应,专利强制许可是指专利行政机关根据具体情况不经专利人的同意,授权他人实施专利,被许可人按照协商或裁决支付一定使用费。

在我国,药品专利强制许可存在狭义与广义之分:在狭义上是指在2008年修正《专利法》第六章“专利实施的强制许可”第50条专门规定的以公共健康目的取得专利权药品制造并出口的强制许可,即药品出口专利强制许可;在广义上泛指所有以药品专利为客体的专利强制许可。申言之,除药品出口专利强制许可外,广义上药品专利强制许可依据《专利法》包括以下5种类型:[1](1)普通强制许可,即依据《专利法》第48条第1项规定,"专利权人自专利权被授予之日起满三年,且自提出专利申请之日起满四年,无正当理由未实施或者未充分实施其专利的",专利行政机关根据具备实施条件的单位或者个人的申请,给予实施的强制许可;(2)反垄断强制许可,即依据《专利法》第48条第2项规定,"专利权人行使专利权的行为被依法认定为垄断行为,为消除或者减少该行为对竞争产生的不利影响的",专利行政机关依申请给予的强制许可;(3)紧急状态强制许可,即依据《专利法》第49条规定,"在国家出现紧急状态或者非常情况时",专利行政机关可以给予的专利强制许可;(4)公共利益强制许可,即依据《专利法》第49条规定,"为了公共利益的目的",专利行政机关依职权给予的专利强制许可;(5)依赖性专利强制许可,即《专利法》第51条规定,"一项取得专利权的发明或者实用新型比前已经取得专利权的发明或者实用新型具有显著经济意义的重大技术进步,其实施又有赖于前一发明或者实用新型的实施的",专利行政机关依后一专利权人申请可以给予的强制许可,同时,"在依照前款规定给予实施强制许可的情形下,国务院专利行政部门根据前一专利权人的申请,也可以给予实施后一发明或者实用新型的强制许可。"

药品可及性牵涉公共健康,药品专利的知识产权保护与作为基本人权的健康权存在较为明显的冲突,为平衡与协调药品专利权与公共健康权,紧急状态和公共利益两种类型药品专利强制许可较为重要。

(二)我国药品专利强制许可的法治现状

我国药品专利强制许可的主要法律依据是《专利法》关于专利强制许可的规定。《专利法》起草伊始即规定强制许可和专利征用,删除专利征用规定,但保留强制许可,以免外国申请人产生不必要的疑虑。1984年全国人大通过《专利法》,专设第六章"专利实施的强制许可"。在1992年、2000年、

---

① 药品出口专利强制许可的内容限于专利药品的制造并出口,以协助解决中国参加的有关国际条约规定的国家或地区的药品可及性问题,不对国内市场产生影响,因此不纳入本章的研究范围。

2008 年《专利法》修正中，专利强制许可始终是修法的重点，并且修改方向主要是与 TRIPs 保持一致。

2001 年《专利法实施细则》经历 2002 年、2010 年 2 次修订，其中第五章“专利实施的强制许可”对《专利法》相关规定予以解释和补充，以增强其可操作性。2003 年国家知识产权局发布《专利实施强制许可办法》对专利强制许可的请求、审查、决定、终止以及使用费的审查、裁决等予以更为详尽地规定。

2005 年，为了解决我国面临的公共健康问题，并帮助有关国家、地区解决其面临的公共健康问题，落实世界贸易组织多哈部长级会议《关于 TRIPs 协议与公共健康的宣言》和世界贸易组织总理事会《关于实施 TRIPs 协议与公共健康的多哈宣言第 6 段的决议》，国家知识产权局又颁布《涉及公共健康问题的专利实施强制许可办法》，其中大量规定涉及药品专利强制许可。2012 年国家知识产权局依据 2008 年《专利法》、2010 年《专利法实施细则》颁布《专利实施强制许可办法》，第 43 条规定：“本办法自 2012 年 5 月 1 日起施行。2003 年 6 月 13 日国家知识产权局令第三十一号发布的《专利实施强制许可办法》和 2005 年 11 月 29 日国家知识产权局令第三十七号发布的《涉及公共健康问题的专利实施强制许可办法》同时废止。”

2017 年中共中央办公厅、国务院办公厅印发《关于深化审评审批制度改革鼓励药品医疗器械创新的意见》，“公共健康受到重大威胁的情形和启动强制许可的程序，由国家卫生计生委会同有关部门规定”。2018 年国务院办公厅《关于改革完善仿制药供应保障及使用政策的意见》（国办发〔2018〕20 号）提出：“明确药品专利实施强制许可路径。依法分类实施药品专利强制许可，提高药品可及性。鼓励专利权人实施自愿许可。具备实施强制许可条件的单位或者个人可以依法向国家知识产权局提出强制许可请求。在国家出现重特大传染病疫情及其他突发公共卫生事件或防治重特大疾病药品出现短缺，对公共卫生安全或公共健康造成严重威胁等非常情况时，为了维护公共健康，由国家卫生健康委员会会同工业和信息化部、国家药品监督管理局等部门进行评估论证，向国家知识产权局提出实施强制许可的建议，国家知识产权局依法作出给予实施强制许可或驳回的决定。”

目前,我国已经初步建立《专利法》《专利法实施细则》《专利实施强制许可办法》的法律框架,但药品专利强制许可处于零实施的状态。虽然存在药品专利强制许可破坏创新激励的担忧以及国际贸易争端等法外因素,但追根溯源主要是我国药品专利强制许可的启动、审批、执行等诸环节设计有待完善。

二、药品专利强制许可的启动情形

依据我国《专利法》关于专利强制许可类型的规定,药品专利强制许可的启动包括未实施专利、滥用专利权的垄断、紧急状态、公共利益和从属专利5种情形,其中一些情形规定并不明确。

(一)未实施专利情形

我国《专利法》第1条开宗明义规定,"为了保护专利权人的合法权益,鼓励发明创造,推动发明创造的应用,提高创新能力,促进科学技术进步和经济社会发展,制定本法"。专利权人获得独占权后长时间不实施其专利,违背专利制度的创设宗旨,因此国际立法和各国专利法普遍规定普通专利强制许可。《专利法》第48条第1项关于普通专利强制许可存在诸如"无正当理由""未充分实施其专利"等不确定的法律概念,其中《专利法实施细则》第73条第1款规定,"专利法第四十八条第(一)项所称未充分实施其专利,是指专利权人及其被许可人实施其专利的方式或者规模不能满足国内对专利产品或者专利方法的需求"。但是,在实践中,"进口"是否构成专利实施的争议?我们认为,依据TRIPs第27条第1款非歧视性原则,进口可以作为一种专利实施行为,但供应我国市场的专利药品数量或价格等条件无法满足需求的,应当属于"未充分实施其专利"。至于未实施或未充分实施药品专利的"正当理由",应当是指药品专利实施存在法律上、经济上、技术上的障碍,例如,我国对专利药品生产经营予以限制,药品监管机关未批准其生产、销售或进口。

(二)滥用专利权的垄断情形

我国《专利法》第48条第2项规定,"专利权人行使专利权的行为被依法认定为垄断行为，为消除或者减少该行为对竞争产生的不利影响的"，专利行政机关根据申请可以给予实施专利强制许可。我国《反垄断法》第55条规定，"经营者依照有关知识产权的法律、行政法规规定行使知识产权的行为，不适用本法；但是，经营者滥用知识产权，排除、限制竞争的行为，适用本法"。申言之，专利权滥用可能构成垄断协议、滥用市场支配地位和经营者集中的垄断行为，并且依据《反垄断法》，对垄断行为由反垄断执法机关和法院予以认定。值得注意的是，《反垄断法》第29条，"对不予禁止的经营者集中，国务院反垄断执法机构可以决定附加减少集中对竞争产生不利影响的限制性条件"，专利授予可以成为经营者集中的限制性条件，但附限制性条件的批准具有协商性质，因此并非专利的强制许可。

我国《专利法》第48条第2项规定"专利权人行使专利权的行为"，"行使"一般等同于"实施"，依据《专利法》第11条第1款，实施行为包括制造、使用、许诺销售、销售、进口五种形式，但专利强制许可的前提恰恰是专利权人拒绝行使或实施专利权，因此需要将拒绝行使纳入滥用专利权的垄断情形。

（三）紧急状态和公共利益情形

TRIPs第31条第2项列举专利强制许可情形，其中包括国家出现紧急状态或其他非常危急状态，或为了公共的非商业目的。《专利法》第49条规定，"在国家出现紧急状态或者非常情况时，或者为了公共利益的目的"，发生紧急状态或非常情况必然涉及"公共利益"，因而在第49条中处于并列关系的"紧急状态或非常情况"和"公共利益"存在明显的语言逻辑混乱，①甚至公共利益应当是所有类型专利强制许可均应具备的要件之一。因此，本书建议《专利法》第49条的"公共利益"应当采用TRIPs第31条第2项的"公共的非商业目的"表述，以避免法律语言的歧义。

《涉及公共健康问题的专利实施强制许可办法》尝试从药品专利对强制许可的紧急状态和公共利益情形予以区分，其第3条规定，"在我国预防或者

① 参见刘义胜、田侃：《根据〈专利法〉第49条研究药品专利强制许可的可执行性》，载《中国新药杂志》2016年第22期。

控制传染病的出现、流行，以及治疗传染病，属于专利法第四十九条所述为了公共利益目的的行为。传染病在我国的出现、流行导致公共健康危机的，属于专利法第四十九条所述国家紧急状态”，①第2条第1款解释，“本办法所称传染病，是指导致公共健康问题的艾滋病、肺结核、疟疾以及《中华人民共和国传染病防治法》规定的其他传染病”。对药品专利强制许可的公共利益和紧急状态情形设定在传染病范畴不仅未解决两者的混淆问题，并且造成相关情形下强制许可的局限。2018年《关于改革完善仿制药供应保障及使用政策的意见》(国办发〔2018〕20号)索性放弃对两者的区别，统一规定为，“在国家出现重特大传染病疫情及其他突发公共卫生事件或防治重特大疾病药品出现短缺，对公共卫生安全或公共健康造成严重威胁等非常情况时”。笔者认为，我国《专利法》第49条规定的两个启动情形项应分别强调药品可及性问题的时间紧迫性与经济上的可支付性，因此“公共利益”或“公共的非商业目的”应指药品价格高昂造成消费者无力承担的问题，即“公共可支付性利益”。

(四)从属专利情形

从属专利是指前后两个专利在技术上形成从属关系，若不实施前一专利，即无法实施后一专利。基于提高创新能力的专利立法目的，两个专利权人协商后，前一专利权人拒绝授权给后一专利权人，且后一专利较前一专利更为先进，则对前一专利予以专利强制许可。同时，为平衡前后专利权人的利益，根据前一专利权人请求，予以后一专利的强制许可，此乃交叉的依赖性强制许可。

药品专利包括新产品专利、新制备方法专利、新用途专利，同一药品的三者关联较为复杂，进而构成从属专利。例如，美国制药企业吉利德公司研发的瑞德西韦是一种治疗埃博拉病毒感染的药物，但武汉病毒研究所发现其对抗新型冠状病毒亦产生良好表现，即“老药新用”，对其申请用途专利。若是武

---

① 2018年修正《宪法》第67条第21项、第80条规定国家紧急状态、第89条第16项规定省级紧急状态，但实践中并未启动。《涉及公共健康问题的专利实施强制许可办法》第3条表述不够准确，应当包括《专利法》第49条的“非常情况”。

汉病毒研究所关于瑞德西韦用途专利申报成功,与吉利德公司对其的产品专利即存在从属关系,双方可以在依赖性药品专利强制许可的框架下展开专利协商。

三、药品专利强制许可的启动主体

(一)依建议启动的主体

强制许可是一种行政裁定,其启动被分为依申请和依职权,其中紧急状态和公共利益专利强制许可被认为是专利行政机关的依职权主动裁定。① 但是,专利行政机关并非紧急状态和公共利益相关事项的主管部门,因此非依申请的专利强制许可亦须其他主体予以启动。我国《专利实施强制许可办法》第6条规定,"在国家出现紧急状态或者非常情况时,或者为了公共利益的目的,国务院有关主管部门可以根据专利法第四十九条的规定,建议国家知识产权局给予其指定的具备实施条件的单位强制许可",即由国务院有关主管部门作为启动专利强制许可的建议主体。

《涉及公共健康问题的专利实施强制许可办法》第4条规定,"治疗某种传染病的药品在我国被授予专利权,我国具有该药品的生产能力,国务院有关主管部门可以依据专利法第四十九条的规定,请求国家知识产权局授予实施该专利的强制许可(下称强制许可)",未明确药品专利强制许可的建议主体,并且使用并不准确的"请求"概念。2017年《关于深化审评审批制度改革鼓励药品医疗器械创新的意见》则明确由国家卫生计生委会同有关部门规定公共健康受到重大威胁的情形和启动强制许可的程序。2018年《关于改革完善仿制药供应保障及使用政策的意见》则明确,"为了维护公共健康,由国家卫生健康委员会会同工业和信息化部、国家药品监督管理局等部门进行评估论证,向国家知识产权局提出实施强制许可的建议"。

---

① 参见杨志敏:《知识产权法新解——详析知识产权法的理论与实务》,四川大学出版社2009年版,第323~324页。

(二)依请求启动的主体

依据我国《专利法》第48条、第51条的普通强制许可、反垄断强制许可、依赖性强制许可均采取依请求启动。

1. 具备实施条件

TRIPs第31条第2项规定“拟使用者”(Proposed User),对强制许可申请主体未设定资格要求,诸如英国、法国、德国、日本、韩国、印度等国家的专利法律对于强制许可申请主体一般采用“任何人”(Any Person)或“拟使用者”(Proposed User)。我国《专利法》第48条规定,申请主体应当“具备实施条件”。笔者认为,“具备实施条件”作为获得专利强制许可的限定条件无可厚非,但若启动环节设定如此高门槛,则并不合理。申请药品专利强制许可需要投入一定资本升级软硬设备使自身获得“实施条件”,此项投入存在较大不确定性,若是没有高风险相对的高回报的可能性,理性经济人缺乏申请专利强制许可的动力,这无疑造成依请求启动阻碍过多、积极性不高。①

“具备实施条件”作为申请药品专利强制许可的前置条件,增加申请主体提前投资的风险,但不宜彻底删除,因为会增加专利行政机关的负担,以致审查资源过度浪费。② 本书建议,将申请主体资格由“具备实施条件”改为“具备初步实施条件”,申请主体应当作出承诺和提供证据,保证其获得药品专利强制许可后一定时间内取得相关药品生产制造和销售的全部条件;专利行政机关亦应当与药品监管机关进行沟通确认其具备后续制造销售的能力和资质。为避免申请主体资格放宽对药品专利强制许可的负面影响,建议增设法律责任条款,由专利行政机关对获得许可但未最终实施专利的申请主体予以行政处罚,以防止强制许可申请的滥用对于专利审查资源的冲击并且防止公权过分介入私权。

---

① 参见刘宇晖:《论专利强制许可制度——兼评〈专利法〉第三次修订的相关条款》,载《河北法学》2010年第4期。

② 参见康添雄:《专利强制许可的公共政策研究》,载《科技进步与对策》2013年第6期。

2. 事前协商

根据TRIPs第31条第2项规定，“只有在使用之前，拟使用者已经过努力，试图在合理的商业性期限和条件下获得权利所有者的同意，但是经过合理的时间的努力之后仍未获得成功，才可以准许这样的使用。”我国《专利法》第54条规定，“依照本法第四十八条第（一）项、第五十一条规定申请强制许可的单位或者个人应当提供证据，证明其以合理的条件请求专利权人许可其实施专利，但未能在合理的时间内获得许可”，虽然是关于申请主体举证责任的规定，但亦存在事前协商的要求，即“合理的条件”“合理的时间”“未获得许可”等：（1）所谓“合理的条件”，应当包括一般专利合同的基本条款，如专利的使用费、支付方式和期限，药品生产规模、销售地域、许可期限等；条件是否合理，则应当视所涉药品专利的具体情况而定，如生产规模、许可期限等方面应当以不超过满足国内市场需求为限，而专利使用费水平应当考虑专利的研发投入、市场前景、同类专利的使用费等。（2）所谓“合理的时间”，虽然时间的长短与涉及专利的复杂程度、专利实施的难易程度、专利的经济价值有关，但法律上应当设定6个月上限，以消除操作的模糊空间。（3）所谓“未获得许可”，应当考虑以药品专利权人对申请主体的许可要约的明确拒绝，或者在“合理的时间”上限内双方未达成自愿许可合同。

四、药品专利强制许可的审查与决定

（一）药品专利强制许可审查的程序

《专利法》关于药品专利强制许可规定专利行政机关可以进行对强制许可的给予、费用裁决和终止程序的3个事项予以审查。药品可及性是实施药品专利强制许可的主要原因之一，因而包括紧急状态启动情形在内药品专利强制许可往往面临时间压力，以致对药品的需求不能坐等专利保护期结束，因而提高药品专利强制许可审查的效率极其重要。我国《专利法》第57条规定，“付给使用费的，其数额由双方协商；双方不能达成协议的，由国务院专利行政部门裁决”。但是当事人往往难以对强制许可使用费达成一致，所以强制许可的给予、费用裁决两个事项分设为两个程序，要求许可给予后再行协商，徒增当事人的负担。加拿大、印度、泰国等国家对强制许可给予与费用裁决的审查程序二合一的立法和实践经验，[①]值得我国予以借鉴。笔者建议，《专利法》第57条规定修改为，“申请人在提交强制许可申请时，应同时提出强制许可使用费数额或计算标准，由国务院专利行政部门一并裁决”。

我国《专利实施强制许可办法》第18条第1～5款规定强制许可请求审查的听证制度，“请求人或者专利权人要求听证的，由国家知识产权局组织听证。国家知识产权局应当在举行听证7日前通知请求人、专利权人和其他利害关系人。除涉及国家秘密、商业秘密或者个人隐私外，听证公开进行。举行听证时，请求人、专利权人和其他利害关系人可以进行申辩和质证。举行听证时应当制作听证笔录，交听证参加人员确认无误后签字或者盖章”。但第6款又规定，“根据专利法第四十九条或者第五十条的规定建议或者请求给予强制许可的，不适用听证程序”。紧急状态、公共利益、药品出口专利强制许可直接以解决公共健康问题为目标，虽然相关主管机关可以为公共利益代表，但作为药品需求者的患者诉求渠道不应被关闭，况且专利权人亦需要通过听证表达自己的意见。笔者建议，删除《专利实施强制许可办法》第18条第6款，允许患者为主体的利益相关者和专利权人参与有关听证，与主管机关的建议形成互补，帮助专利行政机关科学合理的决策。

（二）药品专利强制许可的实施期限

经审查，专利行政机关可以对强制许可请求和建议做出驳回或者给予的决定，依据我国《专利实施强制许可办法》第22条第1款规定，“给予强制许可的决定应当写明下列各项：（一）取得强制许可的单位或者个人的名称或者姓名、地址；（二）被给予强制许可的发明专利或者实用新型专利的名称、专利号、申请日及授权公告日；（三）给予强制许可的范围和期限；（四）决定的理由、事实和法律依据；（五）国家知识产权局的印章及负责人签字；（六）决定的

① 参见陈学宇：《我国药品专利强制许可制度分类实施探讨——基于仿制药供应保障的视角》，载《华侨大学学报》（哲学社会科学版）2019年第9期。

日期;(七)其他有关事项”。因此给予强制许可的实施期限是审查和决定的重要内容之一。但是,《专利法》第55条第2款关于药品专利强制许可实施期限的规定过于简单且缺乏灵活性。

依据我国《专利法》第55条第2款规定,专利行政机关应当根据强制许可的理由确定实施的期限,但此判断标准不明确。从国际立法和执法情况来看,大部分国家都有关于专利强制许可期限的具体考量标准,包括依申请人的申请、专利有效期以及强制许可理由等。[1] 我国立法应当对于药品专利强制许可的实施期限的判断标准予以明确规定,即以申请人的主张为基础,结合强制许可理由的严重程度、专利有效期、药品注册时限等因素综合考量。

关于药品专利强制许可实施期限的调整,我国《专利法》第55条第2款仅规定终止实施,“强制许可的理由消除并不再发生时,国务院专利行政部门应当根据专利权人的请求,经审查后作出终止实施强制许可的决定”,《专利实施强制许可办法》专设第五章“终止强制许可请求的审查和决定”予以规定。但是,只有强制许可的自动终止和依请求的裁决终止,无疑是过于乐观,若是药品可及性问题在强制许可期限内无法解决,我国法律缺乏有关规定。笔者认为,为避免程序的烦琐,在此情形下,不应当设定新的专利强制许可方式,而是将专利强制许可期限延长增设为新的审查和决定事项,即由被许可人提出期限延长申请,由专利行政机关予以审查和决定。

五、药品专利强制许可的补偿

专利强制许可是基于药品可及性对专利权的限制性剥夺,是专利法上利益平衡的重要制度设计,补偿成为专利强制许可的核心制度:(1)不予补偿或补偿缺乏可预期性,会造成创新的负面激励。专利权人取得的经济回报不仅包括最终的技术价值,还应当涵盖前期研发失败的风险成本以及为相关后续研发而储备的资金。若是专利权人预计正在研发的药品极大可能甚至必然被

---

① 参见陈学宇:《我国药品专利强制许可制度分类实施探讨——基于仿制药供应保障的视角》,载《华侨大学学报》(哲学社会科学版)2019年第9期。

实施专利强制许可,并且不会获得补偿或补偿具体标准不明确的,专利权人缺乏进一步创新的动力。(2)专利强制许可给予后尚须实施被强制许可的专利制造出相关产品,但专利强制许可过程中,专利权人缺乏对专利实施主体的筛选权,亦不会辅助被许可人实施专利乃至优化实施。申言之,在实施药品专利强制许可中,被许可人对于专利权人的侵权责任被法定排除,专利权人承担消极的容忍义务,而非主动进行相关配套资源及技术辅助的义务。① 若是缺乏有效的补偿机制,专利权人不主动配合药品专利强制许可的实施,最终效果会大打折扣。(3)从营商环境分析,若是对专利权人缺乏充分补偿,难免形成国际贸易争端,以及引发贸易战。在我国积极优化营商环境吸引国际先进技术的背景下,专利强制许可的补偿规定不明确势必造成知识产权保护不足的认识,不利于吸收技术投资促进我国经济发展。

(一)使用费补偿

TRIPs 第 31 条第 8 项规定,“在每一种情况下应向权利持有人支付适当使用费(Reasonable Royalty),同时考虑授权的经济价值”,因此专利强制许可使用费的“适当”补偿标准授权成员国自行决定。

我国《专利法》第 57 条规定:“取得实施强制许可的单位或者个人应当付给专利权人合理的使用费,或者依照中华人民共和国参加的有关国际条约的规定处理使用费问题。付给使用费的,其数额由双方协商;双方不能达成协议的,由国务院专利行政部门裁决”。换言之,使用费的补偿标准先由双方协商,协商不成的,由专利行政机关裁决,但裁决的依据缺乏规定。

一般而言,强制专利许可的使用费应当以正当市场价值为基础,正当市场价值的确定,大致包括以下方法:②(1)协商市场价值,即强制许可审查与决定过程中,与专利权人协商确定的市场价值;(2)构成市场价值,即以市场价格的构成要素决定专利使用费,构成要素通常包括专利的研发成本、合理市场利

---

① 参见彭心倩:《专利强制许可下的专利权人权益保障论》,载《政治与法律》2019 年第 5 期。

② 同上。

润，以及专利对社会技术的贡献价值；(3)销售市场价值，即按照被强制许可的专利产品销售价格或销售利润一定比例支付使用费；(4)同类市场价值，即以相同或同类技术的市场许可费作为强制许可使用费确定的依据；(5)最高市场价值，即专利权人最终获得的使用费不得超过一定比例；(6)相对固定市场价值，即立法直接规定使用费的特定幅度范围。销售市场价值方法既相对客观、便捷，又有助于激励专利权人主动配合专利强制许可的实施，笔者建议予以优先采用，再以此为基础酌情考量构成市场价值予以适度浮动。

TRIPs 第 31 条第 11 项规定，“如允许此类使用以补救经司法或行政程序确定为限制竞争的行为，则各成员无义务适用第二项和第六项所列条件。在确定此类情况下的报酬数额时，可考虑纠正限制竞争行为的需要。如导致授权的条件可能再次出现，则主管机关有权拒绝终止授权”。审言之，与其他类型药品专利强制许可不同，反垄断强制许可以不法垄断行为为前提，因而具有惩罚性，使用费的补偿应当与反垄断需要相协调。

(二)精神权益的补偿

我国《专利法》第 17 条第 2 款规定，“专利权人有权在其专利产品或者该产品的包装上标明专利标识”，专利权人行使专利标识权具有一定识别作用，增强消费者对其专利产品及其专利权人的竞争力，是专利权人的精神权益。专利强制许可并未限制专利权人的标识权，因此被许可人应当根据专利权人的要求，在其强制许可的专利产品标注专利信息。①

对于紧急状态和公共利益的专利强制许可，我国应当对提供专有技术或者其他技术帮助支持等积极配合实施的专利权人，予以褒扬，以体现对专利价值的承认和对专利权人社会贡献的肯定，乃至在强制许可专利产品上予以荣誉标识，进而提高专利权人的商誉价值。

---

① 强制许可的专利产品可能与专利权人制造的专利产品存在性能、质量差异，并且专利权人对其不存在质量控制义务，因而是否予以专利信息标识，应当依据专利权人的要求。

第二章　专利药品平行进口

一、专利药品平行进口概述

(一)专利药品平行进口的概念

平行进口(Parallel Imports),又称为平行贸易、灰色市场进口或真品平行输入,是一个与知识产权有关的复杂问题。平行进口,是指某独立进口商在国际贸易过程中,未经知识产权人的同意,将在一国市场上合法制造或销售受知识产权保护的产品进口至另一国家的贸易行为。[①] 在药品贸易领域,专利药品平行进口是指在未经进口国药品专利权人许可的情况下,第三方将在一国授权生产或销售的专利药品进口他国予以销售的贸易行为。[②] 申言之,专利药品平行进口具体体现为以下3个方面:(1)专利药品平行进口的客体是受专利保护且合法生产或销售的药品;(2)专利药品平行进口的主体是第三方进口商,是专利药品的合法持有人;(3)专利药品平行进口的行为

---

① 参见张今:《平行进口法律问题研究》,载《政法论坛》1999年第3期。

② 参见丁锦希、李梦琦、陈烨、姚雪芳:《专利药平行进口价格控制效应研究——基于意大利达夫隆案例的实证分析》,载《卫生经济研究》2016年第10期。

未获得进口国药品专利权人的授权或许可。

(二)专利药品平行进口的表现形式

1. 专利药品国之间的平行进口

药品专利权人在不同国家或地区同时获得药品专利保护,而平行进口发生在不同国家或地区之间。例如,甲研发一款抗癌药品在A、B两国均获得药品专利保护,乙将甲(包括其被许可人)投放到A国的抗癌药品经合法渠道取得后,未经甲(包括其被许可人)的允许进口到B国,构成专利药品国之间平行进口。

2. 由非专利药品国至专利药品国的平行进口

药品专利权人仅在专利药品国获得药品专利保护,而平行进口发生在由非专利药品国向专利药品国的单向进口。例如,甲研发的一款抗癌药品仅在A国获得药品专利权的保护,乙未经甲(包括其被许可人)允许,将甲投放到B国市场的抗癌药品经合法渠道取得后进口到A国,构成由非专利药品国至专利药品国的平行进口。

3. 第三国至专利药品国的平行进口

药品专利权人在专利药品国获得药品专利保护,在将专利药品出口至其他国家或地区后,最终从第三国将该专利药品平行进口至专利药品国,实际上属于"返销"。例如,甲将其在A国拥有药品专利的一款抗癌药品投放到B国(不论是否获得专利权)后,又被销售到C国市场(不论是否获得专利权),乙公司将C国合法渠道取得的专利药品进口至A国,构成第三国至专利药品国的平行进口。

(三)专利药品平行进口的利益冲突

平行进口之所以成为理论界和实务界长期争议的焦点,是因为它涉及诸多方面的利益冲突:微观上涉及知识产权交易权利人与物权人之间的利益冲突;宏观上涉及自由贸易与知识产权保护、知识产权出口国与进口国之间的利益冲突。① 一般而言,专利药品的经营者根据不同国家或地区的经济发展水

① 参见徐飞:《利益平衡原则在平行进口案件审理中的重要性及其运用》,载丁寿兴主编:《浦东法院知识产权审判文选(2005—2008)》,知识产权出版社2009年版。

平、国民收入水平、政府对价格管制等因素决定某一国家或地区的销售价格,若专利药品在全球的价格差异超过其跨国运输、销售的成本而有利可图,尤其是进口低价药符合高价药国家的患者用药需求时,专利药品平行进口便应运而生。质言之,专利药品在全球的差别定价是推动专利药品平行进口的根本原因。专利药品平行进口所涉及的利益冲突主要表现在发达国家与发展中国家之间、药品专利权人与平行进口商之间以及药品专利权人与消费者之间。

1. 发达国家与发展中国家之间的利益冲突

发达国家与发展中国家之间的利益冲突,在某种程度上表现为具有较强技术优势的出口国与技术资源相对匮乏的进口国之间的利益冲突。雷蒙德·弗农(Ramand Vemon)在1966年首次提出的产品周期理论,从技术变化角度解释国际贸易动态过程。产品周期理论认为,一种产品在经历生产、分配、交换、消费的整个过程中,需要投入研发费用、劳动力成本、促销费用等不同成本,并且随着技术的传递与变化,产品完成一次从出生到死亡的生命循环。具体而言:(1)在研发的初始期,产品的技术尚未形成,研发费用在成本结构中占据的比重较大,国际贸易主要发生在少数的技术先进的发达国家之间;(2)当产品的技术确定、进入大量生产与销售的成长期,此时产品由科技密集型向资本密集型转变,资本成为最重要的成本构成,国际贸易主要表现为发达国家向发展中国家输出产品;(3)在产品实现标准化、生产达到最佳规模点时,即进入由原材料和劳动力成本占支配地位的成熟期,发展中国家因其拥有丰富劳动力资源的比较优势,故此阶段国际贸易转变为由发展中国家输出产品到发达国家。[①] 申言之,一种产品经历初始期、成长期、成熟期3个不同阶段后,受相关技术不断扩散和变化等动态因素影响,原先技术领先国丧失比较优势,呈现此消彼长的发展态势,并且引发国际贸易的结构变化。因而,技术出口国为继续维持其在国际贸易中的输出地位和保障国内知识产权人的垄断地位,往往通过强化知识产权保护阻止具有知识产权产品的平行进口。

综观世界各国对专利药品平行进口的态度,美国、欧盟等专利技术输出较

① 参见李坤望主编:《国际经济学》(第3版),高等教育出版社2010年版,第77~78页。

多的发达国家大多数持禁止态度。这些发达国家或地区的药品专利权人将同一种药品在多个国家申请专利,并且通过在其设立子公司等形式实现跨国生产、销售药品,达到分割市场、控制销价以最大限度获取经济利益的目的。反观技术资源匮乏的发展中国家,则往往允许专利药品平行进口,以打破药品专利权人的垄断地位,降低国内专利药品价格,提高本国的消费者福利,同时借此药品专利技术的传播,缩小与发达国家的技术差距,避免因长期支付昂贵的专利许可费用而处于劣势地位。总之,关于专利药品平行进口,发达国家与发展中国家基于对本国制药产业的考虑,呈现较为突出的利益冲突。

2. 药品专利权人与平行进口商之间的利益冲突

药品专利权人与平行进口商之间的利益冲突的法律实质是进口国的知识产权人能否以其知识产权对抗平行进口商对其产品的所有权。[①] 知识产权具有的无形性、可复制性及可表现性等特征,其或与产品不存在一一对应关系,亦突破一物一权原则,[②]继而产生"一物两权"的法律效果,即平行进口商所进口的产品本身包含知识产权与物权两种权利。尽管这两种权利须附着于同一物质载体且以一定形式表现出来,但知识产权与物质载体彼此相互独立、可分离。[③] 申言之,在产品进入市场流通之前,知识产权人享有这两种权利;当产品销售进行价值交换时,买受人成为此产品的物权人,但原知识产权人仍享有此产品的知识产权,即出现了同一产品上的知识产权与物权分属不同的权利主体。

药品专利权人所享有的专利权具有不同于有形财产权的专有性:一方面,表现为消极性权能,即药品专利权人对于相关智力成果独占地享有专利权,任何人未经许可不得擅自享有或使用;另一方面,表现为积极性权能,即药品专利权人在法律允许范围内,对其享有专利权以一定方式予以自由处分,并且获得相应的经济收益。专利药品的平行进口商则对其通过合法渠道从其他国家

---

① 参见刘亚军、马乐:《我国专利产品平行进口制度新发展之理论探究——以〈专利法〉的修改为考察对象》,载《社会科学战线》2012 年第 8 期。

② 参见方江宁:《知识产权法基础理论》,知识产权出版社 2014 年版,第 247 页。

③ 参见李显冬主编:《法学概论》,首都经济贸易大学出版社 2003 年版,第 229 页。

获得的专利药品享有所有权，且该所有权的专有性有别于专利权的专有性：专利权的专有性是相对的，受到时间或地域的法律限制；所有权的专有性是绝对的，是由所有人享有的排斥他人对物占有、使用、收益及处分进行干涉的权利。换言之，平行进口商按照自己的意愿将其购买的专利药品出口至其他国家，此乃其行使所有权处分权能的结果；但是，平行进口商对专利药品的处分亦构成对专利药品所附载的知识产权使用，药品专利权人为保护其在其他国家享有的专利权，会竭尽全力行使专利保护以阻止平行进口商在进口国销售专利药品，物权的行使与知识产权的行使因而产生矛盾与冲突。专利药品的国际流通，如果允许专利药品平行进口则是以物权限制专利权，采取禁止态度便构成专利权限制物权。

3. 药品专利权人与消费者之间的利益冲突

药品专利权人与消费者之间的利益冲突，其反映知识产权（私益）与公共健康权（公益）之间的博弈。药品专利作为药品专利权人通过脑力劳动创造出来的智力成果，需要投入前期的研发费用等成本；专利药品被许可人为获得进口国销售专利药品的独占市场地位所支付的高额专利许可费，以及为了开拓区域市场而投入广告促销、售后服务等费用，因此进口国药品专利权人为追求利益的最大化，往往对专利药品设定较高的销售价格。但是，专利药品是保障公共健康的重要资源，消费者对专利药品具有强烈需求，如果专利药品价格超出众多消费者经济能力所承受的范围，只能对专利药品望而却步。申言之，专利药品的昂贵销售价格，影响消费者对专利药品的可及性，不利于药品研发能力较弱的发展中国家的公共健康权的实现。

如果允许专利药品平行进口，进口国的专利药品市场会形成授权经销渠道和未经授权两套销售体系。销售渠道的增加让消费者购买专利药品获得更多的选择。尽管平行进口商销售的专利药品未经进口国药品专利权人的授权或者许可，但其质量与授权销售的专利药品并无本质差别，且平行进口商因无须提供拓宽国内市场的广告宣传、促销活动及售后服务等，以致其所销售的专利药品价格往往相对较低，这对于消费者无疑更具吸引力。面对平行进口商的市场份额争夺，进口国药品专利权人会寻求进口国专利保护，运用专利的财产性与私权性以维持销售专利药品的垄断地位，实现利益的最大化，[①]因而禁止平行进口。一旦平行进口商进口专利药品被阻止，消费者只能购买经授权销售的高价专利药品，增加其经济负担，所涉及公共健康亦受严重影响。公共健康权是一项关乎人类生命健康的人权、公权，为保障公共健康权的实现，对平行进口倾向于采取允许的态度。

由此可见，不同权利主体从有利于实现自身利益的角度出发，对于专利药品平行进口持不同的态度，存在一方权利主体利益受损，另一方权利主体利益获益，即药品专利权人与消费者之间产生利益矛盾与冲突。

（四）专利药品平行进口规制的法理

关于专利药品平行进口规制主要涉及权利穷竭理论、默认许可理论和进口权理论。[②]

1. 权利穷竭理论

权利穷竭（Exhaustion of Rights）又称为首次销售（First Sale），系德国约瑟夫·科勒（Joseph Kohler）在 1884 年首次提出，并被帝国最高法院在瓜·乔科·卡波纳特（Gua Joko Karbonat）案的判决予以确立，[③]是指知识产权人或者经其授权之人将受知识产权保护的产品首次投放市场后便丧失控制该产品在市场中继续自由流通的权利。申言之，知识产权人对产品所享有的独占性权利即告“穷竭”，任何经合法渠道获得该产品的买受人可以自由使用该产品，或者将其再行自由转让，且无须征得知识产权人的同意，亦即买受人行为不存在知识产权侵权问题。权利穷竭理论认为知识产权人通过首次销售产品已取得相应的合理报酬，其经济利益回报基本功能已经实现，因而不再享有对产品在后续交易中的控制权，亦即知识产权人对平行进口商进口产品的行为无权

---

① 参见史学瀛、张春玲、高俊芹、罗赛霞：《公共健康危机与发展中国家的知识产权战略》，南开大学出版社 2014 年版，第 128 页。

② 参见严桂珍：《我国专利平行进口制度之选择——默示许可》，载《政治与法律》2009 年第 4 期。

③ 参见彭礼堂：《公共利益论域中的知识产权限制》，知识产权出版社 2008 年版，第 139～140 页。

干预或者阻止,[①]以保护国际贸易自由流通,防止垄断市场的出现。

知识产权具有地域性,知识产权人对同一产品在不同国家取得的知识产权保护是相互独立的,均只在授权国的地域范围内有效,一旦超越国界,知识产权丧失效力。[②] 平行进口商在国外合法获得的产品,若未取得进口国知识产权人的许可,则构成对其知识产权的侵犯,知识产权人有权对该行为予以禁止,亦即知识产权的地域性与权利穷竭理论对于平行进口出现矛盾与冲突。

权利穷竭理论的地域性尚未形成统一认识,根据药品专利权行使的空间效力可以分为以下两种:[③](1)国际权利穷竭。药品专利权人或者经其授权之人将专利药品首次投放在国际市场上,药品专利权人的权利即告“穷竭”,不再享有对专利药品平行进口的独占性权利,因而专利药品平行进口在全世界范围内是一种合法行为,科研水平不高的发展中国家或者最不发达国家因此能够有效解决公共健康问题,对国际权利穷竭持积极的态度。(2)国内权利穷竭。指药品专利权人或者经其授权之人首次在一国国内市场投放专利药品后,无权禁止专利药品在此国的国内市场上再次进行销售,但在其他进口国则不发生权利穷竭。相对于国际权利穷竭注重对公共利益和专利药品自由流通的保护,美国等发达国家多持国内权利穷竭观点,以强调对药品专利权人利益的保护。

2. 默认许可理论

1871 年,英国法院在贝茨诉威尔莫特(Betts v. Wilmott)案的判决确立默认许可理论,“专利产品第一次合法售出时,如果专利权人或者其被许可人没有明确提出限制条件,则意味着购买者获得了任意使用或者转售专利产品的‘默认许可’(ImpliedLicense)。如果存在这样的默认许可,专利权人就不能对合法售出后的专利产品再行使其权利”。[④] 换言之,与权利穷竭理论不同,默

---

① 参见俞飞主编:《知识产权保护》,厦门大学出版社 2007 年版,第 14 页。

② 参见孟祥娟:《论专利权保护与平行进口问题》,载《北方论丛》2006 年第 5 期。

③ 欧盟的区域权利穷竭可以视为国际权利穷竭的缩小和国内权利穷竭的扩大。参见史学瀛、张春玲:《我国解决公共健康危机的法律策略探析》,载《河北法学》2008 年第 4 期。

④ 尹新天:《专利权的保护》(第 2 版),知识产权出版社 2005 年版,第 65 页。

认许可理论未从法律上直接剥夺知识产权人对产品保留再次销售的控制权,而是将权利赋予知识产权人,并且不论产品的销售地是国内市场抑或国外市场,默认许可理论均可适用,只是国内销售适用此理论会阻碍产品的继续流通,故大部分国家选择国外市场销售的产品适用默认许可理论,以保护知识产权人的利益为由阻止平行进口。一般认为,默认许可理论的基础是法律禁反言(Legal Estoppel),即知识产权人或者其被授权之人销售产品的某些特征表明买受人购买此产品获得了某种权利,为保护买受人的信赖利益,即不得以侵犯知识产权为由禁止买受人行使其所获得的权利。[①] 总之,默认许可理论的产生基于诚实信用原则,其目的在于维护交易秩序。

在英国,默认许可理论适用于平行进口,关键是知识产权人或者其被授权之人在国外市场销售产品时是否明确对买受人提出限制性条件,限制性条件应当明确提出,且为买受人所知晓。买受人不仅指直接购买者,还包括后续买受人。如果后续买受人不知购买的产品存在限制性条件,则不受此限制性条件的约束。换言之,知识产权人在首次销售协议中未对产品作出明确的限制,即可推定默认许可的存在,买受人对其所购买的产品可以自由处分,即买受人(平行进口商)将其在国外合法获得的产品进口至知识产权人所在国予以销售或者使用时,不会因未获得授权或许可而导致侵权;但是,买受人明知其获得产品存在限制性条件仍进口至国内或者在国内销售、使用的,则构成对知识产权人所享有专利权的侵犯,知识产权人对此承担举证责任。在美国,由于权利穷竭理论仅适用于受知识产权保护的产品,对于产品的零部件或者用于实施知识产权的专用设备,被控侵权人欲免除侵权责任须以此产品的销售隐含制造、使用、销售产品或者实施知识产权方法存在默认许可为抗辩理由。换言之,美国默认许可理论的适用与产品本身是否获得知识产权保护没有关系,即使知识产权人或者其被授权之人销售的零部件或者专用设备不享有知识产权,仍可适用默认许可理论。由此可见,英美对默认许可理论的适用对象存在

---

① 也有观点认为,默认许可理论的基础是合同法中的理性人标准。参见韦晓云:《专利的默认许可》,载《人民司法》2007年第17期。

差别:英国默认许可理论的适用对象是受知识产权保护的产品;美国则为受知识产权保护的产品零部件或者用于实施知识产权方法的专用设备。

3. 进口权理论

进口权是指知识产权人享有自己进口,或者禁止他人未经许可为生产经营目的进口其知识产权产品的权利。[①] 作为知识产权人的一项权利,进口权的消极方面体现为禁止他人的行为以达到维持其独占权的圆满状态。具言之,进口权包括3个方面内容:(1)进口权控制的是附载知识产权的有形产品的进口,而不是无形知识产权的进口;(2)进口权既有"行"的权能即知识产权人自己可以进口受知识产权保护的产品,也有"禁"的权能即知识产权人有权禁止他人未经其许可进口受知识产权保护的产品;(3)进口权仅为进口国知识产权中的权利,对于在外国获得的知识产权,权利人无法阻止受知识产权保护的产品的进口。此外,不是所有国家或所有知识产权领域均存在进口权的相关规定,除少数国家的著作权法对进口权予以规定外,大部分国家在专利法中赋予专利权人进口权,仅有哥伦比亚、墨西哥对专利进口权予以否定。

知识产权人享有进口权,可以限制他人未经知识产权人许可的进口,以独占其在国内市场中的利益。主张禁止平行进口的观点认为,产品的进出口因其地域范围超越一国界限而不是普通的销售行为,尤其是受知识产权保护的产品进口相当于在进口国的首次投放市场,此行为属于知识产权人的权利,所以平行进口侵犯进口国知识产权人独占的市场投放权,即侵犯进口权。以立法形式赋予知识产权人进口权,本质上是对权利穷竭地域性的认可。[②] 亦有观点认为,知识产权人享有进口权是保证其在进口国对产品拥有独占市场投放权,属于知识产权专有性的一项内容,权利穷竭则是各国知识产权法对知识产权专有性在一定条件下的内在限制,进口权是否禁止平行进口取决于其与

① 参见严桂珍:《论进口权与平行进口的关系》,载《同济大学学报》(社会科学版)2008年第6期。

② 参见孙颖:《平行进口与知识产权保护之冲突及其法律调控》,载《政法论坛》1999年第3期。

权利穷竭的关系。此外,进口权可能与分销权相同,亦存在权利穷竭,[①]如果返销平行进口情形下适用权利穷竭原则,进口权亦不能直接禁止平行进口,因此一国法律即使规定进口权,亦无法成为认定平行进口违法的依据。

二、境外专利药品平行进口的法治经验

(一)国际专利药品平行进口的法治经验

1.《保护工业产权巴黎公约》

1883 年《保护工业产权巴黎公约》是世界上最早关于专利国际保护的公约,并未对平行进口问题予以直接规定,但其所确立的专利独立原则往往被援引为解释专利药品平行进口的依据。《保护工业产权巴黎公约》第 4 条第 2 款第 1 项确立专利独立原则,"本联盟国家的国民在本联盟各国申请的专利,与在其他国家(不论是否为本联盟的成员国)就同一发明权所取得的专利是相互独立的。"同时,第 4 条第 2 款第 2 项强调,"上述规定应当以不受限制的意义来理解,尤其是指在优先权期间申请的各项专利,就其无效和丧失专利的理由以及其正常的期间而言,是相互独立的。"

对于专利药品平行进口适用公约有关规定存在对立的观点:有观点认为,既然同一药品发明在不同国家获得的专利权相互独立、互不影响,因此药品专利权在一国的穷竭并不等于在其他国家丧失效力,即未经进口国药品专利权人的许可而平行进口专利药品属于侵权行为,应当予以禁止;亦有观点认为,公约关于专利独立原则规定,是为避免部分国家对公约第 4 条优先权规定存在不同理解而产生的,并且专利独立原则针对的是药品专利权的获得、维持和保护期限,并无排除专利权人在一个国家行使专利权对其在另一个国家专利

---

① 美国最高法院在宝利金贸易公司诉浪莎·瑞舍茨国际贸易公司(Quality King Distributors, Inc. v. L'anza Research)一案判决中指出,进口权并非系创设的一种独立权利,而是从属于作者专有权,作者专有权受制于权利穷竭原则,故进口权亦受到其限制。参见[美]林达·扎德拉、约瑟夫·巴塞斯达:《运用美国知识产权阻止平行进口》,张今译,载《外国法译评》2000 年第 1 期。

权的效力产生影响的可能性,①即不能依据公约确立的专利独立原则得出禁止平行进口的结论。因此,《保护工业产权巴黎公约》第4条之二等规定尚待进一步明确。

2. TRIPs、《多哈宣言》和《TRIPs修正案》

TRIPs已经成为药品专利权的国际标准。TRIPs相关内容最初在发达国家推动下而达成,其内容在一定程度上对发达国家利益有所偏向,但通过发展中国家积极地参与协议的制定,使协议第6~8条逐渐有利于发展中国家处理专利药品平行进口问题,从而实现对两者利益之间的平衡。

TRIPs第6条权利用尽规定,“就本协定下的争端解决而言,在遵守第二和第四条规定的前提下,本协定不得用于处理知识产权的权利用尽问题”,即成员国有权在遵守国民待遇原则和最惠国待遇原则基础上自由决定本国的权利穷竭制度,TRIPs对此采取不干涉态度。尽管第28条第1款第1项规定专利进口权,但补充注释指出,“本权利,同本协定项下授予的关于使用、销售、进口物品或分销物品的权利一样,应遵守第六条的规定”,即赋予专利权人进口权是国家义务,但因各成员国对专利平行进口问题存在不同的利益诉求,以致最终协议将问题留给成员国自己解决,在保护发展中国家利益的同时实现了专利药品平行进口的合法化。此外,TRIPs第7条规定的“目标”及第8条规定的“原则”②均为尚未确立权利穷竭制度又须通过专利药品平行进口来解决国内公共健康问题的成员国提供了法律支持,成为有利于发展中国家的TRIPs“弹性条款”。

鉴于TRIPs关于专利药品平行进口的模糊性规定造成发达国家与发展中国家之间在解决公共健康危机时面临着巨大挑战,《多哈宣言》对TRIPs中的

---

① 参见尹新天:《从我国专利法看平行进口》,载《中国专利与商标》2001年第2期。

② TRIPs第7条规定:“知识产权的保护和实施应有助于促进技术革新及技术转让和传播,有助于技术知识的创造者和使用者的相互利益,并有助于社会和经济福利及权利与义务的平衡。”第8条规定:“在制定或修改其法律和法规时,各成员可采用对保护公共健康和营养,促进对其社会经济和技术发展至关重要部门的公共利益所必需的措施,只要此类措施与本协定的规定相一致。只要与本协定的规定相一致,可能需要采取适当措施以防止知识产权权利持有人滥用知识产权或采取不合理地限制贸易或对国际技术转让造成不利影响的做法。”

"弹性条款"予以解释。其主要内容包括:(1)第四段对国家采取措施以维护公共健康的权利予以肯定;(2)第五段强调各成员国有权实施强制许可,并通过对 TRIPs 第 6 条规定进一步解释以明确各成员国享有专利药品平行进口的权利;(3)第六段涉及对于医药生产能力不足或根本不具备生产能力的最不发达国家在有效利用 TRIPs 规定的强制许可时遇到的困难。[①] 由此可见,《多哈宣言》明确了公共健康权优先于私人财产权,赋予各成员国充分利用 TRIPs"弹性条款"的权利。

TRIPs 第 31 条第 6 款规定,"任何此种使用的授权应主要为供应授权此种使用的成员的国内市场",《多哈宣言》对此没有涉及,因此《关于 TRIPs 协定和公共健康的多哈宣言第六段的执行决议》旨在解决缺乏医药生产能力国家的专利药品可及性问题。决定允许在符合一定的条件下免除 TRIPs 第 31 条规定下的药品应当主要供应国内市场的要求,规定强制许可下的出口条件。2005 年《TRIPs 修正案》是 TRIPs 第一次以条款形式对专利药品平行进口的合法性予以明确肯定,允许成员国在不具备医药生产能力的情况下实施专利药品平行进口,但因发达国家的强硬态度,此项专利药品平行进口受适用前提、主体、对象等方面诸多限制。

3. TPP 和 CPTPP

美国认为 TRIPs 对知识产权保护标准较低,开始另起炉灶以形成更高标准的国际协议。TPP 对知识产权领域予以高度重视,第 18 章知识产权对商标、地理标志、互联网域名、农业化学品、版权及邻接权、商业秘密、专利及药品数据等知识产权客体予以详细规定,并且采取较高的知识产权保护标准,因而具有 TRIPs-plus 的性质,其中第 18.11 条对"知识产权的权利用尽"予以规定。之后,CPTPP 对 TPP 相关条款进行修改,搁置第 18 章知识产权的多项内容,但是第 18 条知识产权的权利用尽规定与 TPP 第 18.11 条内容一致,"本协议的任何规定不得阻止缔约方在其法律制度内确定是否适用及在何种条件下适

---

① 冯洁涵:《全球公共健康危机、知识产权国际保护与 WTO 多哈宣言》,载《法学评论》2003 年第 2 期。

用知识产权的权利用尽”。此规定与 TRIPs 第 6 条一致,将知识产权权利穷竭问题交由各成员国自己决定。但是,第 11 条规定增加注释,“为进一步明确,本条不妨碍缔约方参与的其他国际协定中规定的知识产权用尽条款”。

此外,美国近年来与约旦、澳大利亚等国签署的 FTA 中对专利药品平行进口予以严格限制或者禁止,对这些国家的专利药品可及性带来不可避免的严重负面影响,并且有关国家因国内情况发生变化需要修订法律又受到 FTA 的限制难以实现。[1] 总之,美国与其他国家签订 FTA 的内容与《TRIPs 修正案》存在明显矛盾与冲突,实质上剥夺了其他国家在遭遇公共健康危机时获取专利药品的权利,造成专利药品平行进口趋于被禁止的方向发展。

(二)美国专利药品平行进口的法治经验

美国《专利法》早期未对专利产品平行进口予以规定,第 273 条 b 款对方法专利先用权人的权利穷竭予以规定。1943 年美国《关税法》第 337 条从进口贸易管理角度规定,如果专利权人证明其专利方法被用于进口产品生产,且此产品进口具有毁坏或实质性损害国内产业的效果或可能性,可以申请国际贸易委员会发布排他性指令,禁止此产品的进口。1988 年,美国通过《综合贸易与竞争法》,废除《关税法》第 337 条。1987 年《方法专利修改法》则对《专利法》第 271 条 g 款予以修改,规定进口根据美国专利方法在国外制造的非专利产品,亦构成侵权行为。1994 年美国通过《关于执行 GATT 有关的知识产权法》,《专利法》第 154 条新增内容,规定未经专利权人许可,提供出售专利产品属于侵权行为;进口专利产品属于侵权行为;提供出售由专利方法所制造的产品属于侵权行为。由于药品的特殊性,美国药品管理法对专利药品平行进口予以特别规定,1988 年《处方药市场营销法》明令禁止处方药品的平行进口。2000 年《医药平等和药品安全法》则规定,在美国生产的药品出口到第三方国家后,可以再被进口到美国,但此药品的进口须经美国卫生部部长的批准。因此,美国制定法对专利药品平行进口缺乏明确态度,相关规定亦存在较

---

① 参见吴雪燕:《TRIPs-plus 条款的扩张及中国的应对策略——以药品的专利保护为视角》,载《现代法学》2010 年第 5 期。

多不确定性概念,而美国法院关于专利产品平行进口判例发挥了更大的作用。

美国专利产品平行进口的判例不是一以贯之,而是根据不同时期本国经济发展、专利保护等作出相应调整。在1885年霍利迪诉马西森(Holiday v. Matheson)案中,专利权人霍利迪(Holiday)对同一发明在美国和英国拥有专利权。霍利迪在英国将其专利产品销售给第三人,但未对销售范围予以限定,第三人将购买的专利产品转售给马西森(Matheson),马西森又将专利产品进口至美国并销售,霍利迪对马西森提起专利侵权诉讼。美国法院认为专利权在专利产品卖于第三人时即以穷竭,专利权人无权阻止在英国合法购买的专利产品进口至美国并销售。[①] 本案确立专利产品适用国际权利穷竭原则,即药品专利权人或者经其授权之人将专利药品首次投放在国际市场上,药品专利权人的权利即告"穷竭",不再享有对专利药品平行进口的独占性权利。

在1893年迪克森诉马西森(Dickersonv. Matheson)案中,设在德国的拜耳(Bayer)经与专利权人迪克森(Dickerson)协商,获得制造、销售德国专利产品和美国专利产品的许可后,拜耳通过一家英国伦敦代理商将其生产的许可产品对外销售给马西森,代理商在销售发票上特别写明,"此项产品不得输入美国市场"。销售发票的这一特别记载事项成为美国法院判断专利产品平行进口是否具有合法性的重要依据,法院认为,拜耳虽然取得专利权人的许可,但代理商在销售区域上作出限制,所以马西森将购买的专利产品输入美国市场进行销售属于侵权行为。[②] 申言之,美国法院对待专利产品平行进口不再完全适用国际权利穷竭,而是采取默认许可,在符合专利权人或者其被授权之人在市场投放专利产品时所提出限制性条件的前提下适用国际权利穷竭原则,即适用"修正的国际权利穷竭原则"。

在2001年爵士摄影公司诉国际贸易委员会(Jazz Photo Corp. v. International

① See Holiday v. Matheson, 24 F. 185(C. C. S. D. N. Y. 1885).

② See Dickerson v. Matheson, 57 Fed. 524(2d Cir. 1893).

Trade Commission)案中,[①]FUJI 在美国拥有一次性相机专利,并且在美国及其他国家销售此专利产品。爵士摄影公司(Jazz Photo)收购用过的此一次性相机,在美国境外重新换上胶卷、电池后,再进口至美国销售。美国国际贸易委员会认为,爵士摄影公司进口相机不是修理(Repair)而是重新制造(Reconstruction),此重新制造属于专利侵权,应当予以禁止。爵士摄影公司对此决定提起诉讼,美国法院否定重新制造的认定,但认为只有首次在美国销售并经修理再次进口至美国属于合法,此乃国内权利穷竭原则。专利产品平行进口从国际权利穷竭原则转变为国内权利穷竭原则,美国保护专利权人利益的专利政策,有利于激发专利权人研发的热情,但对发展中国家筑起了一道国际贸易壁垒,阻碍专利产品的自由流通。

(三)欧盟专利药品平行进口的法治经验

欧洲专利药品平行进口最早可追溯至 20 世纪 70 年代,并且在欧盟区域内贸易自由化政策的鼓励和推动下得以迅速发展。在欧盟,专利药品平行进口主要依托《罗马条约》为其提供法律依据。1958 年生效的《罗马条约》旨在消除贸易壁垒、建立欧洲共同市场,实现商品、资本和劳动力在区域内自由流通,该条约第 295 条规定,“本公约决不排斥各成员国调整财产所有权的法律体系”;第 30 条又规定,第 28 条和第 29 条禁止性规定不妨碍因正当目的保护工业产权所采用的限制进出口手段,除非药品专利权人所采用的限制手段构成垄断性的虚假限制。质言之,《罗马条约》在维护公共利益、促进商品在区域内自由流通的前提下,将专利药品进口的相关管理权限授予欧盟各成员国,由其自行决定。

受欧洲医疗保险的影响,消费者对专利药品的价格并不是很敏感,更加关注专利药品的质量,欧盟制定专利药品平行进口相关法律规范的重点是建立一系列关于药品质量、疗效与安全的评价标准。欧盟明确规定,平行进口商从事专利药品平行进口须取得政府授权许可的同时,制药企业享有一定监管权,即对于平行进口商违反专利药品质量与安全标准或者恶性竞争行为,制药企

① See Jazz Photo Corp. v. International Trade Commission, 264 F. 3d 1094(Fed. Cir. 2001).

业有权请求政府撤销平行进口商的资格。平行进口商在欧盟从事专利药品平行进口业务，除遵守欧盟相关规定外，还须符合各成员国规定：(1)获得相关成员国政府机构授予的平行进口许可证；(2)被申请平行进口的药品需要在进口国予以登记，以确保药品的质量。① 由此可见，欧盟虽然对于专利药品平行进口在区域内自由流通持积极态度，但对专利药品质量监管较为严格。

(四)南非专利药品平行进口的法治经验

南非是世界上艾滋病感染率最高的国家，并且感染人口比例近年来呈现不断上升趋势。但是，用以治疗艾滋病的药品大多数属于发达国家的专利，昂贵的药品价格使南非深受艾滋病危害的数百万人无法及时获得防治药品而死亡。

为应对严重的艾滋病危机，保护公共健康利益，提高艾滋病专利药品的可及性，南非 1997 年通过《药品与相关物质控制修正案》，第 15 条 c 款规定，南非卫生部部长有权实施专利药品平行进口，②即南非可以进口与专利药品成分相同的廉价药以减轻国民的用药负担。南非立法在国际上引起轩然大波，美国将南非列入其特别 301 条款调查名单。南非医药生产者协会及多家跨国制药企业对南非进行联合控告，声称相关立法剥夺药品专利权人所享有的专利权，并且未予以补偿，违反了南非宪法和 TRIPs 的相关规定。南非对此控告予以反驳：(1)南非宪法赋予了国民享有医疗服务的权利，政府在遵守宪法规定的前提下为国民提供可负担的药品为应当履行的义务，因此通过专利药品平行进口为国民降低药品价格不违反南非宪法；(2)相关立法依据 TRIPs“弹性条款”而制定，符合 TRIPs 第 6 条的立法本意，专利药品平行进口在一国是否具有合法性属于成员国国内法问题，南非有权综合考虑本国经济状况、社会利益及公共政策等因素，制定符合本国国情的专利药品平行进口制度。由于相关争议发生正值南非面临严重的公共健康危机，约 40 万名艾滋病患者因不

① 参见姚黎、余翔：《世界主要国家药品平行进口政策的研究》，载《国际商务·对外经济贸易大学学报》2005 年第 1 期。

② 参见姚新超：《世贸组织与贸易有关的知识产权协议在医药专利保护方面面临的问题》，载《国际贸易问题》2005 年第 7 期。

能承受昂贵的专利药品价格而死亡。在国际社会的广泛关注和强烈谴责之下，美国将南非从特别301条款调查名单中删除，表示为提高南非艾滋病专利药品的可及性，对于南非采取与TRIPs相符的平行进口措施不再以贸易制裁进行威胁。相关制药企业及其组织在2001年也无条件地撤回起诉，同意以较低价格向南非销售相关药品。

（五）菲律宾专利药品平行进口的法治经验

菲律宾是世界上中低收入的人口大国，人口增速较快，人口总数在2018年突破1亿，公众的用药需求日益增长。但是，菲律宾受经济发展、药品研发水平等多重因素限制，单纯依靠本国制药企业的生产根本无法满足公众的用药需求。长期以来，从欧美等发达国家进口专利药品导致菲律宾的药品价格居高不下，公众的消费能力与高昂的药品价格之间存在尖锐矛盾。

为摆脱欧美跨国制药企业的控制，降低药品价格，满足公众对药品的需求，菲律宾第十四届国会于2008年通过《全面获取廉价合格药品法案》（以下简称《廉价药品法案》），旨在通过平行进口获得低价专利药品，清除实施专利药品平行进口时的法律阻碍。《廉价药品法案》确立国际权利穷竭原则，允许专利药品平行进口，即平行进口商可以从印度、中国等药品价格相对较低的国家进口专利药品至国内医药市场进行使用、销售，对药品专利权人权益不构成侵犯，因此药品专利权人对专利药品再次流通不得作出不必要限制。但是，法案同时要求平行进口商，即从事专利药品平行进口贸易的自然人和组织，应当及时向食品药品局进行相关的预先登记。《廉价药品法案》对专利药品平行进口采取赞成态度，对跨国制药企业在菲律宾的市场地位、销售利润等造成不小的冲击，因而遭到跨国制药企业的强烈抵制。但是，法案充分利用了TRIPs给予各成员国的弹性空间，且与TRIPs保持一致，为发展中国家实施专利药品平行进口树立了典范。

三、专利药品平行进口的中国立场

（一）我国专利药品平行进口的法治现状

为顺应国际发展趋势，在专利药品平行进口问题上，我国根据TRIPs“弹性条款”制定符合本国国情的专利法律。1984 年我国《专利法》历经 3 次修正，2008 年修正《专利法》第 12 条、第 69 条第 1 项成为专利药品平行进口的直接法律依据。

2018 年修正前的《专利法》第 12 条要求实施他人专利的任何单位或个人与专利权人订立实施许可合同应当采用书面形式，因而排除默认许可的适用。但是，在 2018 年修正中，“书面”一词被删除，订立实施许可合同的形式不再以“书面”为必要条件，即专利权人可以默示方式许可他人实施专利，亦即默认许可理论在我国存在适用的空间。我国《专利法》第 69 条第 1 项规定，“专利产品或者依照专利方法直接获得的产品，由专利权人或者经其许可的单位、个人售出后，使用、许诺销售、销售、进口该产品的”，属于不视为侵犯专利权的情形之一。此规定从权利穷竭角度对专利药品平行进口予以规制，但尚未明确权利穷竭在我国适用的空间范围，造成理论和实务的争议与困惑。为此国家知识产权局条法司编著《〈专利法〉第三次修改导读》一书解释《专利法》第 69 条第 1 项，中国或者外国的单位、个人对专利产品或者依照专利方法直接获得的产品的“售出”行为，不仅包括在我国境内的销售行为，也包括在我国境外的销售行为，即“售出”行为的范围不限于中国而覆盖全球范围。[①] 换言之，药品专利权人或者经其授权之人将专利药品首次投放于市场，其权利即告穷竭，对平行进口专利药品不得行使禁止权能。我国对于专利药品平行进口采取国际权利穷竭原则，赋予专利药品平行进口行为合法性，在一定程度上限制药品专利权人的进口权。

《专利实施强制许可办法》对专利药品平行进口问题亦有所涉及，第 7 条规定，“为了公共健康目的，具备实施条件的单位可以根据专利法第五十条的规定，请求给予制造取得专利权的药品并将其出口到下列国家或者地区的强制许可：（一）最不发达国家或者地区；（二）依照有关国际条约通知世界贸易组织表明希望作为进口方的该组织的发达成员或者发展中成员”，充分体现

---

① 参见国家知识产权局条法司编著：《〈专利法〉第三次修改导读》，知识产权出版社 2009 年版，第 88 页。

我国为实现公共健康目的对专利药品平行进口持允许的态度。

（二）专利药品平行进口对我国的影响

我国药品研发能力与发达国家相比还存在较大的差距，并且我国制药产业发展依赖于引进国外的先进技术、药品，因此专利药品平行进口合法地位的立法承认，总体上产生以下积极影响：(1)有利于促进自由竞争。药品专利权人往往利用其对某一药品的专利权垄断市场，实现利益最大化。平行进口商的介入使同一市场上出现货源不同的专利药品，强化药品专利权人与平行进口商之间的竞争，打破药品专利权人对专利药品的市场垄断，促使专利药品价格下降，提高我国消费者福利。(2)有利于保障我国公共健康。专利药品平行进口提高药品可及性，可以减缓我国医疗支出在个人消费支出中的增长幅度，提升国民的生活质量，亦有助于提高我国应对公共健康危机的能力，从而促进社会的和谐稳定。

但是，我国对专利药品平行进口的国际权利穷竭，亦存在一些消极影响：(1)药品专利权人的国内市场被平行进口商挤占，损害药品专利权人的预期利润，挫伤其研发新药的积极性；(2)针对专利药品平行进口的竞争，药品专利权人往往选择设定全球高价，以提升专利药品价格的整体国际水平，同时拒绝向较小份额市场继续提供药品；(3)专利药品平行进口可能会使专利药品的质量得不到保障，消费者将成为最后的“埋单者”，增加我国对专利药品质量监管的负担，从而对我国公共健康造成严重影响。

为提升公共健康危机的应对能力，缩小我国药品研发与发达国家之间的差距，应当允许专利药品平行进口，但同时应当予以限制，以减少对我国的不利影响，即持有限度的允许立场对我国专利药品平行进口予以法制重构。

四、专利药品平行进口限制性合同条款

在现代经济社会中，平等主体间以订立合同的方式设立、变更、终止民事权利义务关系。药品专利权人与其被许可人之间签订实施许可协议以实现分割医药市场的目的，或者药品专利权人或其被许可人与平行进口商之间签订

销售合同以排除专利药品平行进口行为。不论实施许可协议抑或销售合同，药品专利权人通常在合同中以明示或默示方式约定销售区域限制性条款，此限制性条款如果不违反反垄断法等强制性规定和公序良俗，因系当事人的真实意思表示，其法律效力一般被大多数国家所承认。

但是，限制性合同条款的法律效果却因理论依据不同而存在差异：(1)根据默认许可理论，如果在实施许可协议或销售合同中存在明确的限制性条款，则不存在默认许可理论适用的土壤，违反限制性条款不仅在合同法上构成违约，而且在专利法上也属于侵权行为；相反地，药品专利权人在合同中未明确约定限制性条款的，实施许可协议或销售合同的相对方对其所控制的专利药品有自由处分的权利，默认许可理论的适用将排除药品专利权人主张专利保护的可能。(2)根据国际权利穷竭原则，权利穷竭构成知识产权一种内在限制，因此不论药品专利权人在实施许可协议或销售合同中是否明确约定限制性条款，均不影响内在限制的存在，①即实施许可协议或销售合同中的相对方违反药品专利权人约定的限制性条款，在专利法上不会产生侵权的法律效果，只能构成合同法上的违约。总之，在实施许可协议或销售合同中不存在药品专利权人约定的限制性条款的，适用国际权利穷竭原则和默认许可理论均对专利药品平行进口问题持允许态度；反之，允许专利药品平行进口只能适用国际权利穷竭原则。

专利药品平行进口采取默认许可理论更符合意思自治原则，并且个案处理具有灵活性和变通性，②有利于促进国际贸易自由化，以及实现专利制度的激励功能，是我国专利药品平行进口法制建设的发展方向。但是，考虑打破专利药品的市场垄断、降低药价、提高消费者福利等因素，在承认合同的限制性条款效力的前提下，采取有条件的国际权利穷竭原则处理专利药品平行进口，是更符合我国目前药品研发水平等国情的策略。

---

① 参见尹新天：《专利权的保护》（第2版），知识产权出版社2005年版，第66页。

② 参见刘强、沈伟：《专利权用尽的售后限制研究——以专利权保留规则的构建为视角》，载《知识产权》2016年第2期。

五、专利药品平行进口的有限许可

对于专利药品平行进口的有限许可体现为以下许可情形的要求：(1)紧急许可。基于重大公共健康需求，我国应当允许专利药品平行进口，如在新型冠状病毒疫情发生，引发公共健康危机时，为保障公众用药需求，在紧急状态下允许有效的专利药品平行进口至国内。(2)例外许可。在非紧急状态下，亦存在例外情形予以许可。例如，某些专利药品本身具有先进的科学技术，且对我国消费者健康大有裨益，在国内无法生产的情况下，应当允许专利药品平行进口以提供药品研发机构、科研人员等用于科学研究；又如国内不能生产或只能少量生产的专利药品，药品生产能力无法满足公众健康需求的，我国可以满足需求缺口为限允许专利药品平行进口。

对于专利药品平行进口的有限许可还体现为以下许可的限制要求：(1)从事专利药品平行进口应当是一种国家行为，而不是私人营利性组织谋取“暴利”的手段。如果专利药品平行进口沦为“敛财”的手段，会严重扰乱正常的药品市场秩序，削弱制药企业提高药品质量的动力，不利于提高消费者福利，因此允许专利药品平行进口应当是国家运用公权力实现公共利益的行为。(2)经专利强制许可生产和投放的专利药品应当被禁止平行进口。国家出于公共健康需要为强制被许可人颁发的专利强制许可，即使强制被许可人向药品专利权人支付一定报酬，此报酬并非通常意义上的市场价格，故不能认定为获得药品专利权人的同意。(3)禁止平行进口的专利药品再次流通。为防止平行进口商恶意损伤药品专利权人的利益，形成对进口专利药品的“滥用”，平行进口商进口的专利药品不得再次出口至其他国家或地区以获得利益。

六、药品专利平行进口商的法律义务

我国《专利法》第69条第1项承认专利药品平行进口的合法性，但对平行进口商的法律义务却缺乏相关的规定。为更好地保护消费者的合法权益，我国应当对平行进口商的如实标识义务和质量保证义务予以规定。

平行进口商进口的专利药品虽然与国内授权销售的专利药品是基于同一专利而生产的药品,但在原产地、生产商、经销商等方面存在信息差异,这些信息差异往往会影响消费意愿。若平行进口商未尽如实标识义务,尤其是在专利药品进口中进行重新包装、重新标识却未以醒目方式注明原产地、生产商、经销商等信息的,可能对国内药品专利权人及其被授权之人的独立商誉构成不正当竞争。这一不正当的"搭便车"行为会导致消费者对专利药品的真实信息来源产生误解,进而购买与其消费意愿相悖的专利药品。为了保障消费者的知情权、自由选择权等合法权益,在有限度的允许平行进口商进口专利药品的前提下,应当对平行进口商的标识行为予以规制。具言之,平行进口商对专利药品应当如实标识,即以醒目的标签、招牌等方式将原产地、生产商、经销商等信息在专利药品的外包装上予以标识,同时不得消除或随意改动平行进口的专利药品本身所固有的特定信息标识。此外,平行进口商还应当向消费者特别提示此专利药品的进货渠道系平行进口,以免消费者产生混淆、误认甚至误购。

平行进口商还应当承担质量保证义务。一般而言,药品专利权人为了维护其市场声誉,对不同国家或地区生产的专利药品会制定统一标准,以保障药品质量的恒定。但是,不同国家或地区的环境条件、技术水平、药品质量管理法规毕竟不同,或者为了满足不同国家或地区消费者的用药需求,专利药品的质量在各地会存在差异。如果消费者购买平行进口的专利药品质量低于国内授权销售的专利药品,不仅损害消费者的信赖利益,而且消费者会以其所购买的专利药品存在质量问题为由对药品专利权人或其被授权之人提起诉讼,给药品专利权人或其被授权之人的商誉等造成严重影响。"对在不同国家产出的同一品牌商品之间如果存在'实质性差异'(Material Difference),应禁止其类产品的平行进口,以保护消费者免受损害。"①为避免损害消费者的合法权益以及促进市场的正当竞争,平行进口商应当对平行进口的专利药品承担质量保证义务,其应当具备专利药品在储存、运输、进口、销售等过程中保证质量

① 朱玉能、罗大钧:《平行进口之竞争法规制》,载《商业经济》2004年第2期。

所需要的条件。如果平行进口商进口的专利药品在品质、药效、售后服务等方面存在问题,应当与销售者承担连带责任。此外,应当建立监督审查机制,督促平行进口商切实履行对专利药品的质量保证义务。

第三章　药品试验数据保护

一、药品试验数据保护概述

(一)药品试验数据的概念

药品试验数据(Pharmaceutical Test Data)是指在药品研发的不同阶段和环节中获得的测试数据和信息,包括临床前试验阶段与临床试验阶段所取得的数据,以此来验证新药是否安全有效以及质量是否处于可控范围。[①] 临床前试验阶段是新药开发最前端的阶段,制药企业首先会在动物身上进行药物试验,以观察新化学成分药物的活性、药物反应过程以及药物毒性分布、吸收、代谢等情况,[②]在此基础上进行药品制剂研发。临床前试验完成后,制药企业便可以利用临床前试验阶段获得的有关药物药理、毒性、质量等数据申请开展临床试验。在临床试验阶段,制药企业一般要分四期(Ⅰ期至Ⅳ期)开展人体试验。依据《药品注册管理办法》第21条规定,四期临床试验分别对应

---

① 参见褚童:《论药品试验数据保护中的数据独占保护制度》,载《金陵法律评论》2013年第1期。

② 参见冯洁菡:《TRIPs协议下对药品试验数据的保护及限制——以国际法和比较法为视角》,载《武大国际法评论》2010年第1期。

临床药理学研究、探索性临床试验、确证性临床试验和上市后研究。在四期临床试验中,制药企业会收集大量的药物作用于人体的数据,以及药物本身的安全有效信息。通过以上临床前试验阶段和临床试验阶段获得的药品试验数据是药品监管机关审查新药是否安全有效的主要证据,亦是药品能否上市的重要条件。

(二)药品试验数据的特征

1. 准公共产品

公共产品是指具有消费的非排他性和使用的非竞争性特征的产品,即某个人对此产品的消费,不会导致其他人对此产品消费的减少;与之相反,当某个人对私人产品进行消费后,其他人便无法再次消费此产品。准公共产品处于公共产品和私人产品的中间状态,是指具有一部分公共产品和一部分私人产品性质的某种产品。在现实生活中,医疗类服务、城市公共交通等需要付费获取的基础设施和公共服务均属于准公共产品。[①] 药品试验数据具有准公共产品属性:一方面,药品试验数据本身具有消费的非排他性,药品试验数据不仅承载着制药企业个体的经济利益,还与全体社会成员的健康利益相关联,药品试验数据可以同一时间被所有患者予以间接利用,实现促进公共健康的公益目标;另一方面,药品试验数据具有一定程度的消费非竞争性,患者享有基于药品试验数据产生的治疗效果并不损害先前患者的治疗效果。但是,药品试验数据的消费不是无偿的,除了受到市场机制的调节,尚须国家的介入。所以,就药品试验数据价值的终端消费而言,药品试验数据具有准公共产品属性。

2. 部分秘密性

药品试验数据涉及制药企业的核心商业利益,是制药企业享有独占性专利权利的前提和基础。在药品研发阶段,为保证试验数据顺利转化为专利,必然需要保持试验数据的秘密状态。为防止数据被他人非法使用,制药企业往

① 参见陈其林、韩晓婷:《准公共产品的性质:定义、分类依据及其类别》,载《经济学家》2010 年第 7 期。

往会采取一系列保密措施防止试验数据泄露,例如,与从事研发的工作人员签署保密协议,以及对可能接近关键数据的工作人员采取身份核验措施等。但是,为了强化药品信息公开,对药品安全有效性展开监督,法律要求制药企业将试验数据在药品监管机关登记并由后者向社会公开,如对于欧盟建立的欧盟药品数据库就包括试验数据的相关信息。药品试验数据的强制公开属于部分公开,制药企业只有基于完整的数据内容才能作为申请专利的条件,作为整体的药品试验数据仍具有秘密性。例如,在欧盟药品数据库中可查询到的内容只限于Ⅱ期至Ⅳ期临床试验阶段的药品名称、申请主体、药物适应症及试验目的等综合信息。至于Ⅰ期临床数据、药品研制的具体情况及临床设计方案、试验者个人信息等不会对外公开。[①] 由此可见,药品试验数据的公开并非完全披露。药品试验数据强制公开的披露限于公众知情权的必要范围,目的在于缓解制药企业和公众之间因信息不公开而产生的冲突,只要披露的数据能够证明药品安全有效、满足上市条件即可,并且获得药品试验数据的药品监管机关应当履行保密职责。在药品试验数据公开的过程中,药品监管机关为保护数据的必要秘密性而采取措施,例如,正在进行或者已经结束的临床试验相关数据,仅对欧盟各国主管机关和欧洲药物审评局(European Medicines Agency,EMEA)公开,其他主体不可以查阅。

3.商业价值性

原研药企业为研制新药而获取药品试验数据需要巨额的成本投入,其他制药企业一旦获取药品试验数据便可以减少研发流程,从而以较短时间和较少资金的投入生产出功效近似或相同药品,药品市场由独占性垄断格局转变为多头竞争格局,严重影响原研药企业的经济利益。此外,原研药企业以外的其他制药企业还可以利用药品试验数据进行更深层次的研发,增加药品的功效、适应症,将其与原研药进行比对性营销,这亦是制药企业获取收益的重要途径。

---

① 参见中国药学会医药知识产权研究专业委员会组织编写:《药品试验数据保护制度比较研究》,中国医药科技出版社2013年版,第118页。

(三)药品试验数据的法律保护模式

1. 与专利保护模式的比较

药品试验数据与专利相比较,两者均源自主体的实践努力,在产品上市后亦可转化为经济利益。为了保护此种利益并激励研究和创造活动,法律均采取授予专有权的保护方式,即未经权利人许可或者法律专门规定,任何人不得占有或使用。但是,两者存在本质上的区别:药品试验数据属于对自然科学实践过程的记录和分析结果,获取数据的方法可能具有创造性,但数据本身缺乏作为专利所需要具备的创造性要素,不具备直接转化为生产活动的实用性,也不要求内容上的新颖性。因此,相关规范构建的立足点不尽相同:药品试验数据制度基于数据信息代表的安全性和有效性;药品专利制度则以产业化为基础。所以,药品试验数据不能划入专利的类型范畴,法律对药品试验数据采取独立的保护模式。例如,我国通过《药品管理实施条例》《药品注册管理办法》对药品试验数据进行保护,而非在《专利法》中进行规定。概言之,药品专利和药品试验数据的保护模式平行并存。①

药品专利和药品试验数据法律保护的差异主要体现为:(1)在权利范围上,药品专利保护及于市场范围,专利权人享有在未经其本人许可而排除他人制造、销售、使用其专利产品的权利;药品试验数据权利人仅享有对此类特定信息的客体占有,其他制药企业虽然不能依赖权利人占有的数据而向药品审批机构申请批准,但可以进行自主试验、方向试验方式获取相关数据进而获得药品批准上市许可,因而药品试验数据权利人不对数据信息享有排他性的专有权。(2)在保护的条件和程序上,取得药品专利须经由专利评审机构对申请专利的新颖性、创造性和实用性进行全面审查,对于通过评审的专利作出法律上的直接、完整的承认,赋予专利申请人以专利权;药品试验数据的申请者仅将数据作为申请药品注册的关键证据性材料之一,提交给药品审批机构,后者在综合其他材料的基础上对申请上市的药品进行评审,通过评审的药品被

---

① 杨莉、宋华琳、赵婕:《药品试验数据保护与专利保护之平行并存性研究》,载《中国新药杂志》2013年第22期。

授予上市许可。在此过程中,对申请人药品试验数据的认可和占有保护属于附带性质。药品专利和药品试验数据在权利范围、法律认可程序和认可对象的差异决定了药品试验数据尚未达到药品专利层次的权利属性,法律仅保护药品试验数据的占有状态,不具备专利权的排他性强度。

2. 与商业秘密保护模式的比较

TRIPs 将药品试验数据与一般商业秘密同时规定在第 39 条"未披露的信息"中,由此可见,TRIPs 存在将药品试验数据视为商业秘密的倾向,因而有观点认为药品试验数据属于一种商业秘密,应当对其采取商业秘密的保护模式。[①] 药品试验数据确实具备商业秘密的某些特征:药品试验数据由研发企业占有且采取较为严格的保密措施,研发企业对其药品试验数据享有潜在的财产利益,并且药品试验数据还可以为后续药品深入研发提供有价值的信息。药品试验数据一旦丧失秘密性,便会对原研药企业的原有竞争优势产生不利影响,所以制药企业一直在努力维持药品试验数据的秘密性,保证其持有的试验数据不为他人所知悉,使之带来持续利益。

但是,不能因药品试验数据具有商业秘密的某些特征,便将其完全等同于商业秘密,进而采取与商业秘密一样的法律保护模式,主要原因在于:(1)两者的法律保护目标存在差异。商业秘密保护在本质上属于反不正当竞争,目的在于鼓励和维护公平的市场环境,保护所有市场主体的利益;药品试验数据保护则是激励制药企业开展药品研发活动,促进公共健康。(2)药品试验数据并非处于绝对秘密的状态。在药品审批过程中,由于多种因素,相当一部分数据会在提交给药品审批机构前后以各种形式被披露,如在专利申请过程中的公开。既然相当部分药品试验数据处于公开状态,若是仍以商业秘密的事后救济模式为药品试验数据提供保护,则已处于公开状态的药品试验数据将无法获得法律保护。(3)商业秘密保护没有期限,但若对药品试验数据保护不设期限,使之始终处于秘密状态,仿制药企业将在无法确定的较长期间内不

① 参见郑成思:《WTO 知识产权协议逐条讲解》,中国方正出版社 2001 年版,转引自褚童:《TRIPs 协定下药品试验数据保护研究》,复旦大学法学院 2014 年博士学位论文,第 22 页。

能利用既有的试验数据申请仿制药品上市审批，导致原研药的价格长期居高不下，影响药品的可及性。因此，对药品试验数据保护不宜采取保护商业秘密模式。

3. 药品试验数据的专有权保护模式

药品试验数据的专有权保护模式是将药品试验数据视作一种新型财产权利，赋予权利人有限范围的专有权。在药品试验数据的专有权保护模式下，存在两类主体的义务：(1)仿制药企业不得对原研药企业自行取得且未披露的数据进行商业利用；(2)在药品试验数据保护期内，药品监管机关不能授予依赖受保护数据进行仿制的药品上市许可。

相对于专利权和商业秘密，专有权保护模式更适应药品试验数据的特点：(1)专有权保护模式适合经药事管理性法律创设而形成的权利。药品试验数据专有权不同于一般性私法权利，后者在本质上是私法确认主体业已存在的固有权益，而试验数据专有权来源于药事管理法律规范，试验数据专有权的取得须伴随药品监管机关的审批程序。药品生产经营未经药品监管机关的审批，制药企业也不能取得对药品试验数据的专有权。同时，药品试验数据专有权不依赖于药品专利权，即使基于药品试验数据所生产的药品本身获得专利，药品试验数据亦不因此获得权利保护。(2)专有权可以适度赋予制药企业排他性权利。不同于专利和商业秘密较强的排他性或独占性，试验数据专有权并不具备限制其他制药企业开展相似或相同药品的试验活动，仿制药企业可以经过自主研发而获得相关试验数据和资料，[①]法律不禁止制药企业利用此试验数据提出药品上市申请。此外，药品试验数据用于药品注册审批环节，符合保护条件的试验数据都可以自动获得数据专有权保护，即使制药企业对其研发的新药不申请专利，试验数据专有权仍能起到防止仿制药企业不正当竞争的作用。(3)专有权适合药品试验数据的产业地位。数据专有权保护的客体是提交给药品监管机关的试验数据，此数据的社会意义在于保障药品安全、

① 参见陈庆：《药品试验数据专有权与药品专利权冲突之研究——从药品可及性角度谈起》，载《知识产权》2012年第12期。

有效，是药品监管机关为药品作出公法上"担保"的条件。这些数据所代表的药品功效须经生产经营环节的制造、销售活动才能与患者或社会产生关系。这种生产经营的前置性作用和市场间接性特征决定了无须给予药品试验数据药品专利层次的保护水平。通过专有权保护制药企业对药品试验数据的占有，排除同行不当获取数据，即能满足保护需求。

试验数据专有权保护模式的制度功效较为合理，并且有利于制药产业的发展。原研药的研发消耗了制药企业的巨额成本，药品试验数据是投入成本的主要成果之一，药品试验数据的专有权保护模式能够与药品专利权保护相辅相成，共同维护原研药企业的利益，激励药品研发活动。当然，药品数据专有权保护模式亦存在负面影响：(1)过高标准的数据专有权保护会推迟仿制药上市的时间。在保护原研药企业试验数据独占状态下，仿制药企业依赖原研药数据进行的药品上市申请将被推迟。因为缺少仿制药上市的市场压力，原研药可以长期以较高的价格占据市场，药价居高不下，普通公众难以承受药品的高价格。(2)过度严格的数据专有权保护可能影响药品实验例外制度的目标实现。[①] 若是药品试验数据专有权保护使仿制药企业在专利到期前无法利用合法获得相关的药品试验数据进行上市审批申请，将无法实现仿制药在专利期届满后迅速投入市场，降低药价的目标。(3)数据专有权保护可能对药品专利强制许可实施的制度障碍。专利强制许可能够在紧急状态下允许国家授权第三方企业生产专利药品，化解公共健康危机，而严格的数据专有权使第三方即使得到了生产专利药品的强制许可授权，亦因侵犯药品试验数据专有权而不能及时获得上市销售许可，造成法律制度的矛盾冲突。因此，建立药品试验数据专有权保护时，应当最大限度地考虑公共健康需求，调适不同制度目标和实施过程中的矛盾，降低专有权模式的负面影响。

(四)我国药品试验数据保护的法治现状

我国药品试验数据保护起步较晚，2001 年之前并无相关规定，即制药企

---

① 药品实验例外制度宗旨在于平衡药品专利权人利益和公共健康利益，允许非药品专利权人在药品专利到期前以研究为目的进口、制造和使用受专利保护的药品。参见孙莉：《TRIPs 协定下发展中国家药品试验数据独占保护制度的构建》，载《未来与发展》2016 年第 12 期。

业在申请药品上市时可以不受限制地使用其他企业自主获取的试验数据。2001年我国加入WTO,《中国加入WTO工作组报告》明确指出,中国将为申请使用新化学成分的药品或农业化学品的销售许可而按要求提交中国主管机关的未披露试验数据或其他数据提供有效保护,以防止不正当商业利用,并且承诺,新药上市销售后的至少6年内,没有数据权利人的许可,任何人不得依赖此试验数据提交药品上市申请。这是我国作为WTO成员国履行TRIPs第39条第3款规定的体现,亦是我国建立药品试验数据法律保护的开端。此后,我国积极推动上述承诺的国内法转化,落实我国药品试验数据法律保护。2002年,国务院颁布《药品管理法实施条例》正式明确对药品试验数据提供法律保护,第35条规定:"国家对获得生产或者销售含有新型化学成份药品许可的生产者或者销售者提交的自行取得且未披露的试验数据和其他数据实施保护,任何人不得对该未披露的试验数据和其他数据进行不正当的商业利用。自药品生产者或者销售者获得生产、销售新型化学成份药品的许可证明文件之日起6年内,对其他申请人未经已获得许可的申请人同意,使用前款数据申请生产、销售新型化学成份药品许可的,药品监督管理部门不予许可;但是,其他申请人提交自行取得数据的除外。除下列情形外,药品监督管理部门不得披露本条第一款规定的数据:(一)公共利益需要;(二)已采取措施确保该类数据不会被不正当地进行商业利用"。

近年来,我国推进药品试验数据的法律保护,2017年《关于深化审评审批制度改革鼓励药品医疗器械创新的意见》提出促进药品创新和仿制药发展,完善药品试验数据保护制度,2018年国家药品监督管理局组织起草了《药品试验数据保护实施办法(暂行)(征求意见稿)》,提出完善原研药和专用药的数据保护范围和时间,规定药品试验数据保护申请、内容审查、授权公示、提出异议和撤销等一系列程序事项,但此征求意见稿迄今未正式颁布。2019年修订《药品管理法》修改药品试验数据法律保护的规定,但对于药品临床试验数据提出了更高标准的要求。《药品管理法》明确鼓励支持药品创新,将药品与公众健康紧密结合,凸显药品领域改革发展的需要,药品试验数据法律保护亦要紧跟步伐,尽快修改完善。2020年《中美经贸协议》第三节药品相关的知识产权提出,“为促进中美双方在医药领域的创新与合作,更好满足患者需要,双方应为药品相关知识产权,包括专利以及为满足上市审批条件而提交的未经披露的试验数据或其他数据,提供有效保护和执法。”

目前,我国药品试验数据法治主要包括以下方面:(1)药品试验数据保护的对象是含有新型化学成分药品的试验数据。《药品注册管理办法》第2条规定,“在中华人民共和国境内以药品上市为目的,从事药品研制、注册及监督管理活动,适用本办法”。换言之,即使某一药品已经在境外上市销售,但未在我国被批准销售,那么其申请在我国上市时,此药品试验数据便可以获得法律保护。(2)受保护的药品试验数据应为制药企业自行取得的数据。依据TRIPs要求,虽然药品试验数据来源很多,可能是制药企业自主研究取得的,亦可能是通过某种途径获得的其他制药企业的试验数据,甚至可能是国外已经披露的数据,但受保护的药品试验数据必须是制药企业经过“相当的努力”之后自行取得的数据,药品监管机关仅负责保护制药企业自行取得的药品数据不被披露。(3)有权申请药品试验数据保护的权利主体应当是药品注册申请人或代理人。一般而言,申请人即申请药品上市的研发企业,除此之外,其他任何主体不得单独对药品试验数据申请保护。(4)药品试验数据保护其实是一种“不依赖”方式。“不依赖”表现为不允许其他申请人未经数据权利人同意而使用其未披露的试验数据进行药品上市申请,药品监管机关亦不得依赖受保护的试验数据进行仿制药审批。① (5)药品试验数据的保护期限为6年,从药品获得注册上市之日起计算。在6年保护期限内,药品监管机关不得利用该试验数据批准其他药品的上市申请。(6)药品试验数据被药品监管机关依法披露的情形。为公共利益的需要,并且确保被披露的试验数据不会被不正当商业利用的情况下,可以部分披露试验数据。总之,我国对药品试验数据的法律保护大致沿用了TRIPs规定,同时设置了6年的数据保护期,遵守了我国加入WTO作出的药品试验数据保护的承诺,初步建立了药品试验数据

① 参见冯洁菡:《TRIPs协议下对药品试验数据的保护及限制——以国际法和比较法为视角》,载《武大国际法评论》2010年第1期。

法律制度。

二、境外药品试验数据保护的法治经验

（一）TRIPs 和 TRIPs-plus 关于药品试验数据保护的规定

TRIPs 第 39 条第 3 款规定："当成员要求提交未披露过的试验数据或其他数据，以作为批准采用新化学成分的医药产品或农用化学产品的条件时，如果该数据的原创活动包含了相当的努力，则该成员应保护该数据，以防止不正当的商业使用。同时，除非出于保护公众的需要，或除非已采取措施保障对该数据的保护、防止不正当的商业使用，成员均应保护该数据以防被泄露"，此规定是世界大部分国家对药品试验数据提供法律保护的主要依据，亦被视为药品试验数据保护的最低标准。就第 39 条而言，药品试验数据获得保护的条件：(1)试验数据必须处于未披露的状态；(2)受保护的药品必须含有新化学成分，但 TRIPs 本身并未界定新化学成分的含义、标准；(3)数据持有人为了获取数据付出了相当的努力，但关于"相当的努力"的含义，TRIPs 没有进行界定。质言之，TRIPs 对药品试验数据法律保护属于反不正当竞争法范畴，目的是防止药品试验数据被不正当的商业使用，但是此规定未明确成员方是否可以提供更高标准的保护，亦未明确具体的保护期限。① TRIPs 规定过于原则化，用语比较模糊，给成员国的国内法具体规定保留了较大的灵活空间，但造成了各国不同的理解，以及实施措施的差异较大。

发达国家为了扩大医药等知识密集型产业的优势，实施知识产权扩张政策，通过药品垄断权利获取更多的利益，以 FTA 方式提高药品试验数据保护标准，形成了药品试验数据的 TRIPs-plus 条款。这些条款已经成为世界范围内药品试验数据法律保护体系的重要组成部分，反映了相关制度的发展方向。对比 TRIPs，TRIPs-plus 条款对药品试验数据保护主要存在以下变化：

第一，降低药品试验数据获得法律保护的条件门槛。(1)TRIPs 仅保护未

---

① 参见冯洁菡：《TRIPs 协议下对药品试验数据的保护及限制——以国际法和比较法为视角》，载《武大国际法评论》2010 年第 1 期。

披露的试验数据及其他数据，但一些 TRIPs-plus 条款对于已披露数据在满足一定条件的情况下亦提供保护。(2)依据 TRIPs 的规定，新化合物中的“新”主要是指注册过程中的新颖性，并未从药品本身进行判断，但一些 TRIPs-plus 条款规定原研药的判断标准是含有未经批准通过的活性基。换言之，原研药范围由此扩大。对于非新化学物成分的原研药，TRIPs 并未要求对其提供数据保护，但一些 TRIPs-plus 条款对新用途或新适应症的药品提供试验数据保护。(3)在 TRIPs 中，药品试验数据获得保护需要证明制药企业为了获取试验数据付出了相当程度的努力，但大部分 TRIPs-plus 条款取消了此限制，对任何能够证明药品安全有效的数据都提供保护。

第二，明确药品试验数据的专有权保护模式。TRIPs 对于药品试验数据提供近似商业秘密的反不正当竞争保护，TRIPs-plus 条款明确了专有权的保护模式。在数据专有权保护模式下，除了仿制药企业不能依靠受保护数据提交相似药品的上市申请，药品监管机关亦不得依赖这些受保护数据评估其他提交申请上市的药品的安全性和有效性。

第三，明确药品试验数据的保护期限。TRIPs 并未规定药品试验数据的保护期限，但在 TRIPs-plus 条款中，各成员根据药品的差异制定了不同的保护期限。例如，美国与秘鲁、哥伦比亚和巴拿马签订的 FTA 中，对用以提交药品上市的数据自上市许可批准之日起 5 年内，禁止公开及不公平的商业利用；对于农用化合物提供 10 年的数据专有权，在此期间内，任何人不得利用该试验数据。

第四，规定药品试验数据专有权受侵害的救济措施。TRIPs 未规定药品试验数据保护的救济措施，TRIPs-plus 条款则弥补了这一缺失，在药品试验数据专有权遭受侵害时，制药企业可以通过一般性司法、行政程序寻求私权救济，或者在药品上市审评程序中，当第三方未经数据专有权人同意而提出上市申请时，其提交的申请将被直接拒绝。①

---

① 参见周唯璇:《药品试验数据保护的发展趋势及我国的应对之策——从 TRIPs 到 TPP》，载《经济》2016 年第 2 期。

(二)美国药品试验数据保护的法治经验

美国涉及保护药品试验数据的法律规范主要包括美国众议员哈奇(Hatch)和韦克斯曼(Waxman)在1984年共同提议的《药品价格竞争与专利期补偿法》(Drug Price Competition and Patent Term Restoration Act,亦称《哈奇—韦克斯曼法》,以下简称《Hatch-Waxman法》)、1983年《孤儿药法》(Orphan Drug Act)、1997年《食品和药品现代化管理法》(Food and Drug Administration Modernization Act,FDAMA)以及2010年《患者保护与平价医疗法》(Patient Protection and Affordable Care Act)。[①] 在《Hatch-Waxman法》颁布前,美国对未披露的药品试验数据进行一般性商业秘密保护,主要防止违背公平诚信原则的商业竞争行为,所以药品监管机关仍可利用这些试验数据对仿制药进行审批。1984年《Hatch-Waxman法》规定了世界上最早的药品试验数据法律保护制度,明确提出给予药品试验数据一定保护期,标志着药品试验数据保护制度的建立。《Hatch-Waxman法》对药品试验数据实施法律保护,不仅严格限制仿制药依赖受保护数据的上市申请,还禁止药品监管机关依赖被保护的试验数据进行有关行政审查。同时,《Hatch-Waxman法》精简了仿制药申请上市程序,仿制药企业在申请药品上市时仅向FDA提供数据证明此仿制药在药学上与原研药药效等同,并且与原研药生物等效性一致即可。质言之,《Hatch-Waxman法》,一方面,鼓励了制药企业研发有价值的原研药;另一方面,在药品试验数据保护期届满后,仿制药企业能够以此为基础生产销售价格较低的仿制药。

美国药品试验数据的保护范围包括两类:(1)含有新型化学成分的药品,即含有未被FDA在其他药品申请上市时已经批准过的新型化学活性分子或离子;(2)已被FDA批准过的药品,在后续研发中发现了新适应症或新用途及其他变化。

美国对药品试验数据的保护力度远超TRIPs的规定,对数据提供独占保

---

① 参见中国药学会医药知识产权研究专业委员会组织编写:《药品试验数据保护制度比较研究》,中国医药科技出版社2013年版,第65页。

护,保护内容大致包括:(1)在药品申请上市的过程中,制药企业必须向 FDA 递交药品试验过程中取得的未披露数据,用以证明申请注册上市的药品具有安全性和有效性;(2)在数据保护期内,FDA 以及任何未获得数据权利人许可的第三方均不得依赖这些受保护的数据进行审批或取得仿制药品的上市许可。具体而言,美国主要通过“不披露”“不依赖”“不受理”“不批准”的方式来对试验数据提供保护。① 其中“不披露”和“不依赖”主要强调 FDA 使用试验数据的权限,药品试验数据获得保护之后,FDA 不得违规披露试验数据,也不能依赖此试验数据进行仿制药审批。“不受理”指的是在一般为期 5 年的数据保护期内,FDA 不得接受仿制药申请。但是,例外情况是申请者虽然没有从研究者处取得有效参考或者使用的权利,而且能够证明研究者的专利是无效的或者并未对其造成侵权,那么 FDA 可以在 4 年期限之后对申请上市药品进行审批。“不批准”是指对于授予了 3 年数据保护期的药品,FDA 可以在 3 年期满之前就接受类似仿制药的申请,甚至能够对其授予暂时性的批准,但此批准只有等 3 年保护期满之后才会生效。由此可见,美国药品试验数据保护主要规制的是药品监管机关的行政行为。

美国对药品试验数据的保护期限进行层级细化,对于不同种类和性质的药品,分别设置了 12 年、5 年、3 年的不同保护期,还特别对市场上比较缺乏、制药企业不感兴趣的儿童用药和罕见病用药予以特别规定:(1)对于生物药制品设置最长 12 年的数据保护期限。(2)对于一般的含有新型化学成分的药品设置 5 年的数据保护期限,同时对“新化学成分”做出界定,即不含药品监管机关在其他药品注册申请中所认可的活性基成分。因此,新化学成分的“新”也不是绝对的,只要药品注册时所含的活性基没有被其他制药企业用来申请注册药品即可。(3)针对非新药申请设置 3 年的数据保护期,此类申请主要针对已批准过的新药的补充申请,如某种药品的新适应症、新剂量、新剂型等,这些变化对原有有效成分、药品剂量、剂型、给药途径或使用条件造成了

① 参见中国药学会医药知识产权研究专业委员会组织编写:《药品试验数据保护制度比较研究》,中国医药科技出版社 2013 年版,第 73 页。

影响,可以适用 3 年的数据保护期。(4)对于罕见病用药,美国规定其可以享有长达 7 年的数据保护期,儿童用药则在以上 5 年、3 年或 7 年的基础上再次增加 6 个月数据专有保护。

在美国,制药企业在申请药品上市审批时一并提出 5 年或 3 年的试验数据保护申请声明,声明要明确指出试验数据应当获得 5 年或 3 年保护期的理由。FDA 进行审批并通知申请人所提交数据是否可以获得数据保护。获得保护的试验数据需要在 FDA 的“橙皮书”(Orange Book)中公开,橙皮书记载了 FDA 批准的全部药品,包括数据保护、专利权等各种排他性权利的信息,而且明确给出了每一项数据保护权、专利权或其他排他权的失效日,是药品信息公开的主要途径。他人可以通过查阅“橙皮书”获取受保护的试验数据信息,如公众可以了解到试验数据保护期日,这一做法提高了药品试验数据保护的透明度。此外,美国还规定了违反药品试验数据保护的制裁或救济措施,一旦制药企业认为自己的权利被侵害,可以通过两种方式进行救济:(1)向 FDA 提起申诉,要求举行听证会,进行公开讨论或者要求解答问题;(2)通过民事或者刑事诉讼程序的司法途径寻求救济。

(三)欧盟药品试验数据保护的法治经验

欧盟药品试验数据保护经历了 40 余年的发展,与欧盟药品管理体系的完善基本保持同步,经历了各成员国家制定不同的法规,到目前统一的新药审批制度下的药品试验数据的法律保护。

2004/24/EC 指令是欧盟药品试验数据法律保护的里程碑,确立了欧盟现行的药品试验数据法律体系。依据指令,欧盟建立了“8 + 2 + 1”的药品试验数据保护模式:(1)原研药上市后享有 8 年的数据保护专属期,在此期间内,为了保护原研药企业获得应有的回报,所有依赖此试验数据提出的仿制药上市申请一律不予受理和批准;(2)8 年数据保护专属期过后的 2 年内,EMEA 以及欧盟各成员的药品管理局可以受理依赖受保护数据提出的仿制药申请,但不予批准;(3)1 年则属于额外期限,在原研药上市后的 8 年内,若是新适应症、新用途被许可,可以获得 1 年的额外市场专属期间。但是,1 年额外的数据专属期并不易获得,提出申请的制药企业必须列出与治疗新适应症相关的所有细节,并且说明此药品对新适应症能够带来明显的临床效果,如对患者健康有重大贡献或比现有药品安全性更高。证明产品的临床效果申请者提供与其他已有治疗手段相比较,新的研究数据。对于非新药来说,其药品新适应症获得 1 年的市场专属期,制药企业须已进行了"临床前或者临床研究",并提供至少一个证明临床试验的比较参数,必要时可能须提供更多的数据和证实性临床试验。①

欧盟主要通过"不受理"和"不批准"对药品试验数据提供保护。根据"8 +2 +1"的药品试验数据保护模式,8 年为原研药在申请上市后的数据专属期,在这 8 年之内,为了保护原研药企业利益,所有与原研药品相关的仿制药的上市申请都不会被受理。原研药上市的第 9 年、第 10 年属于市场专属期,EMEA 以及各成员国药品管理局受理仿制药的申请后不予批准,此保护措施与数据保护期相互联系,使数据保护操作性更强。

欧盟内部对于药品上市采取 3 种不同程序:②(1)集中程序。此是欧盟各成员国都认可的程序,其设立目的在于统一欧盟各成员国的药品审批程序。在集中程序下,成员国内制药企业可以直接将药品的上市申请提交到 EMEA,经其审核批准之后,药品可以在任一成员国市场进行销售。这是欧盟内部药品上市最有效率的程序,通过此程序获得上市批准的药品数据保护期为 10 年。(2)互认程序。药品在某一成员国境内获得上市许可之后,可以通过互认程序将药品上市所需的材料递交至其他成员国的药品监管机关,以获得药品在此成员国范围内上市的许可。一般而言,一种药品在某一成员国上市之后又通过互认程序在其他成员国提交的药品上市申请往往会被批准,此种程序可以使一些常见药品迅速进入多国市场。但是,考虑不同成员国的国内法可能规定不同的数据保护期,在这种情况下,只有相对较长的药品试验数据保护期届满后,制药企业才可以通过互认程序向保护期较长的成员国申请药品

① 参见中国药学会医药知识产权研究专业委员会组织编写:《药品试验数据保护制度比较研究》,中国医药科技出版社 2013 年版,第 108 页。

② 参见褚童:《TRIPs 协定下药品试验数据保护研究》,复旦大学法学院 2014 年博士学位论文,第 99 页。

上市。(3)单独国内程序。这一程序又被称为国家程序,是指原研药仅在某一成员国国内提交上市申请,在经过药品评审机构审批之后,单独在成员国国内上市销售,关于试验数据保护的情况,亦依据国内法规定。通过以上3种程序,欧盟对所有途径上市的药品均予以试验数据保护,扩大了保护范围,较大程度上保护了未披露的药品试验数据。

为激励制药企业研发罕见病用药和儿童用药,欧盟分别给予特殊的药品试验数据保护。在欧盟,一旦某种药品被认定为罕见病用药,会自动获得罕见病用药的试验数据保护。在罕见病用药的基本试验数据保护期内,EMEA不但不会受理仿制药的上市申请,还不受理任何制药企业针对已授权的与罕见病用药相同适应症的药品上市申请。换言之,即便其他制药企业不使用罕见病原研药的试验数据,而是使用自己研发获得的数据提交相同药品上市申请亦不被允许。但是,为了避免过犹不及,防止罕见病用药的高标准保护影响公共健康,欧盟同时规定了针对罕见病用药数据保护的限制:一方面,若发生以下3种情况,EMEA接受罕见病用药的相似药品提交上市申请:(1)相似药品的上市申请有试验数据权利人的同意;(2)数据权利人生产的药品无法充分供应市场所需的罕见病药品;(3)相似药品申请人能够证明其生产的药品比已销售的药品疗效更加突出或更加安全。另一方面,若是有充分的证据证明受保护的罕见病用药已经收回了其投资成本,没有必要对其提供如此高标准的试验数据保护,那么药品数据保护期可以依法由10年减少至6年。对于儿童用药而言,获得批准上市的儿童用药可以获得10年的试验数据保护期,在10年之内其他药品不能依赖被保护的儿童药品试验数据申请上市,一种儿童用药被批准上市之后又有了新的适应症,则此儿童用药还可以获得为期1年的额外数据保护期间。而且,根据欧盟《用于儿童用途的药物产品的规定》,儿童用药研究能获得延长数据保护期的奖励,无论此研究的结果是否允许该药品用于儿童,从而进一步激励儿童用药的研发活动。

欧盟的药品试验数据的法律保护既包括对试验数据的保护,也有对试验数据相关信息公开的规定,通过欧盟药品数据库,公众可以查询药品数据保护的相关信息，遵循了欧盟的透明公开的法治传统。与美国不同的是，欧盟药品试验数据保护不须制药企业单独的申请和审批，而是在药品申请上市时，EMEA或者欧盟各成员国药品监管机关主动对审批上市的药品相关试验数据进行数据保护。

（四）日本药品试验数据保护的法治经验

与欧美对药品试验数据保护专门立法不同，日本主要通过药品上市后再审查机制间接地为药品试验数据提供保护，其主要依据是1979年修订《药事法》关于药品上市后再审查的规定，及其日本厚生劳动省发布的《药品上市后监测制度》《药品上市后监测质量管理规范》等一系列药品上市后再审查通知。日本对药品试验数据采取商业秘密模式予以保护，在日本“知识产权推进计划”中，明确规定药品注册过程中核心试验数据信息属于商业秘密的保护范畴。[①] 日本对药品试验数据保护的范围较为广泛，如涉及动物与人的药代动力学、毒理和药物临床研究数据等，均在数据保护范围之内。

日本对于药品试验数据保护主要采取“不披露、不依赖、不受理”的办法，即厚生劳动省在受理药品申请上市时，必须保证原研药申请者所提交的试验数据不被不正当商业目的使用，并且不能依赖原有试验数据对仿制药进行审批，在原研药的再审查期间不受理相应的仿制药上市申请。药品上市后再审查主要是指某种原研药在上市后4～10年，参照此药品在实际医疗应用中的情况，重新对药品是否具有安全性和有效性进行审核。在药品再审查期间，其他制药企业的药品上市申请必须提交自主研发的与已有药品相比具有等效性或者效用更优的试验数据资料。除非提交证明更有效的数据，否则厚生劳动省不会再批准相同的药品上市，从而保护原研药的市场独占权。在再审查机制中，试验数据的法律保护与药品安全性再审查相互融合，只有再审期间结束，仿制药企业才可以提出仿制药上市审批的申请。因此，日本对试验数据提

① 参见中国药学会医药知识产权研究专业委员会组织编写：《药品试验数据保护制度比较研究》，中国医药科技出版社2013年版，第134页。

供的保护可以视为制药企业一种附义务的权利，[①]原研药企业要保证原研药的安全有效性，才能获得相应的保护。此制度较好适应了日本的基本国情，不但激励了原研药的研发，还保证了用药的安全和可靠性，实现药品试验数据保护的社会利益和经济利益平衡。

日本相关法规按照新上市药品种类对药品再审查的时间，即药品试验数据保护期，做出详细划分：(1)对于罕见病用药，提供最长10年的数据保护期；(2)对于含新化学成分的药品，提供8年的数据保护期；(3)对于新医疗用配合剂或者新给药途径药品，提供6年的数据保护期；(4)对于新适应症、新剂量药品，提供4~6年的数据保护期。此外，日本虽然未对儿童用药明确规定专门再审查时间或者数据保护期，但为了鼓励儿童用药的研发，特别规定在进行药品流行性调查或者临床研究时，若是关系儿童专用剂量的设置，则可以获得最长10年研究期限。

日本药品试验数据保护程序分为4个阶段：(1)启动阶段，原研药企业提出原研药上市申请，开始了药品试验数据保护程序；(2)审核阶段，厚生劳动省接到药品上市申请之后进行审查，决定药品是否可以上市销售，并且确认药品类型以明确是否可以给予药品试验数据保护以及具体数据保护期限；(3)授权阶段，通过审核上市的原研药自动进入再审查程序，亦获得了相应的数据保护权；(4)数据保护阶段，原研药上市之后，厚生劳动省开始对药品的安全性和有效性进行再审查，在此期间，仿制药不能依赖受保护数据提出仿制药申请。当再审查程序结束之后，仿制药申请仅须提交审查药品规格及试验方法，保证其与已有数据具有生物等效性即可，最大程度上降低试验成本。

三、药品试验数据的保护范围

(一)药品试验数据的保护对象

根据我国《药品管理法实施条例》《药品注册管理办法》的规定，可获得试验数据保护的对象是含有“新型化学成分”的药品，《药品试验数据保护实施

---

① 参见胡潇潇：《药品专利实验例外制度研究》，知识产权出版社2016年版，第148页。

办法(暂行)(征求意见稿)》第3条将可获得药品试验数据保护的对象扩大规定为原研药、创新治疗用生物制品、罕见病治疗药品、儿童专用药和专利挑战成功的药品等5类。

"新型化学成分"的"新"分为"绝对"和"相对"两个层次:"绝对新"要求申请上市的药品包含世界范围之内从未有过申请上市的化学物质,此种标准会使境外药品难以在我国境内获得数据保护,国内仿制药可以借此机会占据较大的市场份额,实现对本国制药产业的保护,以及抑制药价过高;"相对新"则要求申请上市的药品仅含有在本国第一次申请上市的成分即可,美国采用"相对新"的标准,对于提高制药产业的发展和创新水平起到良好的促进作用。我国人口基数大,原研药研制水平尚存在较大提升空间,若是采用"绝对新"的标准,要求制药企业就其具有创新意义的药品必须首先在我国申请上市,否则不承认其原研药资格,不符合我国目前制药产业发展的水平和能力,也影响国外原研药在我国的上市进程,进而危及我国原研药物的可获得性和公众健康。[①] 因此,我国关于"新型化学成分"界定宜采取"相对新"标准,原研药企业提交上市申请的药品中含有我国药品监管机关未曾审批过的化学成分即可获得数据保护。

为激励我国原研药研发,应当增加针对已批准药品补充申请的试验数据保护。对于药品监管机关已经批准上市的药品,若是后续研发中使用新配方、增加新适应症或者其他变化,或者其他按照要求必须进行新的临床试验的,虽然其创新程度提高有限,但又不能打击制药企业对已上市药品进一步深入研发的积极性,应当借鉴美国的相关规定,对此类型药品与"新型化学成分"的新药试验数据保护期予以区分,对其提供相应的试验数据保护。

目前,我国药品试验数据保护对象仅限于化学药品,对于我国传统的中药药品并未关注。中药药品上市销售前亦须进行大量的药品试验,其试验的复杂程度及其投入并不比化学药品少。在制药产业不断规范化和标准化的情况

---

① 参见丁锦希、任宏业、姚雪芳、徐卓环:《药品数据保护制度框架下的中国新化学实体法律界定若干问题探讨》,载《中国新药杂志》2015年第6期。

下,作为我国制药产业特色,中药药品一直以来就是我国知识产权保护的难点。《中医药法》《中药品种保护条例》是我国中医药领域的主要法律规范,《中医药法》是我国第一部规范中医药行业的系统性法律,《中药品种保护条例》则是对我国境内生产的符合国家药品监管标准的中药制品,在未申请专利的情况下对其进行分级别和期限的品种保护。但是,这两部法律规范均未涉及中药药品试验数据保护,以致中药药品法律保护并不完整。在中药品种保护期内,受保护的中药药品只能由被授予《中药品种保护证书》的制药企业进行生产。若是受到保护的中药药品在被保护之前便已存在多家制药企业,其他未获得保护证书的制药企业还可以通过申请补发同样的保护证书方式获批中药药品生产,中药药品保护的市场独占效果因此相对较弱。同时,中药品种的保护形式比较单一,一项中药品种只能保护一种药品,并且仅保护制成药品,对药品的化学成分、制造工艺等均不提供保护。近年来,随着新发现的中药药品越来越少,中药品种保护的数量呈现逐年下降趋势,若是中药药品被纳入药品试验数据保护对象,不仅能够为中药药品提供更为完整的保护,而且可以扩展至中药药品的新剂型、新给药方式和受保护中药的新用途。

(二)“自行取得”的法律界定

依据我国《药品管理法实施条例》、《药品注册管理办法》以及《药品试验数据保护实施办法(暂行)(征求意见稿)》的规定,制药企业获得保护的试验数据需要符合“自行取得”的要求,此项要求等同于 TRIPs 规定的用以提交药品上市注册申请的试验数据必须包含制药企业的“相当的努力”。质言之,对药品试验数据进行保护是为了制药企业能够收回在药品研发试验中的巨大投入,因此需要对试验数据本身设置条件、门槛,以排除某些无需多少成本即可获取的数据,而对具有进步意义的试验数据提供更精准的保护。但是,“自行取得”或者“相当的努力”用语过于模糊,在实践中不易认定,有必要予以进一步解释。

“自行取得”强调所提交的试验数据应当具备独立性与原创性,即受保护的试验数据应当由原研药企业独立研究获得,并未使用其他制药企业的试验数据或公开发表的试验研究成果。尽管药品试验数据在本质上是试验过程和结果的客观事实的记录,而不是人为创造的产物,试验数据不符合著作权、专利权等传统知识产权的原创性或新颖性,但作为一种权利客体,药品试验数据同样体现了人类智力活动,制药企业应当反映出其在药品研发过程中与他人劳动成果的区别。"相当的努力"中的"相当"可以解释为时间之长、过程之难,"努力"可以解释为药品试验进行的所有时间、资金、人力及其与药品试验数据的取得有关的所有投入。既然法律将"自行取得"或"相当的努力"设定为药品试验数据获得保护的前置条件,那么药品监管机关对某种药品试验数据进行保护时,有权要求制药企业举证证明自身"自行取得"了受保护的试验数据,或者付出了"相当的努力"。

(三)对"未披露"的法律界定

受保护的试验数据尚须满足另一前置条件——"未披露",但法律未明确界定何为"未披露"状态,"未披露"属于"绝对"还是"相对",试验数据在披露之后是否绝对不能获得保护。

药品试验数据可能处于两类主体控制之下:(1)试验数据的取得者,即药品研发企业;(2)药品监管机关。这两类主体均可能披露处于自己控制之下的药品试验数据。从药品研发到药品上市的过程中,药品试验数据牢牢掌握在制药企业手中,制药企业为了自身利益,会对试验数据采取严格的保密措施,防止其泄露而损害自身利益,此时药品试验数据处于"绝对"未披露状态。在此种情况下,一旦制药企业公开了药品试验数据,则试验数据即不属于"未披露",从而无法获得法律保护。制药企业将试验数据提交给药品监管机关用以证明申请上市的药品安全性、有效性之后,试验数据实际上已不属于完全的未披露状态,但此种"披露"是为了药品注册上市,试验数据处于"相对"未披露状态,仍能获得法律保护。但是,制药企业若将受保护的试验数据披露给第三人,那么其试验数据立即转变为公开状态,不再具有可保护性。药品监管机关对受保护的药品试验数据无所有权,不能对其进行使用、收益和处分,只能对之进行审查和保密性占有。若是药品监管机关对其控制的药品试验数据进行披露,则应当获得法律的明确授权,否则违反保护药品试验数据的法律义务。对于已符合"未披露"条件受到保护的试验数据而言,药品监管机关对试验数据的披露不会导致已受保护的试验数据丧失受保护的资格。

因此,笔者建议,将“未披露”界定为相对“未披露”,制药企业对药品试验数据的披露,无论此时试验数据是否已受保护,都会因为披露而导致不符合保护条件,丧失可保护性。但是,当药品试验数据符合保护条件已获保护之后,试验数据不会因药品监管机关的披露而不再受保护。

(四)受保护的境外试验数据强制注册期

根据我国《药品试验数据保护实施办法(暂行)(征求意见稿)》第 5 条第 3 款规定,“对于使用境外数据但无中国患者临床试验数据申请新药上市的,给予上述计算方法 1/4 时间的数据保护期;补充中国临床试验数据的,给予 1/2 时间的数据保护期”。我国可以接受使用境外试验数据进行药品上市申请,且一并提交对相应药品试验数据进行保护的申请。但是,在此规定以及药品监督管理局发布的《接受药品境外临床试验数据的技术指导原则》中,均未明确已在境外上市销售的药品在多长期限之内在我国申请上市才可以获得试验数据保护。若是不对此期限加以限制,会导致一种原研药不论在国外上市销售多长时间,在我国初次上市均会获得与首先在我国申请上市原研药的同等保护待遇,这不利于我国快速引进新的药品,亦是对在我国率先上市销售药品的不公平对待。所以,笔者建议,针对境外药品设立强制注册期,即已在境外上市的药品必须在一定期限内在我国提交上市申请,才可以在批准上市的同时获得我国试验数据保护,如可以规定原研药须在境外上市销售 3 年之内在境内提交药品上市申请,才可以在我国获得相应的试验数据保护。

四、药品试验数据的保护措施

(一)药品试验数据的保护模式

关于药品试验数据保护模式,各国存在争议,依据《药品注册管理办法》《药品管理法实施条例》,我国采取数据专有权保护模式,对药品提供为期 6 年的专有权保护。但是,美国等发达国家的数据专有权保护模式更多的是规范政府行为,要求政府不得批准依赖他人数据进行审批的药品上市,药品监管机关的行政许可权因而受到限制。我国药品试验数据专有权保护模式在本质上更接近于反不正当竞争法和保护商业秘密模式，主要限制的对象是制药企业的不正当竞争行为，因此尚未达到真正意义上的专有权保护要求，保护力度不强，政策制定流于形式，需要进一步完善。

一般认为，数据专有权保护模式能够弥补药品专利权保护和商业秘密保护的不足，为原研药企业提供更直接的经济诱因，鼓励更多制药企业参与原研药的研发，满足公众对更多原研药的需求，从而应对公共健康危机。为此，我国可以从药品试验数据保护的条件、措施等方面入手，细化具体执行规范，完善药品试验数据专有权保护模式。同时，数据专有权保护对仿制药企业和公众健康存在负面影响，高标准的数据专有权制度在一定程度上会导致仿制药企业难以在短期内生产出受保护试验数据的药品的替代性产品，使药价在一段期间内居高不下，影响药品的可及性，危害公共健康。此外，考虑我国经济发展状况和原研药研发能力，不能一味地追求发达国家的高标准保护模式，应当利用 TRIPs 条款的灵活性，建构符合我国国情的、公共健康优先的药品试验数据专有权保护制度，在保障原研药企业享有数据独占保护而产生积极效果的同时，最大限度地减少对仿制药产业和公众健康的负面影响。

(二)药品试验数据的保护期限

根据《药品管理法实施条例》和《药品注册管理办法》的规定，我国目前对含有新型化学成分的药品提供统一的 6 年数据保护期限，《药品试验数据保护实施办法(暂行)(征求意见稿)》进一步细化了关于数据保护期限的规定：第 5 条第 1 款规定，“对在中国境内获批上市的创新药给予 6 年数据保护期，创新治疗用生物制品给予 12 年数据保护期”；第 6 条规定，“对罕见病用药或儿童专用药，自该适应症首次在中国获批之日起给予 6 年数据保护期。”此规定体现了我国药品试验数据保护的进步，但保护期限规定仍较为僵化且期限相对较长。我国当下仍须大力提升仿制药水平，试验数据保护期限缺乏多层次灵活性，不利于仿制药产业的发展。过长的药品试验数据保护期限会导致受保护药品的市场独占时间延长，不利于仿制药上市销售，无法保障药品供应；过短的药品试验数据保护期限则不能实现试验数据保护的立法初衷，无法达到鼓励原研药品研发的目的，对于药品可及性会产生负面影响。为了平衡各方利益，维护公共健康，需要对试验数据保护期限进行进一步细化，增强制度灵活性。

首先，对于原研药6年的数据保护期限而言，虽然我国在加入WTO时作出了给予含新型化学成分药品6年数据保护期限的承诺，但当时并未对药品试验数据保护进行深入、全面的分析，6年数据保护期限过长。我国目前药品研发能力和创新能力远不如美欧等发达国家，美国对含新型化学成分的原研药试验数据仅提供5年的数据保护期，甚至存在可以将保护期限降为4年的例外情形。我国作为发展中的人口大国，直接规定高于发达国家的数据保护期限，明显不符合我国的发展状况。在不违背我国加入WTO承诺的前提下，我国可以借鉴欧盟关于药品试验数据保护期限的规定，将6年数据保护期予以分段细化，即总体保护期限为6年；在前4～5年，绝对地排除仿制药企业对受保护试验数据的依赖，药品监管机关也不得接受依赖受保护数据进行的仿制药申请；数据保护期满前的1～2年，允许仿制药企业利用受保护的试验数据提交仿制药上市的申请，药品监管机关可以依赖受保护的试验数据进行仿制药审批，但仅6年数据保护期届满后仿制药才可以进行上市销售。数据的分段保护方式，既在最大程度上保护了原研药企业的利益，使其有时间收回药品研发的成本，亦考虑了仿制药企业的生存需求，并且数据保护期满后仿制药即可投入市场，降低了药品的价格，更大程度上保护了公众利益。

其次，对于罕见病用药和儿童专用药给予6年数据保护期限尚不能充分鼓励罕见病用药和儿童专用药研发。我国目前制药企业普遍对罕见病用药的研发投入较少，市场上相关药品供应也较少，与发达国家相比，上市时间滞后了6年左右。[①] 为了鼓励制药企业对罕见病用药研发的动力，我国建立了对罕见病用药的优先审批制度，但此制度仅仅加快罕见病用药上市的审评速度，对罕见病用药的研发刺激有限。因此，在将罕见病用药纳入药品试验数据的

---

① 参见杨莉、张大为、陈晶、林琳：《TRIPs框架下药品试验数据保护的适用范围与我国的立法选择》，载《中国新药杂志》2015年第20期。

保护范围之后,笔者建议,进一步加强对罕见病用药的保护力度,在一般原研药试验数据保护的基础上延长保护期限,参考其他国家的规定,额外增加2年数据保护期,以达到激励罕见病用药研发的效果。儿童专用药与罕见病用药的情况大体相同,我国近年来更加重视对儿童专用药的研发,出台了一系列鼓励儿童专用药研发的政策意见。对于儿童专用药的试验数据来说,其特殊性在于药品临床试验需要考虑未成年人的身心状况,而且临床试验的志愿者较少,研发难度更大。因此,我国应当将儿童用药的试验数据保护进行专门规定,可以借鉴美国立法规定,在6年数据保护期的基础上,额外增加6个月的数据保护期限。

最后,将使用新配方、增加新适应症及其他变化类别的已被药品监管机关批准的药品试验数据纳入试验数据保护范围,还需要对该类药品试验数据设置不同的数据保护期限。鉴于此类药品创新性较低,但为了激励制药企业对药品的深度研发,可以规定在新用途或者新适应症被批准之后,给予为期3年的数据保护期。

(三)药品试验数据保护的例外情形

虽然药品试验数据保护设立之初是为了维护原研药企业的利益,但也不能忽视仿制药企业的普遍诉求。我国目前欠缺对药品试验数据专有权的合理限制,缺少对原研药企业和仿制药企业之间利益的平衡措施。《药品试验数据保护实施办法(暂行)(征求意见稿)》第12条规定,“除下列情形外,国家药品监督管理部门不得主动披露受保护的相关试验数据:(一)公共利益需要;(二)已采取措施确保该类数据不会被不正当地进行商业利用;(三)药品审评审批机构依法公开审评信息的”。但是,上述3个例外情形的规定过于模糊,不利于对药品试验数据保护,可能造成药品监管机关对药品试验数据主动披露的法律障碍。

我国应当对药品试验数据保护例外情形中的“公共利益需要”予以限制,诸如新冠肺炎等疾病具有严重的传染性,其迅速扩散威胁到了公共健康,使公共卫生状况堪忧,国家陷入了紧急情况,属于对公共健康安全造成了威胁,基于公共利益的需要,药品监管机关可以主动披露受保护的试验数据,以生产更多的药品来化解公共危机。而且,药品试验数据保护的例外情形应当建立有偿机制,对数据权利人提供相应的经济补偿。此外,药品试验数据毕竟依附于获批准上市的药品而存在,若是药品本身的专利被实施强制许可,那么受保护的试验数据应当一并被药品监管机关予以主动披露,无须额外的程序规定。①

(四)药品试验数据保护的撤销

《药品试验数据保护实施办法(暂行)(征求意见稿)》第17条第2款规定,"取得数据保护的药品自批准上市之日起1年内由于自身原因未在市场销售的,则该保护期经有关利益相关方向国家药品监督管理部门提出撤销申请,经核实情况属实的,该数据保护应被撤销"。此规定旨在防止药品试验数据保护的权利滥用,因此要求已批准的药品及时上市销售,造福公众,防止资源浪费。

在某种药品申请上市并得到数据保护之后,同种药品的研发企业应当关注药品数据权利人相关药品的销售情况,若是发现受保护的药品存在1年内未上市销售的情形,可以申请试验数据保护的撤销而抢占试验数据保护的权利。在此情况下,笔者认为,仍须进一步明确同种药品的其他申请人再次提交药品上市申请和试验数据保护申请时,应当使用其自行取得的未披露数据,不能依赖被撤销保护的试验数据提交药品上市申请。

五、药品试验数据的信息公开

(一)药品试验数据信息公开的范围

试验数据代表的药品安全有效性直接关系患者的生命健康权利,具备一定程度的公共性质。基于行政公开原则和公民知情权,药品监管机关应当公开在药品上市审批过程中获得的试验数据。目前,我国药品试验数据保护体系中缺乏对数据信息进行公开的规定。公众通过国家药品监督管理局的公开数据检索系统能搜索到药品名称、治疗用途、生产单位等药品审批的基本信

① 参见冯洁菡:《公共健康与知识产权国际保护问题研究》,中国社会科学出版社2012年版,第84页。

息,以及通过公示途径获得注册药品是否享有专利、专利期是否届满的信息。但是,公众尚无渠道可以查询受保护的药品试验数据信息,已批准上市的药品是否获得了试验数据保护、保护期长短等均无处查询,至于药品监管机关是否履行了法律规定的保护义务亦无任何公告或者文件可以证明。同时,由于药品试验数据信息不公开,当数据持有人的数据权利受到侵害时,举证难度较大。① 对于药品试验数据而言,依法公开不仅能够创造制药企业获取当前药品研发进展的渠道,还有助于仿制药企业充分准备申请上市所需的各种数据材料,便于仿制药进入市场,还有利于社会公众对药品的监督,保障药品的安全性。因此,我国应当在当前法律体系中增设关于药品试验数据信息公开的规定。

根据药品试验数据公开的程度,可以分为4类:②(1)临床试验注册基本信息公开,即将试验数据基本信息在特定的临床试验注册机构或数据库进行登记,并在公开的网站予以公示,对公开的数据进行实时更新。临床试验注册信息的公开不仅有利于加强药品研发人员之间的信息沟通与合作,减少不必要的重复性试验,而且将药品注册信息直接面向公众,有利于公众监督。(2)结果摘要公开,即要求制药企业公开临床研究结果摘要,以防止制药企业对研究结果的选择性报道。目前,美国和欧盟已经开始强制要求制药企业公开研究结果摘要。(3)临床研究报告,是制药企业申请药品上市时提交给药品监管机关的文件中的关键组成部分,这些内容中包含了临床试验每一阶段完整的详细数据,包括制药企业的研究方案、统计方法、试验结果以及病例报告表和患者数据列表等,内容往往多达数千页。临床研究报告是否应当公开一直备受争议:支持公开者认为临床研究报告包含了许多结果摘要中隐藏和未公开的数据,对其进行公开可以更准确地认定药品的安全性和有效性;反对公开者则认为临床研究报告中有太多的商业敏感信息,公开对制药企业不利,

---

① 参见褚童:《TRIPs协定下药品试验数据保护的政府义务》,载《行政与法》2013年第6期。

② 杨莉、田丽娟、林琳:《药物临床试验数据公开制度研究及启示》,载《中国新药杂志》2017年第9期。

并且还有可能导致试验数据被滥用。基于以上争议，各国对临床研究报告是否应当公开持比较谨慎的态度，美国一直将临床研究报告列为依申请公开的信息，全世界范围内仅欧盟强制要求临床研究报告信息公开。(4)原始数据公开，是公开程度最为彻底的一种方式，一旦原始数据被公开，其他制药企业便可以进行重复性试验，乃至展开深入的二次研究，因此目前各国均未要求对原始数据进行公开。

目前，我国要求公开的药品试验数据大多为一些药品试验数据的基本信息，如保护的理由和保护的起止日期，公开范围非常有限，主要还是为了药品监管而进行公开。若是希望第三方能够独立评估数据、进行研究，进一步保障公众的知情权，发挥社会监督作用，保障用药安全，则须进一步扩大药品试验数据的公开范围。笔者建议，在目前的药品试验数据公开基础上，根据制药产业发展状况、公共健康需求，逐步将公开范围扩大至结果摘要、临床研究报告等数据信息。

(二)药品试验数据信息公开的方式

《药品试验数据保护实施办法(暂行)(征求意见稿)》第11条规定，“药品试验数据保护权利在药品上市注册申请批准公示时生效，数据保护信息与药品批准信息同时公示。药品试验数据保护信息至少应包含药品的试验数据保护理由、数据保护起始和截止日期等信息，并由《上市药品目录集》收载并公示，药品试验数据保护申请人或任何第三方可自行在《上市药品目录集》中查询保护状态及保护期限。药品试验数据保护期届满后，《上市药品目录集》中应及时删除相关信息”。目前，《中国上市药品目录集》主要收录的是上市药品本身的基本信息，如药品的名称、药品中含有的活性成分、药品的剂型、药品的给药途径、药品的批号、生产厂家等，由《中国上市药品目录集》对药品试验数据进行收载和公示，弥补了《药品管理法实施条例》《药品注册管理办法》在药品试验数据公示方面的不足。

为了更好地对试验数据提供保护以及监督，应当对药品试验数据保护信息的公示公开建立专门的数据查询平台或通道，既满足原研药企业对其重要数据的保护，也给予仿制药企业更多药品仿制的契机。

六、药品试验数据专有权受侵害的救济

(一)侵害药品试验数据专有权的法律责任

当药品监管机关或者仿制药企业侵害了药品试验数据专有权时,应当规定此种情况下药品监管机关及其工作人员或者仿制药企业的法律责任。《药品管理法实施条例》第67条规定,“药品监督管理部门及其工作人员违反规定,泄露生产者、销售者为获得生产、销售含有新型化学成份药品许可而提交的未披露试验数据或者其他数据,造成申请人损失的,由药品监督管理部门依法承担赔偿责任;药品监督管理部门赔偿损失后,应当责令故意或者有重大过失的工作人员承担部分或者全部赔偿费用,并对直接责任人员依法给予行政处分”。其他制药企业可能通过不正当行为侵犯数据专有权,药品试验数据权利人对此可以向人民法院提起民事诉讼,要求侵权人承担民事赔偿责任。药品监管机关以及仿制药企业,应当根据各自的过错,对数据权利人作出赔偿,其赔偿数额不仅需要考虑制药企业在药品研发过程中的投入,还应当考虑侵害试验数据专有权对权利人预计收入造成的损失。

但是,金钱赔偿往往难以弥补原研药企业的损失。侵权的仿制药处在药品审批阶段的,药品监管机关应当做出拒接申请的决定;侵权的仿制药已经上市的,应当由药品监管机关做出禁止上市、停止销售的处罚。此外,对于侵权的仿制药企业,除了经济处罚之外,还可以建立侵权制药企业黑名单制度,直接禁止其在一定时间内提出仿制药上市申请,达到不敢侵害试验数据专有权的效果。

(二)药品试验数据专有权受侵害的救济途径

我国《药品管理法实施条例》第67条规定未明确药品试验数据权利人受侵害时向药品监管机关主张赔偿责任的途径,药品监管机关也难以发现自身过错并且主动承担赔偿责任,以致此规定在实践中难以操作。况且,权利人向药品监管机关主张赔偿的,仍由药品监管机关做出其是否侵犯试验数据专有权的判断,既当运动员,又当裁判员,结果难免有失公允。制药企业即使发现

药品监管机关及其工作人员存在违规行为，但是为避免在此后药品申请注册过程中被药品监管机关给予不公正对待的可能，而往往选择沉默。

当数据权利人发现自己的试验数据在保护期限之内被披露或被依赖时，有权通过行政复议或者行政诉讼方式，要求药品监管机关修改或撤销侵害其试验数据权利的命令，暂停对仿制药的批准，进一步审查是否存在试验数据被披露或者被依赖的情形。考虑药品试验数据问题的专业性，可以建立专门的药品试验数据委员会，对仿制药企业的上市申请是否依赖了受保护的试验数据作出专业判断。

第四章　药品专利链接

一、药品专利链接概述

(一)药品专利链接的概念

药品上市应当符合两个方面的法律规范要求:(1)任何药品上市流通前均需要经过药品监管机关对药品安全性、有效性的审批许可,属于维护公共利益的行政控制规范;(2)专利行政机关对药品专利权的管理,包括对原研药品专利的审批和异议处理,属于公法对私权的确认和管理规范。这两方面的法律规范分别以保护公共利益和私人利益为出发点,属于不同性质的法律实体规范和程序规范,又具备行政干预的共性特征。药品专利链接是对两者的有机衔接,即仿制药的注册审查核准与原研药专利保护相关联的一项制度,药品主管机关在药品上市注册审批过程中不仅对药品的安全性、有效性等功能性指标进行审核,而且考量此药品是否可能涉及专利侵权纠纷。①

因此,药品专利链接具有两层含义:(1)对仿制药

---

① 参见胡潇潇:《药品专利实验例外制度研究》,知识产权出版社2016年版,第231页。

申请上市的审批程序与相关专利药品专利信息审查的链接;(2)药品监管机关和专利主管机关之间的链接。[①] 药品专利链接的主要作用在于最大限度地避免仿制药申请上市之后可能引发的侵犯专利权纠纷,防止浪费社会资源,节省制药企业在行政程序上的总体消耗。从药品可及性角度出发,药品专利链接是可以“平衡原研药与仿制药企业利益,保障对药品创新激励的同时促进仿制药发展,降低药价,提高药品可及性的制度”。[②]

(二)药品专利链接的运作机制

药品专利链接的运作建立在一系列具体措施的基础之上,需要行政机关之间以及行政机关与司法机关之间的紧密协作。具言之,专利链接的运作机制分为3个时间段:

1.原研药上市阶段

原研药企业为收回巨额研发成本并获得利润往往追求高标准的专利保护水平。原研药进入市场需要经由两次行政审核:(1)针对药物非临床安全性检测研究成果的审批;(2)临床检测结论的审批。前者审批结果是药品能否进行临床研究程序的前置条件,后者的审批结果决定了药品能否成功上市。在我国,原研药获得批准上市后,药品监管机关对试验数据给予6年的保护期,同时原研药企业将原研药的相关专利信息,包括药品成分、药名和剂型以及相关专利号、专利具体届满期日和专利的类型等记载于《中国上市药品目录集》。

2.仿制药上市阶段

仿制药申请是指对已经具有国家认证的标准药品进行仿制的审核申请,相较原研药,仿制药的申请较为简捷。仿制药企业向药品监管机关提出仿制药注册申请,后者将申请药品和已经录入并公示的药品数据信息进行比照参考,仿制药应当具有与比照药品相同的性能、用途和生物等效性,无须提交完

① 参见张锡君、刘丹妮:《药品专利保护与药品行政审批之间的衔接问题》,载《中国知识产权报》2012年9月12日,第5版。

② 李蓓:《中美药品专利链接制度研究》,载《科技与法律》2018年第1期。

整的临床试验数据。仿制药企业应当提出待审批药品相关的药品专利及权属状态的声明，声明的种类包括：(1)被仿制药品没有专利权，或者存在的专利权已失去效力；(2)已登记的药品存在专利权，但申请人保证在专利权有效期内不寻求药品监管机关批准其仿制生产行为；(3)声明已登记药品的专利权处于无效状态，或者对此药品进行仿制行为并未侵犯其专利权。这些声明的共同特征在于表明仿制药不会在事实上侵犯原研药企业的专利权，声明将在提交申请后一定期限内通知原研药的专利权利人，此乃"专利挑战"。

3. 专利挑战阶段

原研药企业在接到仿制药企业提起的专利挑战通知后，可以根据记录在已经公示的药品数据信息，在一定期限内向法院提起专利侵权诉讼，并将诉讼信息告知药品监管机关。后者据此对仿制药设定一定遏制期，但对已经受理药品的评审继续进行。若是法院在期限内对仿制药作出认定侵权的裁决，则药品监管机关终止仿制药审查，不予批准上市；若是在期限内仿制药企业和原研药企业达成和解，或者法院认为仿制药企业的行为不构成侵权，抑或法院超过设定期限未能作出认定侵权的裁决，则申请上市的仿制药将获得批准上市。药品监管机关将给予挑战成功的药品一段期间的数据保护期，即市场独占期，在此期间内不再批准同品种仿制药的申请上市，以激励仿制药企业的专利挑战。

(三)我国药品专利链接的法治现状

在我国药品市场上，仿制药占比大约为96%，原研药市场几乎被跨国企业所垄断，这一市场格局反映了我国长久以来制药产业的自主研发能力相对薄弱。我国是人口大国，随着人口老龄化程度加剧，公众对药品治疗的需求越来越大，高昂的原研药品支出成为药品可及性的主要阻碍之一，客观上存在公民对疾病治愈、健康水平日益增长的需求与高昂的原研药价格之间的矛盾，催生了仿制药发展的市场和社会需求。基于支持仿制药产业发展和提高药品可及性水平的立场，我国在较长时期未将药品链接纳入《专利法》或《药品管理法》等法律规范之中。

以法律视角，上述矛盾在很大程度上源于原研药企业的药品专利权，时常表现为原研药企业和仿制药企业之间的专利权纠纷。原研药专利的纠纷主要分为3种:(1)专利授予纠纷,发生于专利申请者与专利主管部门之间;(2)专利挑战的纠纷,发生于原研药企业与作为挑战者的仿制药企业之间;(3)专利侵权纠纷,发生于原研药企业与仿制药企业之间。近年来,我国由专利挑战引发的纠纷与诉讼频发,[①]仿制药企业发起专利挑战,因侵犯跨国制药企业专利权而遭遇诉讼纠纷,这些纠纷对原研药企业专利权保护、仿制药企业的药品仿制和上市都造成明显阻碍。"专利链接制度实际上是一种针对仿制药可能涉及的专利侵权纠纷进行提前解决的机制。"[②]借助药品专利链接,减少药品专利侵权纠纷,推进仿制药顺利上市,已经成为我国药事法治的主要问题之一。

目前,一些政策文件虽然确立了我国药品专利链接的大体方向,但许多举措尚存较大争议,具体的制度设计和操作运行并未形成完整、细致的规定。从2002年《药品注册管理办法(试行)》至2005年、2007年、2020年《药品注册管理办法》,处理药品相关专利问题的主要理念和制度构架并无本质上的变化,药品注册审批机构的职责范围始终没有纳入药品专利相关问题。此制度缺失在一定程度上过度扩大了药品实验例外条款的作用,将其扩展至上市审批阶段,进一步缩小了对专利侵权的认定空间,出现原研药专利到期前仿制药申请上市、审批的"强仿事件"。[③]

2017年《关于深化审评审批制度改革鼓励药品医疗器械创新的意见》是我国药品专利链接发展的导向性文件,其中关于药品专利链接的一系列规定主要包括以下方面:(1)建立上市药品目录集。《关于深化审评审批制度改革鼓励药品医疗器械创新的意见》提出"建立上市药品目录集",目录集收录的药品涵盖了成功通过审核的原研药、与原研药性能和疗效等同的仿制药及其药品有效成份和规格,其中包括所有相关的专利信息记载和保护期限等细节。

① 参见孙爱民:《药企专利大战正酣》,载《财经》2020年第2期。

② 张清奎:《TPP条款对我国医药行业可能产生的影响初探》,载《中国发明与专利》2016年第8期。

③ 参见孙爱民:《新冠药抢注背后,药企专利大战正酣》,载《财经》2020年第2期。

2017 年《中国上市药品目录集》初次发布,一共收集录入了 131 种药品、203 个品种规格,相关机关对准许通过审核的药品和经过仿制药等同性比照的药品直接归入目录集并且实时更新。此目录集被制药产业称为中国版“橘皮书”,其建立对仿制药的上市和发展存在极其重要的意义。(2)药品专利链接的主要程序。《关于深化审评审批制度改革鼓励药品医疗器械创新的意见》提出“探索建立药品专利链接制度”,对国家药品监督管理局在实际的药品审批操作过程中实施的行为作出明确规定,并且对药品注册审批的相关专利声明和纠纷问题进行了规定,但对于药品审批中涉及的专利权属状态以及告知程序和具体涉及的相关期限尚未规定。(3)鼓励仿制药发展的改革目标。《关于深化审评审批制度改革鼓励药品医疗器械创新的意见》明确“促进药品仿制生产”,鼓励仿制药的研发生产是解决药品可及性矛盾的必要途径,但实现方式上并非传统的默认“强仿”和诉讼纠纷解决方式,而是基于尊重和保障私权的基本法治价值取向,精简制度运行程序,提高仿制药品合法正当上市的效率。虽然仿制药是解决药品可及性矛盾的途径之一,但我国制药业已经有几十、上百家创新主导的企业,发展原研药产业亦是不容忽视的发展途径,应当将鼓励原研药和仿制药发展作为制度改革的目标,事实上原研药产业发展对于解决药品可及性矛盾具有前瞻性和高质量的特点。

2020 年《中美经贸协议》第一章知识产权第三节药品相关的知识产权包括专利链接的规定,这与中国制药产业发展的总体方向一致,有助于构建更加完善的药品市场,同时保护我国制药企业的创新行为,提升药品研发的积极性和主动性。

二、境外药品专利链接的法治经验

(一)TRIPs 和 TRIPs-plus 关于药品专利链接的规定

TRIPs 生效后,通过国内法保护药品专利成为 WTO 成员国的一项基本义务。TRIPs 序言明确指出,各成员国应当“尽最大努力维护公共健康和营养”,即成员国应当通过各种途径提高药品可及性水平,包括完善药品专利保护,激励药品研发和创新活动,[1]此目标在《多哈宣言》《TRIPs 修正案》得到进一步明确。但是,TRIPs 关于药品专利保护规定较为简单和原则化,并且 TRIPs 主要关注专利等知识产权的授予、保护和执法问题,并未扩展至药品专利有关的药品上市审查问题。

在后 TRIPs 时代,发达国家试图在 WTO 多边框架下进一步提高药品专利的保护水平,为药品专利相关的药品上市审查制度确立一致性国内法标准。但是,WTO 中发达国家成员对药品专利权保障的关切和发展中国家成员对公共健康的关注之间存在难以调和的对立,药品专利链接因而难以被纳入讨论议题。发达国家转而在双边、多边 FTA 体系中引入药品专利链接,其中以 TPP 为典型代表。TPP 明确要求成员国在药品专利保护及审批上市程序中构建药品专利链接或其替代机制,并且根据实际情况调整、细化国内法,具体措施体现在 TPP 第 18.53 条"特定药品上市的有关措施":第 1 款规定,"作为批准某一药品上市销售的一项条件,如果缔约方允许最初提交安全性和有效性信息的人之外的申请人依赖之前已获批的关于安全性和有效性的证据或信息(例如,上市销售已获缔约方或其他国家批准的证据),该缔约方应提供:(一)一个机制,以便在该药品上市销售之前通知专利持有人或让专利持有人得到提示,在已获批产品或其使用方法的专利保护期间该申请人正在请求该产品的上市销售许可;(二)充足的时间和机会,以便该专利持有人在涉嫌侵权产品上市销售之前能够寻求第(三)项所规定的救济;(三)程序(如司法或行政程序)和及时补救措施(如临时禁令或等同有效的临时措施),以便及时解决关于专利有效性或已获批药品或其使用方法的专利的侵权纠纷";第 2 款规定,"作为第 1 款的代替,缔约方必须采用或维持一个司法外的制度(extra-judicial system)。在这个机制下,根据专利持有人或上市销售申请人向上市销售审批机关提交的相关专利信息,或者根据上市销售审批机关和专利局的直接协调合作,除非经专利持有人的同意或默许,任何第三人对受专利保护的药

---

① 参见吴雪燕:《TRIPs-plus 条款的扩张及中国的应对策略——以药品的专利保护为视角》,载《现代法学》2010 年第 5 期。

品的上市销售请求将被拒绝。”上述两种方案旨在为专利权人将仿制药企业排除出市场提供制度保障,即使现有专利是无效的,仿制药企业亦须等到专利救济程序结束,从而拖延了仿制药上市的时间。CPTPP 作为 TPP 的替代品暂时搁置了专利期补偿、药品试验数据保护等争议较大的药品专利保护条款,但仍保留了上述关于建立药品专利链接的规定。由此可见,药品专利链接更具备发展中国家的可接纳程度。

(二)美国药品专利链接的法治经验

药品专利链接最初产生于美国,乃是基于药品实验例外规则的一项制度。20 世纪七八十年代,美国制药企业专利纠纷案件大量出现,凸显传统专利法与制药产业发展之间的不匹配,1984 年《Hatch-Waxman 法》由此规定药品实验例外规则。依据药品实验例外规则,仿制药企业在原研药专利到期前一段期限内可以展开仿制药研发活动,此一规则后经不断修正,客体已扩展至兽药等 FDA 监管范围内的其他产品。在药品实验例外规则赋予专利期届满前仿制活动的合法性基础上,《Hatch-Waxman 法》进一步确立药品专利链接。此后,美国先后通过《医疗保险处方药、改良和现代化法》(Medicare Prescription Drug, Improvement, and Modernization Act, MMA)、《更容易获得可支付药品法》(Greater Access to Affordable Pharmaceutical Act, GAAP)等对药品专利链接进行修改和补充。美国药品专利链接涵盖以下 4 个主要方面:

1. 橘皮书制度

根据《Hatch-Waxman 法》要求,原研药企业在原研药上市时应当根据相关规定向 FDA 提出所需要的信息。这些信息包含了药品专利涉及的细节信息,如药品使用操作办法的专利,但相关专利不包括药品活性成分的制作方法专利、中间体专利和代谢物的专利。因其书目封面呈橙色,故而被称为“橘皮书”。橘皮书附录中记录药品的专利情况和保护期,超过专利期和数据独占期的药品会被移除。FDA 以月为单位对药目进行更新和更正,且无偿公开其电子版。仿制药企业在申请仿制药上市时,应当对比参考橘皮书已有的相关数据信息。

2. 仿制药专利声明

仿制药企业在申请仿制药上市时,应当提交其与原研药具备等同的性能、规格及疗效的声明,同时提交涉及药品及其制造方法等专利的专利号及专利到期日,①并根据相关规定提出如下格式内容的声明:第一项声明是橘皮书上并无相关药品专利信息的登记;第二项声明是已合法收录的相关药品已届专利期;第三项声明是仿制药保证其将橘皮书已录入的药品专利到期后再上市;第四项声明是橘皮书所记载的相关药品专利失效,或者仿制药企业所申请的仿制药并未侵犯橘皮书记载的药品所登记的专利权,仿制药企业欲在橘皮书登记的药品专利期届满之前仿制并销售相关药品。仿制药企业在提出的第一项声明和第二项声明后,只要其仿制药满足上市要求即可获批上市。提出第三项声明的仿制药企业,在原研药相关专利保护期届满之后,才能获批研发和销售仿制药。若是仿制药企业提交申请时提交了第四项声明,会导致专利挑战的发生。

3. 专利挑战及遏制期

根据《Hatch-Waxman 法》,对于提交第三项声明的,FDA 只能在原研药专利到期后允许审核通过。若是仿制药申请人在提交申请的同时提交了第四项声明,并且引起了专利挑战,必须在申请提交后 20 日内通知所有的专利权利人和新药上市申请(New Drug Application,NDA)的申请者。专利权人或原研药申请批件持有人有权向司法机关提起诉讼,期限自收到通知之日起 45 日内,并且要求将司法机关的受理情况告知 FDA,此时 FDA 会自动将仿制药申请人提交的相关简略申请文件(Abbreviated New Drug Application,ANDA)搁置 30 个月,即 30 个月遏制期。遏制期的终止事由包括 30 个月内所涉药物的专利期届满;法院裁决专利无效或裁决不侵权;遏制期届满。

4. 180 日市场独占期

市场独占期主要针对仿制药企业生产的首仿药。首仿药是指在所有提出

① 参见丁锦希、韩蓓蓓:《中美药品专利链接制度比较研究》,载《中国医药工业杂志》2008 年第 12 期。

审批申请中的第一个提交相关注册审批信息的仿制药。“独占”意味着独自占有市场资源、独享收益，这是对首仿药制药企业最为有利，也是激励仿制药企业不断大胆进行仿制研发的动力。市场独占期使制药企业发展并生产出公众能够以合理价格购买的仿制药，仿制药企业由此获得巨大利润。就具体操作而言，《Hatch-Waxman 法》对于第一个向 FDA 提交含有第四项声明的 ANDA 申请且专利挑战成功的申请人，授予其 180 日市场独占期，以此鼓励仿制药企业对原研药提出挑战。从仿制药上市的首日或者在法院胜诉日期开始计算，若是多个仿制药申请人在同一时间提交带有第四项声明的 ANDA 且均挑战成功，则 180 日市场独占期由多个申请人共同使用。获得市场独占期的申请者在通过批准之日起 75 日内，或者提交 ANDA 申请后 30 个月内，若未能生产销售仿制药，所获得的 180 日独占期便就会被收回。

5. 药品监管机关与专利主管机关的衔接

在美国药品专利链接中，FDA、美国专利商标局（United States Patent and Trademark Office，USPTO）与法院之间并未基于药品专利链接产生直接的工作协同。各个机关以及当事人之间的通知与沟通，主要依靠仿制药上市申请人来完成。此种制度安排部分归咎于公众对美国政府效率的不信任以及美国社会诚信体系相对完善。根据《Hatch-Waxman 法》，FDA 收到并处理仿制药申请，需要将所关联药品的相关专利信息告知 USPTO，USPTO 得到信息后将此药品所涉及的专利情况告知 FDA，以此作为 FDA 对药品审评审批的依据。两个机关职能衔接机制相对明确地划分涉及的权利界限，从而有效地对可能发生的侵权风险予以提前预防。这有助于清楚区分首仿药和其他药品，使之保护原研药企业合法权益的同时促进仿制药品的安全稳定发展，从而在两者之间达成一种均衡状态。

（三）加拿大药品专利链接的法治经验

加拿大深受美国影响，在美国之后也设立药品专利链接。但是，与美国以药品注册管理法律为主构建药品专利链接不同，加拿大以专利法律为主形成符合本国国情的药品专利链接，并且加拿大更注重防控仿制药侵权，倾向对专利权人的利益保护。加拿大于 1993 年制定《专利药品（批准通知）条例》

[Patented Medicines(Notice of Compliance)Regulations,NOC Regulations],并在卫生部专门设立专利药品联络办公室负责药品专利的审查和登记,当药品上市审批出现涉及专利纠纷问题,办公室承担与加拿大司法部展开对接、联系的责任。加拿大药品专利链接包括两部分:

1. 专利登记和审查

药品专利权人在提交药品审批时应当向卫生部提交包括申请药品名称和规格等信息的药品专利目录,并且保证所提供信息的真实、准确。若是在申请之时专利权还未被授予,则专利权人应当在获取专利后30日内确认提交专利信息。卫生部专利药品联络办公室对上交的专利信息进行审查,此专利应当是药品专利而不是中间体专利,并且专利真实有效。专利信息在审批通过以后录入专利登记之中,录入的专利信息在卫生部网站上实时公示。药品申请人能够随时、便利地搜索所需的专利信息。此外,加拿大卫生部相关机构可以无须征得同意删除录入不符合要求的专利信息。①

2. 仿制药审批中的专利审查

加拿大对于药品上市申请的专利审核较为严谨。对于仿制药的上市申请予以两次前期专利审查:第一次审查是加拿大卫生部对仿制药上市许可申请的申报资料审查,在提交资料同一时间或之前,申请人向卫生部提交关于专利方面的申述信,表明药品不侵犯专利权;第二次审查针对通过第一次审查药品的新增或者修改专利药品信息,以及是否存在未解决的专利纠纷。②

(四)韩国药品专利链接的法治经验

韩国以仿制药生产为主,因与美国签署FTA而引入药品专利保护措施。韩国药品专利链接和美国大同小异,在药品信息登记、对原研药提出专利挑战等方面均予以详细规定,在制度设计上借鉴多国经验并予以本土化改造。

---

① 参见肖建玉、沈爱玲:《加拿大药品专利链接制度对我国的启示》,载《中国卫生事业管理》2010年第10期。

② 参见刘立春、朱雪忠:《美国和加拿大药品专利链接体系要素的选择及其对中国的启示》,载《中国科技论坛》2014年第1期。

1. 专利信息公示

原研药企业须与韩国食品药品管理局取得联系，通过食品药品管理局将其生产药品的有关专利信息进行登记，并向公众公开，此类信息载体在韩国称为"绿色清单"。列入绿色清单的专利须与获批上市的药品活性成分、含量、剂型、适应症等直接相关，或者与药品用药方法直接相关。[①] 原研药企业向韩国食品药品管理局提出登记申请的期限是自成功通过上市审批后30日内，若是药品在审批通过后才获取专利授权，申请期限为授权后30日内。此外，韩国还明确药品登记申请的日期晚于通过批准日期的专利不能被归入清单。韩国独创了专利登记申请审查以核准、排除与所登记药品不相关联的信息，食品药品管理局能够依法删除不合规定的信息，保障清单登记信息的准确性。

2. 专利声明

仿制药企业在韩国提出简略新药上市申请时，须作出针对原研药绿色清单所列专利以下5项声明之一：(1)所列专利保护期限已届满；(2)申请人在所列专利保护期届满后才上市销售仿制药；(3)所列药品专利的专利权人以及此专利列入绿色清单的原研药企业同意申请人不提交专利通知；(4)所列专利保护范围不涵盖仿制药申请上市的用途；(5)所列专利无效或仿制药不侵犯其专利权。若是仿制药企业针对第5项声明进行专利挑战，则应当在提交申请后20日内告知专利权人，并通过书面信息向食品药品管理局反馈证明其履行了通知义务。[②]

3. 仿制药搁置期

原研药企业收到仿制药企业的挑战通知书后，有权在规定的45日内请求食品药品管理局暂时搁置仿制药的申请审批，并且向法院起诉或者向知识产权审判与上诉委员会申请确认，仿制药企业的仿制行为属于对已登记专利的破坏。若是法院或知识产权审判与上诉委员会审核查实后，认为此申请属于

---

① 参见邱福恩：《韩国药品专利链接制度介绍及对我国制度的启示》，载《电子知识产权》2019年第3期。

② See Choe, Jeong Yeol, Yoon, Kyung Ae, Lee, Samuel, *Korea: The New First Battleground for the High Stakes Poker Game of Pharmaceutical Patent Litigation*, Pharm. Pat. Anal., 2015(4).

其职权管辖范围之内,即授予原研药企业收到挑战告知书之日起 9 个月搁置期,用以阻止仿制药企业可能的侵权行为。此做法与美国的遏制期制度相似,目的是给专利权人足够的时间和机会运用法律手段维护自身权益不受侵犯,对潜在的侵权行为在可能解决条件下予以及时处理。搁置期程序对于同一仿制药侵权案件只能适用 1 次。搁置期内发生下列情况之一,搁置期予以终止:(1)有关判决或决定认定专利权无效、仿制药品不侵犯专利权、仿制药技术方案未落入保护范围、专利登记不合法;(2)专利权人撤回其侵权诉讼或确认专利权范围请求;(3)当事人达成和解协议;(4)公平贸易委员会或法院认定专利权人违反反垄断相关法律规定。①

4. 市场独占期

仿制药企业向知识产权审判与上诉委员会提出专利无效宣告请求或确认不落入专利保护范围,并且获得了宣告专利无效或仿制药技术方案不落入专利权保护范围的决定,但相关决定在搁置期届满后才作出的除外。在这种情况下,首仿药企业会取得 9 个月独享市场资源机会,若是多家仿制药企业同时提出申请,同样适用以上规则。②

三、药品专利信息登记

药品专利登记通过专利信息的公示、公信方式来保障专利链接顺利运行。2017 年,原国家食品药品监督管理总局发布网络版《中国上市药品目录集》及其《使用指南》,收录 131 个品种、203 个品种规格的药品,收录范围包括获得批准的原研药、改良型新药和进口原研药品;化学药品新注册分类的仿制药;通过质量和疗效一致性评价药品;具有安全性和有效性的其他药品。《中国上市药品目录集》的创建是药品专利链接的核心,承担对药品专利信息的收集、录入功能。就私人权利保护而言,仿制药申请人可根据《中国上市药品目

---

① See Choe, Jeong Yeol, Yoon, Kyung Ae, Lee, Samuel, *Korea*: *The New First Battleground for the High Stakes Poker Game of Pharmaceutical Patent Litigation*, Pharm. Pat. Anal. ,2015(4).

② Ibid.

录集》已登记信息了解其所涉及原研药的专利情况,防止侵权行为的发生。就公共利益维护而言,《中国上市药品目录集》将原研药的专利信息和有效期予以公开透明,有利于仿制药企业对拟仿制对象的选择,调动药品研发的工作积极性,有利于提高药品可及性水平。

(一)药品专利信息登记的内容

我国药品专利登记制度主要解决登记的专利信息范围、信息更正与更新,以及各类主体对登记信息的义务和职责。与美国、加拿大相关制度比较,《中国上市药品目录集》目前的框架和规则较为简单笼统,一些药品专利信息的登记并不完整。美国橘皮书制度对《中国上市药品目录集》规则的建构具有一定参考价值,具体而言,应当着力完善以下规范:

1. 专利登记的具体类型

《中国上市药品目录集》将专利登记类型限定为化合物、药品及其用法,从正面限制专利类型,但未从反向明确否定不可登记专利类型。由于药品监管机关没有专利实质审查权,缺乏反向规定将导致仿制药上市被不合理延缓。因此,我国应当要求收录药品和药品专利具有"关联性"和"有效性":"关联性"要求专利与药品有关联,申请登记的专利应当是原研药申请中实际使用的专利;"有效性"则是登记专利的相关权利须被合理地主张,即专利有效且权利人能够起诉侵权者。美国专利登记的具体规则是基于此一般原则衍生而来的,一般原则还发挥兜底作用,在一定程度上为应对药品发展提供规则的灵活性和解释空间。此项规定可以弥补《中国上市药品目录集》缺乏反向不可登记专利限制的不足,同时可以避免成文法列举的不周延性,具有应对新发展、新情况的灵活性。

2. 登记专利信息的更新

药品监管机关被要求确保《中国上市药品目录集》内容的准确性,并且持续更新,但因缺乏明确的更新时间节点要求,以致可供查阅的专利信息存在时效性瑕疵。美国明确规定其橘皮书应按月更新,《中国上市药品目录集》规定专利权人应当在授权或更正之后30日内登记相关专利信息,我国《政府信息公开条例》第18条规定,属于主动公开范围的政府信息,应当自政府信息形成或者变更之日起20个工作日内予以公开。综上所述,我国要求目录集保持每月一次乃至每20日一次的更新频率,较为适宜。

(二)药品专利信息登记的保障机制

药品专利登记的精准性直接影响仿制药声明,关系药品专利链接的目标实现,为此需要建立药品专利信息登记的保障机制。目前《中国上市药品目录集》尚无法与专利登记做到有效的衔接。我国2020年《药品注册管理办法》第38条第2款规定,“药品审评中心根据药品注册申报资料、核查结果、检验结果等,对药品的安全性、有效性和质量可控性等进行综合审评,非处方药还应当转药品评价中心进行非处方药适宜性审查”,因此药品监管机关的审查范围仅限于“药品的安全有效性和质量可控性”,对于所登记的药品专利不予实质性审查。但是,《中国上市药品目录集》登记规则对专利类型予以限制,药品监管机关需要在一定程度上对专利进行审查,才能确认所登记的专利是否在《中国上市药品目录集》的范围内,从而保证信息登记的准确性。由此可见,药品监管机关职权受限,以致无法保证信息记载的准确性,以及对信息登记错误能否及时更正。

我国法律缺乏“不实陈述”的诉因,但原研药企业可以书面保证形式表明其登记信息准确。一旦原研药企业登记信息错误,仿制药企业可以“不履行义务”或“不当履行义务”起诉原研药企业。笔者建议,在《中国上市药品目录集》中增加书面保证条款,强调专利权人登记专利信息的诚信义务,预防不当登记的发生,并且为仿制药企业及利害关系人维护权利提供法律依据。

我国缺乏对于专利信息的错误登记的更正程序。对于保障药品专利信息登记的准确性,提供纠纷解决机制,以及提高制度效率,行政异议具有重要意义。《中国上市药品目录集》的《使用指南》第9条规定了药品监管机关3项责任:(1)保证目录集内容准确和持续更新,保障数据库稳定运行,实现信息的及时公开;(2)全面了解标准制剂的质量状况,加强标准制剂的质量监控,督促上市许可持有人保证标准制剂质量的持续稳定;(3)当指定的标准制剂可获得性存在问题,应适时指定新的标准制剂,仅在正面规定其职责,没有明确建立药品专利错误登记的行政异议程序。因此,我国应当在《中国上市药品目录集》相关规定中明确错误登记的行政异议规则和程序。无论仿制药企业,抑或其他利害相关人,只要认为药品专利登记的信息没有关联性或者不准确,均可以书面形式向药品监管机关提出专利登记异议,并且说明具体理由。专利权人应当在收到声明之日起30日内,确认其专利信息的正确性,或者做出登记的专利信息撤回、修改的申请,药品监管机关根据权利人的申请对专利信息进行删除或修改。此外,药品监管机关可以根据法院的裁判结果或者收到的异议声明,主动会同专利主管机关对相关专利信息进一步核查,作出更正或不更正的决定,保障《中国上市药品目录集》专利信息登记内容的准确性和及时性。

四、药品专利挑战

目前,我国尚未建立药品专利挑战。2017年《药品注册管理办法(修订稿)》第98条提出,"申请人提交药品上市许可申请时,应明确是否涉及中国政府承认的发明专利、所涉专利权属状态及是否存在侵权,并在规定期限内告知相关专利的专利权人涉及该专利的相应药品正在提交上市申请",此规定是我国构建药品专利挑战制度的尝试。但是,此粗略规定无法在实践中发挥作用,存在诸如专利权人在收到声明后提起侵权诉讼的期限,专利声明的内容含混不清,未明确声明的主体和对象,以及未具体划分声明的类型和相应证明标准。2020年《药品注册管理办法》删除了《药品注册管理办法(修订稿)》的这一规定。

(一)药品专利声明

专利声明建立在专利信息充分采集和公开的基础上,《中国上市药品目录集》为其提供了充分的法律基础。完善专利挑战对相关主体具有重要意义,就原研药企业而言,在仿制药审批阶段处理纠纷可以提前避免仿制药企业可能对原研药带来的不利影响,尤其是遏制期的设定为其赢得更多维护权益的时间。仿制药企业发起专利挑战,在药品尚未大规模上市阶段处理好潜在的侵权纠纷,可以被视为一种经营风险的防范机制,保证仿制药品安全稳定上市,为其持续发展提供制度保障。

原研药的专利信息登记在《中国上市药品目录集》,因此提交专利声明的主体应当排除原研药企业,限于仿制药企业。药品专利声明的对象应为《中国上市药品目录集》中被确定为参比制剂的药品所持专利,因为参比制剂是仿制药研发的参照药品。[①] 药品专利声明可以分为4种类型:(1)被仿制药不具有专利权;(2)被仿制药品享有专利权,但其权利已失去效力;(3)被仿制药拥有专利权,但申请人保证在此专利权有效期未届满前,不要求药品监管机关批准仿制药生产;(4)被仿制药品的专利权已无效或仿制此药并未侵犯其专利权。[②] 其中,仿制药申请人若向药品监管机关提交上述第四项声明,则引发专利挑战,即所涉原研药持有的专利仍在保护期内,但仿制药企业认为不会侵犯此专利权而提出上市申请,并向专利权人发出通知。此外,我国应当细化有关程序的期限,例如20日告知期、20日诉讼期以及24个月批准等待期等。[③]

(二)遏制期

就解决专利纠纷的目的而言,药品专利挑战平衡药品专利权人即原研药企业和仿制药企业之间的利益,前者利益体现在药品注册审批阶段的专利权预先救济;后者利益在于尽快在无专利侵权风险的情况下通过审核批准。因此,在仿制药品上市前,仿制药企业和药品专利权人应当在24个月遏制期内解决专利侵权纠纷。2020年《中美经贸协议》第1.11条第1款明确指出,给予专利权人合理的期限,允许其在被指控侵权的产品通过审批之前有机会采取措施进行救济。

我国应当将专利权人在诉讼期内提起诉讼并告知药品监管机关,作为其获得遏制期的要件,而不是要求专利权人必须在时限内提起诉讼的硬性规定。

---

① 参见杨建红、陈震、邵颖、张彦彦、张象麟:《关于我国橙皮书制度构建和实施路径研究的建议》,载《现代药物与临床》2017年第11期。

② 参见程永顺、吴莉娟:《探索药品专利链接制度》,知识产权出版社2019年版,第117~118页。

③ 《关于鼓励药品医疗器械创新保护创新者权益的相关政策(征求意见稿)》第1条提出:"建立药品专利链接制度。药品注册申请人在提交注册申请时,应提交其知道和应当知道的涉及相关权利的声明……药品上市销售引发知识产权诉讼的,以司法机关判决为准"。

遏制期自向法院提起诉讼之日开始起算。唯此，药品评审机构与司法机关的职能得以合理地衔接。同时，药品监管机关可以依照法院判决或者和解协议，核准或不核准仿制药的上市申请，从而终止遏制期。我国施行“两审终审”的民事诉讼审级制度，若是以法院最终生效判决为要件，则一审判决仿制药不侵权，专利权人可能通过上诉途径以维持遏制期状态，故意延迟仿制药上市。因此，笔者建议当仿制药申请人一审获得不侵权判决时，药品监管机关即可根据一审判决结果批准通过技术审批的仿制药上市；若是一审法院认定不构成侵权准予仿制药上市后，二审法院作出相反判决，可以依照法律规定判决赔偿经济损失。此外，为防止诉讼双方在诉讼过程中有意拖延诉讼进度，可以给予法院裁定延长或缩短遏制期的自由裁量权。

五、药品专利拟制侵权

为实现仿制药上市前能够有效地处理专利纠纷的目标，已建立药品专利链接的国家针对仿制药品潜在的专利侵权均设立了前置性纠纷解决机制，即药品专利拟制侵权。药品专利权人在接到仿制药企业的药品专利声明后，可以在一定诉讼时限内提起拟制侵权之诉，得以向法院申请禁令的暂时救济措施，即通过法院发出临时禁令，禁止可能侵权方进一步作出有继续侵权的所有行为，对专利权人的合法权益予以一个暂时保全，直至案件有判决或和解结果，但专利权人无权主张实际财产赔偿。由于仿制药尚在审批阶段而未投入市场流通环节，因而此种侵权尚未真正发生，故称为法律上的“拟制”。拟制侵权可以解决药品专利侵权纠纷案件和《专利法》规定的衔接问题。引入拟制侵权的法律假设：一方面，否认仿制药申请行为在性质上对专利权造成了实质侵权；另一方面，在形式上对行为假定能够对上市后是否可能产生的侵权行为进行预先判定。

（一）拟制侵权的可诉性

可诉性是药品专利拟制侵权首要解决的问题，是药品专利权人提起侵权诉讼的法律依据。《Hatch-Waxman 法》在药品专利权独占保护的一般原则之外设置了侵权例外的药品实验例外条款和非侵权例外的拟制侵权条款。在拟制侵权的情况下,由于侵犯专利权是潜在的、尚未实际发生的,因而为法院审理专利挑战纠纷案件提供诉讼上的理由。《Hatch-Waxman 法》或者《专利法》之所以如此设计,是因为仅规定药品实验例外条款而不规定拟制侵权条款,仿制药企业可以在原研药专利不受保障之前准备其上市审核所须必要文件而实施原研药专利,并且提交药品的注册申请,满足审批条件后,即可获得上市许可。由于提交仿制药注册申请的行为本身并不属于侵权行为,专利权人只能等到仿制药上市后,才提起侵权诉讼。仿制药一旦上市将对原研药的市场占有度和利润造成巨大冲击,这种侵权后救济往往难以弥补原研药企业的实际损害。因此,缺少事前的拟制侵权条款,将严重地损害药品专利权人的利益。由此可见,拟制侵权条款的主要目标在于尽量平衡药品专利权人即原研药企业和仿制药企业的利益,使前者不必等到仿制药上市之后才能提起侵权诉讼。

实践中,药品实验例外条款使为药品审批提供信息所须实施的制造、使用、进口专利药品的行为不被视为侵权,因而仿制药品被批准上市前的这些行为难以被认定为侵犯专利权。[①] 仿制行为尚未使专利权人产生现实的财产损失,专利权人缺乏提起诉讼的法律依据,从而不能有效保障自己的合法权益免受侵犯。美国《专利法》第 271 条 e 款第 2 项对于法律拟制规定采用了“视为侵犯专利权”的措辞。“视为”词语一般被认为用来表达法律拟制,[②]所以建议我国采用法律拟制方式将其纳入侵权诉讼的范畴。目前,我国《专利法》第 11 条规定,“任何单位或者个人未经专利权人许可,都不得实施其专利,即不得为生产经营目的制造、使用、许诺销售、销售、进口其专利产品,或者使用其专利方法以及使用、许诺销售、销售、进口依照该专利方法直接获得的产品”。因此,专利侵权行为仅包括“制造、使用、许诺销售、销售和进口”5 种行为,并未包含兜底条款,此 5 类行为均无法解释为药品专利拟制侵权行为,以致药品

① 参见吴玉和、熊延峰:《中美两国有关 Bolar 例外的理论与实践》,载《中国专利与商标》2008 年第 3 期。

② 参见刘风景:《“视为”的法理与创制》,载《中外法学》2010 年第 2 期。

专利权人无法获得提起诉讼的法律依据,面临药品专利权可能被侵犯的风险。换言之,《专利法》虽借鉴药品实验例外条款,但未规定与之配套的拟制侵权条款,原研药企业的药品专利权无法在仿制药上市审批行政环节得到有效的事中保护,导致药品专利链接的实际运行难以实现预期效果。我们建议,在药品管理法律中明确规定"药品提交注册申请"行为是一种特殊侵权行为,确立拟制侵权之诉,使仿制药企业能够提前解决仿制药上市后可能诱发的专利侵权纠纷,降低专利侵权造成的影响。

(二)拟制侵权诉讼的管辖

拟制侵权诉讼还应当解决管辖权归属问题,便利药品专利权人进行诉讼。根据我国《民事诉讼法》地域管辖和级别管辖的一般原则,以及最高人民法院2015年修改《关于审理专利纠纷案件适用法律问题的若干规定》(法释〔2015〕4号)第5条规定,"因侵犯专利权行为提起的诉讼,由侵权行为地或者被告住所地人民法院管辖。侵权行为地包括:被诉侵犯发明、实用新型专利权的产品的制造、使用、许诺销售、销售、进口等行为的实施地;专利方法使用行为的实施地,依照该专利方法直接获得的产品的使用、许诺销售、销售、进口等行为的实施地;外观设计专利产品的制造、许诺销售、销售、进口等行为的实施地;假冒他人专利的行为实施地。上述侵权行为的侵权结果发生地"。仿制药企业进行注册申请的行为不包括在内,也无法解释为其中任何行为。由此可见,专利权人仅能选择被告住所地法院管辖,这给作为原告方的药品专利权人造成较大诉累。

我国应当明确仿制药申请人的"提交申请行为地"为侵权行为实施地。尽管根据管辖权设计的一般原理,地方法院审理特定案件可以就近进行保全财产、调查事实、勘验现场,有利于法院确认侵权事实及数量,但基于药品专利拟制侵权案件的特殊性,由特定法院进行管辖较为妥当。仿制药申请注册行为未对专利权人的合法权益造成现实意义上的财产损失,审理此类案件仅须判定涉案专利的有效性及仿制药申请人的仿制行为是否侵权,而且北京知识产权法院对不服国务院行政机关裁定或者决定而提起的一审知识产权确权行政案件有管辖权。[①] 因此,药品专利拟制侵权诉讼案件交由仿制药注册申请行为地,即北京知识产权法院管辖更为适宜。

六、各主管机关的职能协作

我国目前涉及药品专利链接的国家药品监督管理局药品审评中心、国家知识产权局专利局复审和无效审理部和专利纠纷管辖法院属于相互独立的3个机构,三者之间不存在紧密沟通机制,法律和政策对三者协作,尤其是前两者的行政职能协作没有任何规定。仿制药品专利侵权是三者共同职能范围内的问题,难以得到高效率而快速地解决。药品上市注册申请工作,药品是否能够获得专利权,都是非常具有专业性的工作,单个机构的独自参与难以从本质上解决好问题,也违背公平标准,由此相关主管机关在药品审批诸环节应当相互协作和交流,履行各自工作职责,努力公正、公平且负责地处理好每一起案件。

目前,药品审评中心与专利复审部门不存在工作上的沟通连结,而且其审批决定不会因未做出最终结果的专利诉讼而中止。因此,药品监管机关除了在药品上市申请审批通过前可能参考法院或专利主管机关的处理结果外,与其他两方基本没有任何的协同。相关职能机关之间缺乏相互沟通协作的程序使药品监管机关增加了对仿制药申请的批准。因此,仿制药进行上市审批申请中确保药品监管机关与法院、专利主管机关处理专利纠纷的有效沟通协调,是专利链接体系建立的重要内容之一。为了保障药品专利链接在我国的有效落实,各机关需要在操作细节上和规程上密切协调、紧密配合。

(一)药品监管机关与专利主管机关的协作

建立我国药品专利链接的一项重要内容是对接药品监管机关与专利主管机关两者的职能,提高仿制药品上市的总体行政效率。药品监管机关作为药

---

① 2014年第十二届全国人民代表大会常务委员会第十次会议通过《全国人民代表大会常务委员会关于在北京、上海、广州设立知识产权法院的决定》第2条第2款规定:"不服国务院行政部门裁定或者决定而提起的第一审知识产权授权确权行政案件,由北京知识产权法院管辖。"

品上市审批、监管的主管机关，在药品注册审批过程中，无论涉及专利信息的公开或者对专利链接的审核查明，需要与专利主管机关进行协作，具体而言：（1）药品监管机关在审查《中国上市药品目录集》登记专利信息是否符合登记条件，尤其专利是否与药品具有相关性，可以报送至专利主管机关备案咨询；（2）对已经公示的药品专利，可以在药品监管机关与专利主管机关之间设置通知程序，专利主管机关就已经失效的药品专利信息及时通知药品监管机关，后者对失效的药品专利信息予以及时删除；（3）在专利链接审核查明过程中，针对专利无效或不构成侵权承诺的理由，药品监管机关在告知专利权人的同时，也可以向专利主管机关咨询。通过以备案咨询和通知为主要方式的职能协作，可以在一定程度上确保药品专利信息登记的准确性。

（二）专利复审部门与法院的协作

药品专利相关侵权诉讼，一审平均需要 445 日，二审则需要 357 日，因此需要解决好诉讼期的药品审评效率。在我国，药品专利的审核检查由专利主管机关负责，这一行政程序的复审结果会经由行政诉讼的司法程序，最终由法院裁决结果决定，因此我国药品专利链接还需要专利主管机关和法院之间的配合。在以往的司法实践中，经过法院复审后又改判的案件比例并不高，占比 8% ~10%。

TRIPs 第 62 条第 5 款规定，“第 4 款下所指的任何程序，即有关取得或维持知识产权的程序，及在一成员法律对此类程序作出规定的情况下，行政撤销和诸如异议、撤销和注销等当事方之间的程序，行政终局裁决均应由司法或准司法机关进行审议”。基于此，我国加入 WTO 之后修改了《专利法》，将原专利复审委员会在实用新型及外观设计复审及无效的终审权变更为由法院进行司法审查。因此，未经过司法诉讼而以专利主管机关的裁定作为药品审批上市的基础违背 TRIPs 的行政决定须经司法复审的规定。法院对于专利挑战案件拥有绝对的终审权，不应当由行政机关进行最终审查。因此，我国应当将专利挑战纠纷中专利确权部分直接交由审理专利挑战纠纷的法院一并审理。唯此，既能够保证司法对于专利效力认定的终局效力，也能够精简专利主管机关的复审程序，进而加快专利挑战案件的审理进程。

第五章　药品专利期补偿

一、药品专利期补偿概述

（一）药品专利期补偿的概念

药品专利期补偿，亦称药品专利期延长，是指在药品专利期届满后，为了弥补药品上市所须经历的临床试验和审评审批程序所占用的专利保护期，而给予符合法定条件的药品专利权人的额外专利补偿保护期，专利补偿保护期自药品原有专利期届满之日起开始计算。①

TRIPs 第 33 条规定，“可获得的保护期限不得在自申请之日起计算的 20 年期满前结束。”对于大部分专利产品，专利权人在专利保护期内可以收回研发成本并获得合理的市场收益。但是，药品具有一定特殊性：一方面，由于药品直接关乎患者的生命健康权，药品管理法规定药品须经相当长时间的临床试验和审评审批程序才能上市；另一方面，药品的市场竞争激烈，原研药研发投入巨大，为防止在研发过程中专利被他人非法获取造成不必要损失，原研药企业通常完

---

① 参见胡潇潇：《药品专利实验例外制度研究》，知识产权出版社 2016 年版，第 110 页。

成原研药的单体筛选便迫切地进行专利申请。这两方面特殊性导致原研药企业提出专利申请后,药品经由较长的后续研发和审批阶段才能获得批准上市之日。较大的时间差,消耗相当部分专利保护期,以致原研药上市后享有的专利期大幅缩减,专利期届满后大量的仿制药迅速充斥药品市场,势必对原研药的销量和价格产生较大的冲击,致使原研药前期研发的巨额投入难以收回,在一定程度上打击了原研药企业研发原研药的积极性。

药品专利补偿期是这一特殊背景下产生的一项制度。为保证原研药享有充分专利保护期,激励药品创新,美国率先规定药品专利期补偿,产生了良好的经济社会效果。20 世纪初,欧洲制药工业协会调查研究后得出一个结论,美国施行药品专利期补偿以来,原研药产业突飞猛进,欧洲已经失去原研药产业的传统领导地位,原研药的研发基地和上市首选地均向美国转移,欧洲与美国的制药产业水平差距呈现扩大趋势。① 因此,日本、欧盟、加拿大、澳大利亚等国家,参考美国相关制度,逐步建立起自己的药品专利期补偿法律制度,并在实践中不断发展完善。

(二)药品专利期补偿的特征

1. 药品专利的独有性

权利的保护期长短直接影响主体的利益,为平衡原研药企业的利益和社会公共利益,应当确立恰当的药品专利保护期。一般而言,专利保护期自专利权人申请专利之日起计算,专利权人在此时即具备产品生产的能力,可以将专利信息转变为产品上市,法律规定的专利保护期和权利人实际享有的利益独占期大致相当,不存在专利期延长的问题。但是,药品与一般产品相比具有明显特殊性:药品研发的投入多、难度高、风险大、周期长,并且随着社会经济发展,公众对于健康的要求和关注越来越高,各国对原研药上市审查日益严格与规范,据统计数据显示,近年来原研药上市申请的成功率逐年降低,②这意味

---

① 参见杨悦、邢花、冯霄婵:《关于建立我国药品专利期补偿制度的研究和探讨》,载《中国食品药品监管》2018 年第 3 期。

② 参见李沙:《中国药品专利的特性及保护——基于青蒿素的启示》,载《河南科技学院学报》2016 年第 5 期。

着原研药实际上市后剩余的专利保护期更短。复杂的药品研发流程和严格的上市监管严重消耗了专利保护期,这导致一般性专利保护期难以使药品专利转变为足够的经济利益,进而保证原研药企业盈利,从而激励其进一步展开研发活动。因此,需要增强药品专利保护期的灵活性,满足专利保护期的制度功能,专利保护期补偿成为药品专利的一项特有制度。

2. 专利期损耗的补偿性

药品专利期补偿是通过补偿因药物试验、审批上市给药品专利保护期带来的损耗,本质上属于公法对私权干预的补偿。为保障药品的安全性、有效性,药品管理法律规定原研药上市须经过严格的试验和审批,由于原研药专利保护期起算日一般处于药品试验早期,导致原研药的临床试验阶段和后续上市审批阶段占据了大部分专利保护期。依法反复进行原研药临床试验,目的在于证实或揭示被试验的原研药的具体作用、可能产生的不良反应、人体对原研药的实际吸收效果、具体分布状态以及代谢情况,从而确定药品的安全性、有效性,这是原研药研发所不可或缺的环节。当药品进入审评审批程序后,药品处于由药品监管机关主导的行政程序,药品监管机关需要进一步对试验结果和各类资料进行审查,确保药品的安全、有效。事实上,据相关资料显示,一般发明专利自受理至授权最快需要 18 个月时间,原研药品自申请至批准上市通常需要 10~15 年,有的甚至时间更长,占据了大部分药品专利保护期。[①] 基于权利保护的完整性,对于因药品管理法律规定的试验和审查导致的专利保护期损耗以及权益损失,应当作出补偿,而补偿的恰当形式是权利保护期的延展。

专利审查和授予程序亦属于行政程序对药品专利权益的损耗,但此种损耗属于专利权授予的合理损耗,不是药品专利期补偿的因素。TRIPs 第 62 条第 2 款规定:“如知识产权的取得取决于该权利的给予或注册,则各成员应保证,给予或注册的程序在遵守取得该权利的实质性条件的前提下,允许在一合

① 参见沈竞康:《你吃的新药,从研发到上市,至少需要 10 到 15 年》,载 https://www.ximalaya.com/jiaoyu/4885761/46747990,最后访问日期:2019 年 11 月 29 日。

理期限内给予或注册该权利,以避免无根据地缩短保护期限",各成员国应当使专利授权或注册程序能在合理期限内给予批准授权或注册,尽可能避免不当缩短法定保护期限。但是究竟何为"合理的期限",TRIPs 并未对此作出解释。TRIPs 和我国《专利法》第 20 条规定发明专利权的 20 年期限,是在考虑到一般专利审查程序的"合理"期间基础上设定的。相较于一般专利,药品专利所需"合理的期限"相对更长,但是其与一般专利相差不大,仍可以解释为"合理的期限"而无须因此补偿专利保护期。

3. 补偿期限的法定性

权利保护期具有法定性,药品专利期补偿亦由法律规定。法定性意味着法律对专利期补偿的适当限制:一方面,弥补原研药上市审批程序等行政程序造成的原有专利保护期的损耗,发挥专利制度激励药品研发活动的作用;另一方面,原研药的市场利润巨大,研究表明在制药企业的利润构成中,10% 的原研药为制药企业创造了 50% 的利润,①但巨大利润的背后是患者沉重的药价负担,因此不能过度延长药品专利保护期而损害公众获取等效廉价仿制药的权益。② 若是对药品专利期补偿的时间过长会产生严重的后果:(1)原研药长期独占市场,仿制药难以进入,将严重打击仿制药企业的积极性。长此以往,没有仿制药竞争,原研药企业亦会失去原研药研发的动力和紧迫感,整个制药产业会陷入一个恶性循环,违背了药品专利期补偿的设计初衷。(2)没有仿制药的竞争,原研药价格居高不下,不仅患者难以承受,亦会给国家健康卫生增加巨大的压力。以美国为例,美国健康卫生成本最高时达到 GDP 的 18%。

---

① 参见《2019 年原研药行业发展分析报告》(市场调查报告),载 https://wenku.baidu.com/view/ba741cecbdd126fff705cc1755270722182e5998.html,最后访问日期:2020 年 1 月 9 日。

② 制药产业的利润巨大,以国际制药巨头——辉瑞集团为例,辉瑞集团年利润率超过 40%。2019 年 7 月 22 日世界财富 500 强排行榜显示,今年上榜的 500 家公司净利润率仅为 6.6%,由此可见制药产业利润之高。此外,为实现利益最大化,原研药企业往往通过各种方式对抗仿制药的挑战。2000 年 10 月,美国联邦贸易委员会(Federal Trade Commission,FTC)曾启动一项针对《Hatch-Waxman 法》漏洞的案例调查,结果显示相当一部分制药企业通过滥用"30 个月遏制期"、"180 日非专利市场独占期"交易等变相延长其原研药在市场上独占地位。参见王鑫、甄橙:《美国 Hatch-Waxman 法案研究》,载《东岳论丛》2017 年第 1 期。

加之,原研药产能有限,极大地降低了药品可及性。[①] 因此,法律应当在两者利益权衡过程中设立较为妥当的延长期限,既补偿期限过短而收不到应有收益的效果,又避免补偿期限过长损害公共利益。但是,药品专利期补偿的法定性不否认延长保护期的弹性空间或者裁量性,即法律不自动延长药品专利保护期,需要专利权人提出申请,经由法定程序和计算方式授予相应的补偿期限。

4. 经济价值性

药品专利期补偿具有经济价值,主要体现在两个方面:(1)对原研药企业的经济价值。营利是生产经营活动的主要目的,制药企业投入巨大的人力和财力,耗费10余年时间研发原研药,目的是获取巨大的利润。这些利润在回馈股东的同时,亦促进原研药企业进一步发展壮大。据统计,在2019年上半年A股医药类上市公司中,恒瑞医药研发支出最高,总计投入14.84亿元;在所有A股和H股上市公司中,研发投入前100名制药企业,合计研发支出为249亿,占全部上市制药企业研发总投入的84%,相较于2018年同期增速高达19%。[②] 由于药品研发的特殊性导致药品上市后,原有专利保护期所剩无几,不仅难以收回前期药品研发的巨大投入,而且可能拖累企业业绩使之陷入亏损的境地。药品专利期补偿为弥补药物临床试验和行政审评审批占用的专利保护期,给予原研药企业原专利保护期之外一定独占期,以维持药价的相对稳定,保证原研药企业收回成本,乃至创造利润,从而激励其研发原研药的热情,促进制药企业的发展。(2)对社会的经济价值。药品专利期补偿推动药品创新的同时,亦带动了仿制药产业的发展,不断更新市场上的原研药,满足了公共健康的需要。仿制药竞争又使药价降低,促进药品可及性水平的提高,让患者用上疗效好且价格合理的药品。当下制药产业的高速发展,尤其是创新水平较高的原研药产业发展,势必带动社会经济的整体性进步。

---

① 参见程永顺、吴莉娟:《创新与仿制的平衡与发展——评Hatch-Waxman法案对美国医药产业的贡献》,载《科技与法律》2018年第1期。

② 参见《最新TOP100药企研发费用,附中国医药创新100强名单和四个梯级》,载https://xueqiu.com/3483303916/132999518,最后访问日期:2019年12月4日。

(三)我国药品专利期补偿的法治现状

1.我国药品专利期补偿的配套制度

我国借鉴药品专利期补偿的最大争议在于,此制度激励原研药产业发展的同时亦会阻碍仿制药产业发展。长久以来,我国一直是仿制药大国,化学药市场96%是仿制药,原研药几乎为外国制药企业所把持。在未来较长一段时间内,我国药品市场仍将以仿制药为主导。若是引入药品专利期补偿,接受专利保护期补偿的多为外国制药企业,其原研药的市场独占被延长,我国仿制药在一定期限内不能上市销售,不仅妨碍了国内仿制药产业的发展,而且原研药的价格长期居高不下,使国内患者背负高药价的经济负担,不利于我国药品可及性水平的提高。这就是印度等众多发展中国家未引入药品专利期补偿的主要原因之一。

事实上,药品专利期补偿是药品管理法律的一部分,需要与其他制度相配合,才能发挥扬长避短,推进制药产业的发展和药品可及性的提高。2008年《专利法》修改后,我国初步建立起药品实验例外规则,此规则避免了原研药专利保护期届满后才对仿制药上市进行审评审批,从而为仿制药产业的发展提供了便利,并且可以确保公众在原研药专利保护期届满后,及时获得价格相对低廉的仿制药。① 虽然我国药品实验例外规则并不成熟,但为药品专利期补偿的引进提供了必要条件。在欧美国家,药品专利期补偿与药品实验例外是配套实施的,两者可以形成制度上的制约关系,发挥各自制度优势的同时又相互制约,既激励原研药的创新研发的同时,又可以推动仿制药尽快上市。我国实现"创仿"平衡的制药产业发展格局,原研药得到专利保护期补偿,制药企业研发原研药的积极性提高,不断涌现的原研药满足了市场需求;仿制药企业在原研药专利保护期内利用其相关信息进行试验,获取相关数据得以提前进入行政审批程序,待到原研药专利期届满,仿制药可以无时间差地上市销售,推动药价及时下降,实现社会利益的最大化。

---

① 参见宁立志:《我国"Bolar例外规则"的学理解构与制度重建》,载《政法论丛》2019年第2期。

我国《专利法》还规定了药品专利强制许可和专利药品平行进口，可以在公共健康危机等必要情形下限制药品专利权，起到降低药价和提高药品可及性的效果。近年来，国家药品价格谈判制度逐步完善，以具有垄断性的原研药被纳入相关的医保目录为条件，引导制药企业降低原研药的价格。“降价换市场”的市场化干预方案在实践中取得了良好的效果。[①] 由此可见，我国药品专利期补偿的相关配套制度不断完善，引入药品专利期补偿后，在相关配套制度的互补作用下，不会对仿制药产业的发展产生较大冲击，反而以原研药产业的发展带动仿制药产业的进一步发展。

2. 我国药品创新政策的支持

2009 年国务院公布《关于深化医疗卫生体制改革的意见》强调建立可持续发展的医药卫生科技创新机制，医药卫生科技创新成为国家科技发展的重点，大力加强对重大疾病防治技术和原研药研发关键技术等的研究。制药产业已被国务院列为支柱性产业，药品创新成为大趋势。近年来，我国颁布了一系列旨在推动原研药发展的新政策。2015 年，财政部和国家税务总局联合发布《关于原研药后续免费使用有关增值税政策的通知》，通知规定制药企业销售自产原研药的销售额，为向买方收取全部价款和价外费用，其后续提供给患者免费使用的相同原研药，不属于增值税的视同销售范围。此政策有利于降低原研药的研发成本，减少制药企业的税收负担，从而激励原研药的研发。2016 年，国务院办公厅印发《药品上市许可持有人制度试点方案》，在北京、天津、上海、山东等 10 个省市开展药品上市许可持有人制度试点。此制度乃是药品审评审批制度改革的一项重要内容，有利于激励药品研发机构及其科研人员研制原研药的积极性，有利于优化制药产业的资源配置，推动医药产业结构升级，对于鼓励药品创新提升药品质量具有重要意义。此外，近年来国家注重对原研药审评审批体制的改革，意在控制和压缩审评审批期限，鼓励原研药产业的发展。2016 年，原国家食品药品监督管理总局印发《关于解决药品注

① 参见夏金彪：《国家药价谈判初现改革成效》，载搜狐网：https://www.sohu.com/a/159935542_115495，最后访问日期：2020 年 3 月 24 日。

册申请积压实行优先审评审批的意见》，建立起优先审评机制，加快抗肿瘤药品审评审批速度；针对进口化学药，优化其注册检验程序，将所有进口化学药上市前注册检验调整为上市后监督抽样检测，加快境外原研药在国内的上市进程；加强数据保护，根据境外原研药在我国开展临床试验情况，分别给予相应的数据保护期，数据保护期内不批准其他同品种上市申请。针对原研药市场价格较高的问题，国家在2015年取消大部分药品的政府定价，原研药价格由市场决定，灵活的市场政策给予原研药企业更多的发展空间。2017年，根据医保目录调整方案，首次增设谈判目录，部分临床疗效突出、技术价值高、价格较高的原研药被纳入医保目录，极大地拓展了原研药的市场需求。值得注意的是，2016年中共中央、国务院印发《"健康中国2030"规划纲要》，强调加强医药技术创新，完善政产学研用协同创新体系，推动医药创新和产业升级。此外，根据"十三五"规划的战略部署，着力加快突破新一代生物医药领域核心技术。

综上所述，我国政策近年来逐步向原研药产业倾斜，覆盖了原研药研发、审批、上市销售各个环节，新时代医药改革的制药产业政策框架体系已基本形成，逐步破除原研药研发的政策障碍，加快原研药研发的速度。鼓励原研药研发，支持原研药产业发展，已上升为国家战略的重要内容之一。在此背景下，进一步支持原研药产业发展的政策相继出台，并随着社会进步和市场发展的需要而逐步调整、完善，为药品专利期补偿的引进提供了强有力的政策支持。

3. 我国药品专利期补偿的试点

2017年中共中央办公厅、国务院办公厅印发《关于深化审评审批制度改革鼓励药品医疗器械创新的意见》，提出选择部分原研药开展药品专利期补偿的试点，此项改革试点对制药产业产生了重大影响。

以我国制药产业的领军企业为例，2018年恒瑞医药全年累计投入研发资金高达26.7亿元人民币，相较2017年增长51.81%，研发投入占据销售收入的15.33%；百济神州2018年研发投入6.79亿美元，同比增长152%。自药品专利期补偿试点以来，制药企业加码原研药研发成为普遍态势，研发投入增速创历史新高。长期以来，我国医药上市公司研发增速维持在20%～30%，

2015~2017年分别为23%、24%、28%，而2018年受药品专利期补偿试点等影响，医药上市公司研发增速跃升至43%。[①]

由于药品专利期补偿试点的展开，提升了制药企业对于研制原研药的积极性，被批准上市的原研药快速增加。2018年，国家药品监督管理局批准了9个国内自主原研药，包括恒瑞的吡咯替尼、正大天晴的安罗替尼、记黄埔的呋喹替尼、珐博进的罗沙司他等。截至2019年12月31日，国家药品监督管理局全年共批准超过50种原研药上市，国产原研药占比超过20%，其中不乏甘露特钠胶囊（GV-971）等Ⅰ类原研药。[②] 这些药品的上市，正在逐步改善我国原研药不足的局面，说明我国药品研发创新的鼓励和引导政策取得了巨大成效，借鉴药品专利期补偿势在必行。

4.《中美经贸协定》

2020年《中美经贸协定》第1.12条专利有效期的延长规定，"1. 双方应规定延长专利有效期以补偿专利授权或药品上市审批过程中的不合理延迟。2.（a）中国在专利权人的请求下，应延长专利的有效期，以补偿在专利授权过程中并非由申请人引起的不合理延迟。就本条规定而言，不合理延迟应至少包含，自在中国提交申请之日起4年内或要求审查申请后3年内未被授予专利权，以较晚日期为准。（b）对于在中国获批上市的新药产品及其制造和使用方法的专利，应专利权人的请求，中国应对新药产品专利、其获批使用方法或制造方法的专利有效期或专利权有效期提供调整，以补偿由该产品首次在中国商用的上市审批程序给专利权人造成的专利有效期的不合理缩减。任何此种调整都应在同等的限制和例外条件下，授予原专利中适用于获批产品及使用方法的对产品、其使用方法或制造方法的专利主张的全部专有权。中国可限制这种调整最多不超过5年，且自在中国上市批准日起专利总有效期不

---

① 参见《一文了解我国创新药行业的研发投入》，载 https://www.iyiou.com/p/105891.html，最后访问日期：2019年12月19日。

② 参见《见证2019年：中国医药市场新生力量崛起，本土创新药超20%》，载 https://baijiahao.baidu.com/s?id=1654717492763465353&wfr=spider&for=pc，最后访问日期：2019年12月19日。

超过14年。3.美国声明,美国现有措施所提供的待遇与本条规定的待遇相同。"质言之,美国通过经贸协定向我国推行药品专利期补偿,根据两国的国情,美国制药企业在药品专利期补偿施行初期会占据一定优势;但长远而言,我国引入药品专利期补偿,能够促进制药产业升级换代,是我国药品研发创新的必然选择。

二、境外药品专利期补偿的法治经验

(一)国际公约关于药品专利期补偿的规定

TRIPs赋予专利权人20年的专利保护期限,保护的专利权客体包括一切技术领域的发明,例如药品及其制造或使用方法。TRIPs关于药品专利的规定体现了发达国家制药企业利益和发展中国家公共健康利益之间的博弈,前者认为专利的20年保护期是"最低"的"地板"标准;后者认为,已经属于难以达到的"天花板"标准。发达国家并不满足TRIPs规定的专利20年最低保护期标准,美国、日本等制药产业强国极力希望将药品专利期补偿纳入TRIPs。但是,WTO成员国中发展中国家众多,不能不顾及广大发展中国家成员和最不发达国家成员的公共健康问题。在TRIPs第6部分过渡性安排中,第65条第2款规定,"发展中国家成员有权将按第一款规定的实施日期再推迟4年实施本协定的规定,但第3条、第4条和第5条除外";第66条第1款规定,"鉴于最不发达国家成员的特殊需要和要求,其经济、财政和管理的局限性,以及其为创立可行的技术基础所需的灵活性,不得要求此类成员在按第65条第1款定义的适用日期起10年内适用本协定的规定,但第3条、第4条和第5条除外。TRIPs理事会应最不发达国家成员提出的有根据的请求,应延长该期限"。虽然上述规定体现了TRIPs对发展中国家成员和最不发达国家成员一定的政策关照,但鉴于一些发展中国家成员和最不发达国家成员在公共健康问题上面临严峻形势及其制药产业的发展状况,过渡期条件仍较为苛刻。以印度为例,印度是仿制药大国,人口总量居世界第二位,公众生活环境比较差,基本医疗保障体系比较落后,是世界上疾病高发的国家,药品专利制度对其仿制药产业发展和药品可及性提高造成严重的法律障碍。若是WTO成员被强制要求施行药品专利期补偿，将沉重打击印度的仿制药产业，公众难以承受高昂的原研药药费支出。在全球化背景下，若是遭遇重大疫情等公共健康不确定因素的冲击，市场上又无法及时出现对应的仿制药，将会产生人道主义危机。因此，在未来较长一段期间，药品专利期补偿无法纳入TRIPs中。

发达国家通过TRIPs继续提高专利保护国际标准的愿望难以实现，因此开始绕开WTO以双边或诸边FTA在全球推行知识产权的强保护，其中包括药品专利期补偿。美国是世界上最大药品研发、生产国，为维护其国内制药产业的利益，近年来积极以FTA推广药品专利期补偿，迫使其他国家接受此项。据统计，截至2018年，共20个国家和地区与美国签订FTA，其中19个涉及药品专利期补偿。FTA关于药品专利期补偿的适用情形主要包括：(1)专利审查期过长导致专利授权不合理的延迟；(2)原研药上市前审评审批导致专利保护期被占用。至于专利授权不合理延迟的界定，根据协定双方具体情况而略有差异：美国与韩国签订的FTA规定，自药品专利申请之日起超过4年或自请求专利审查申请之日起超过3年，以位后日期为准，仍未授予专利的，视为专利授权不合理延迟；美国与澳大利亚签订的FTA规定，前者为4年，后者为2年。这些FTA规定药品专利权人在药品专利补偿期内享有完全权利，一般保护期内的权利限制或例外同样适用。

美国主导的TPP第18.46条"因专利局不合理延迟而导致的专利保护期调整"规定，"1.各缔约方应当尽最大努力以有效和及时的方式处理专利申请，以避免不合理的或不必要的延迟。2.各缔约方可以为专利申请人提供程序以加快其专利申请的审查。3.如果缔约方不合理地延迟授予专利，该缔约方必须为专利所有人提供一个渠道，且在其请求下必须调整专利权期限以补偿该延迟。4.就本条款而言，不合理的延迟至少应包括，在缔约方境内，申请日起超过5年或者在请求专利审查之日的3年后延迟授予专利(以两者的时间较后者为准)。在确定该种迟延时，缔约方可以把不发生在专利授予机关处理或审查专利审理期间的时间、不直接归因于专利授予机关而产生的时间，以及因专利申请人而产生的时间不计算入内"；具体到药品专利方面，第

18. E. 14 条“因不合理缩短导致的药品专利保护期调整”规定，“1. 各缔约方应当尽最大努力以有效和及时的方式处理药品上市销售的申请，以避免不合理的或不必要的延迟；2. 对于受专利保护的药品，各缔约方应提供调整专利权期限的可能性，以补偿专利所有人因上市销售许可程序造成有效专利权期限不合理的缩短；3. 为进一步明确，在实施本条款的义务时，各缔约方可以规定一些条件或限制，只要缔约方继续使本条款的规定生效；4. 为了避免有效专利权期限不合理的缩短，缔约方可以采取或维持程序以加快对上市销售申请的审查”。但是，不仅智利、秘鲁等发展中国家对此予以明确反对，而且加拿大、日本等发达国家亦不予支持，认为此条款会造成本国仿制药产业面临巨大压力。在草案文本最后部分，美国更是明确了各成员行政机关对医药产品审批的职责要求，着力在 TPP 范围内推行药品专利期补偿制度。

2018 年 TPP 的替代品 CPTPP 正式生效，CPTPP 新共识架构保留原 TPP 超 95% 的项目，主要搁置应美国强烈要求而写入的 20 项条款，其中 11 项条款与知识产权有关，[①]包括 TPP 规定专利期补偿的第 18.46 条和 18.48 条。换言之，CPTPP 暂提供专利期补偿的法律依据。[②] 专利期补偿条款的搁置，是美国这个超级大国退出后，其余各方依据本国的经济、社会、科技等实际发展状况，兼顾成员国中发展中国家的利益，综合作出的考量。随着经济发展和科技进步，对药品专利保护力度的持续加强，药品专利期补偿条款在未来会被重新启用。

（二）美国药品专利期补偿的法治经验

美国是世界上最早进行药品专利期补偿的国家。在 20 世纪 70 年代，美国制药产业向政府游说，对药品专利权予以补偿，以弥补因药品上市必经的临床试验和审评审批所占用的专利保护期，进而推动原研药产业的发展。1984 年美国《Hatch-Waxman 法》标志着药品专利期补偿在美国正式确立，而后此

---

① 参见《日媒：11 国就 TPP 达成框架协议　冻结 20 个项目》，载 https://world.huanqiu.com/article/9CaKrnK5ILH，最后访问日期：2019 年 12 月 29 日。

② 参见石超：《从 TPP 到 CPTPP：知识产权条款的梳理、分析与启示——兼谈对中国开展知识产权国际保护合作的建议》，载《石河子大学学报》（哲学社会科学版）2019 年第 4 期。

项制度被正式纳入《专利法》第 156 条。自美国施行药品专利期补偿以来,原研药产业得到快速发展,据不完全统计,1995 ~ 1999 年全球销售额前 50 位的原研药,24 种为美国制药企业的产品,占据 70% 的销售额,时至今日美国仍为 50% 的原研药上市的首选地。[①] 作为高附加值的产品,药品为美国创造了巨大的经济价值,极大地促进了社会发展。

在美国,药品专利期补偿的对象主要包括在美国上市且取得审批许可的人用药品、人用生物制剂、第三等级医疗器械、食品成分、色素以及依照专利方法获得的产品。1988 年《动物学名药及专利延长保护法》又将动物用药纳入药品专利期补偿的范围。[②]

美国药品专利期补偿的适用条件:(1)此专利保护期在依规定提交补偿申请前尚未届满;(2)专利保护期从未被补偿;(3)须专利权人或其代理人提出申请;(4)此药品在上市销售或使用之前,接受过一段期间的强制审查;(5)此药品是经过 FDA 强制审查后,首个被批准上市销售或使用的;(6)须在 FDA 批准上市后 60 日内,向 USPTO 提交药品专利期补偿的申请。[③]

美国药品专利期的补偿期最长为 5 年,补偿后的专利最长保护期限不得超过 14 年。申请人未履行勤勉义务而导致专利保护期的损失,不计入药品专利期补偿的范围。质言之,药品专利补偿期限的计算公式是:

药品专利期的补偿期限 = 1/2 药品研发时间 + 申请上市的时间

药品研发的时间 = 测试阶段 - 测试阶段专利授权前的时间 - 测试阶段申请人未履行勤勉义务的时间

申请上市的时间 = 审评审批阶段 - 审评审批阶段专利授权前的时间 - 审评审批阶段申请人未履行勤勉义务的时间

---

① 参见杨悦、邢花、冯霄婵:《关于建立我国药品专利期补偿制度的研究和探讨》,载《中国食品药品监管》2018 年第 3 期。

② 参见胡潇潇:《药品专利实验例外制度研究》,知识产权出版社 2016 年版,第 111 页。

③ 参见易继明:《美国专利法》,知识产权出版社 2013 年版,第 57 ~ 58 页。

若是最终计算出的补偿期限小于或等于 5 年,同时与药品注册申请被批准后所剩余的专利期限相加之和小于或等于 14 年,即以此为药品专利期的补偿期限;若是最终计算出的补偿期限大于 5 年,则仅以 5 年为药品专利期的补偿期限;若是计算出的补偿期限与药品注册申请被批准后所剩余的专利期限相加大于 14 年,则仅以 14 年减去专利保护期的值为补偿期限。[①]

美国《专利法》第 156 条 b 款对专利补偿期的权利范围予以规定:若是产品专利则限于强制审查的用途;若是产品使用方法专利则限于强制审查的专利使用方法;若是产品制造方法专利则限于强制审查的产品制造方法。[②] 此外,根据美国药品试验例外条款,仿制药企业为生产仿制药而利用原研药的专利信息不构成侵权。

根据美国《专利法》第 156 条 d 款规定,专利保护期补偿应当遵守严格的申请、批准程序。关于申请程序,《Hatch-Waxman 法》明确规定每个专利只能申请一次专利保护期补偿,每个被 FDA 批准的药品仅一个专利可以获得专利保护期补偿。专利权人或其代理人只能在药品上市销售或使用的 FDA 审查批准之日起 60 日内,向 USPTO 提出补偿申请。申请应当包括:(1)核准产品特征及强制审查依据的联邦法律法规;(2)申请补偿专利的特征,专利请求保护核准产品或其制造、使用方法的各项权利所要求的特征;(3)USPTO 及相关机关能确定专利保护期是否需要补偿以及补偿所派生的权利信息的相关证明资料;(4)申请人在强制审查期间对核准产品所采取的行动及具体时间;(5)USPTO 所要求的其他资料。[③] USPTO 收到申请人依法提出药品专利期补偿的申请后,应当在 60 日内通知 FDA,专利期补偿的申请已提出,并向其附送申请书的副本。在收到 USPTO 通知的 30 日内,FDA 审查申请人提交的相关材料,确定强制审查期间,依法做出决定,通知 USPTO,并公布在《联邦公报》上。对于授予专利期补偿的申请人,USPTO 应当向其核发加盖局长印章的补

① 参见梁志文:《药品专利保护期补偿制度的中国路径——〈专利法修改草案(2019)〉之完善》,载《法治现代化研究》2019 年第 4 期。

② 参见易继明:《美国专利法》,知识产权出版社 2013 年版,第 63 页。

③ 同上书,第 60 页。

偿保护证书，证书应当记入专利官方档案，视为原始专利的部分资料。

美国药品专利期补偿拥有健全的异议机制。在公告决定后的180日内，若是有人向FDA提出申诉，有合理的理由断定申请人在强制审查期间未尽到勤勉义务，FDA则应根据其发布的条例确定申请人是否在强制审查期间尽到勤勉义务，并在收到申诉之日起90日内作出决定。FDA作出决定后，应及时通知USPTO，并在《联合公报》上公告上述决定及其所依据的法律和事实。任何利害关系人在决定公布后60日内，可向FDA请求举行非正式听证会。非正式听证会须在请求提出后30日内或申请人请求确定的日期进行，但必须在请求提出后60日内举行。举行非正式听证会，应当通知专利权人和其他利害关系人，并且给予其参与非正式听证会的机会。非正式听证会结束后的30日内，FDA作出专利期补偿的维持或撤销结果，通知USPTO对决定作出修正，并在《联邦公报》上予以公布。[①]

（三）日本药品专利期补偿的法治经验

受美国药品专利期补偿的影响，以及本国制药业发展的实际需求，日本在1987年《专利法》中规定了药品专利期补偿，并且在实践中不断修改与完善。与美国相比，日本的药品专利期补偿部分规定更为宽松。

根据日本《专利法》第67条第2款和第68条规定，日本药品专利期补偿的对象较宽，凡经药品审批机构批准药品的相关专利都可以申请药品专利期补偿，具体适用条件：(1)药品专利期补偿的申请人须为专利权人，并且专利期补偿只能授予专利权人或权利继受人；(2)药品上市审批时间超过2年；(3)在批准上市的3个月之内提出申请；(4)在原专利保护期届前6个月内提出申请。

日本对于专利期补偿期限的计算为原专利保护期届满之日起最长5年，具体为药品获得上市批准之日减去专利申请日或临床试验开始日两者之中较晚的日期。[②] 补偿期限内的权利范围为上市许可证明所列的特定活性成分以

---

① 参见易继明：《美国专利法》，知识产权出版社2013年版，第60～61页。

② 参见胡潇潇：《药品专利实验例外制度研究》，知识产权出版社2016年版，第116页。

及用途有关的产品、用途和方法。仿制药企业为取得仿制药上市的行政审批而进行相关实验,不构成专利侵权。

关于药品专利期补偿的申请、批准程序,由申请人向日本专利厅提交申请书。① 申请书的内容包括:(1)申请人的姓名或名称,及其住所或居所;(2)专利编号;(3)欲要求补偿的时间,最长不超过 5 年;(4)第 67 条第 2 款政令确定的处分内容。② 若是预计在原专利保护期届满 6 个月前无法得到上市的批准,依据日本《专利法》第 67 条第 2 款规定,申请人应在获得上市批准之日前向日本专利厅提交记载申请人姓名或名称,住所或居所,专利编号,以及日本《专利法》第 67 条第 2 款政令规定处分的说明文件,并且必须在专利公告上登载。

只要日本专利厅审查认为必要,每个药品专利可以获得多次专利期补偿,但仅限于在专利应用于被批准的不同药品。每个被批准的药品亦可获得多次专利期补偿。日本专利厅审查官对于专利权存续期间补偿的注册申请未发现可以拒绝的理由,应当作出专利期补偿注册的查定,并且办理专利期补偿存续期间的注册须在专利公告就具体事项进行登载。对于不符合条件的,予以驳回;在法定期限内,申请人可提出抗辩。

(四)欧盟药品专利期补偿的法治经验

1992 年,欧盟理事会通过《关于建立医药产品补充保护证书的(EEC)1768/92 条例》,通过补充保护证书(Supplementary Protection Certificate, SPC)制度引入药品专利期补偿,并且于 1993 年 1 月 2 日生效。此后,经过多次修改,在 2009 年,此条例被第 469/2009 号条例所取代。与美国和日本相比,欧盟的药品专利期补偿建立时间较晚,并且 SPC 不是对原有专利保护期的补

---

① 参见[日]青山纮一:《日本专利法概论》,聂宁乐译,知识产权出版社 2014 年版,第 31 页。

② 日本《专利法》第 67 条第 2 款规定:"对于专利发明的实施需要经过以确保安全性等为目的的法律规定的许可及其他处分,而从该处分的目的、手续等推断,欲确实进行该处分需要相当的期间且须由政令加以规定,因而存在不能实施该专利发明的期间的,专利的存续期间,以 5 年为限,可以依延长注册的申请,予以延长"。

偿,而是一种依专利权人申请而被批准的一定期限市场独占权保护期。①

SPC 的适用对象仅为医药用途的产品:医药用途被界定为任何呈现出用于治疗或防止人类和动物疾病的物质或物质组合,以及用于修复、矫正或修改人类或动物的生理学上功能的物质或物质组合;产品被界定为医药产品的活性成分或者活性产品的组合。② 取得 SPC 的条件包括:(1)产品原专利保护期尚未结束;(2)请求 SPC 的产品须经行政审批已取得有效市场准入;(3)第 2 项所说的准入是对此产品投放市场的首次批准;(4)此前未办过 SPC;(5)申请 SPC 应自批准投放市场之日起 6 个月内,由专利权人提出,但若市场准入在专利授予之前批准的,SPC 的申请应自专利授权之日起 6 个月内提出。③

SPC 补偿期为专利药品因上市而减损的期间。专利和 SPC 所有人自此医药产品首次被批准投放市场之日起,共享有 15 年的排他性保护,并且授予 SPC 不得超过 5 年。质言之,医药产品首次上市许可日与专利申请日的时间差大于 5 年的,SPC 补偿期为 5 年;小于 5 年的,以差值为 SPC 补偿期。④

SPC 补偿期内的权利范围为依据基础专利保护,但限于被批准投放市场的医药产品和证书届满前已作为医药产品的任何用途。与美国、日本相同,欧盟亦确立药品实验例外条款,在 SPC 补偿期内,仿制药企业可以利用原研药的相关资料研发仿制药,待原研药保护期限届满之后,仿制药从而尽可能地无间隙上市。

申请人应当自批准投入市场之日起 6 个月内提出 SPC 申请;若是市场准入在专利授予之前批准的,SPC 的申请应自专利授权之日起 6 个月内提出。除成员国指定的其他机构之外,SPC 申请应向授权基础专利的工业产权主管

---

① 参见胡潇潇:《药品专利实验例外制度研究》,知识产权出版社 2016 年版,第 115 页。

② 参见[英]理查德·哈康、[德]约亨·帕根贝格:《简明欧洲专利法》,何怀文、刘国伟译,商务印书馆 2015 年版,第 474 页。

③ 同上书,第 482 页。

④ 参见唐晓帆:《欧盟药品补充保护证书(SPC)制度简介》,载《电子知识产权》2005 年第 10 期。

机关或代表其作出授权的机构提出,并且已经得到医药产品上市的批准文件。[①] 有关申请信息应由工业产权主管机关在官方网站上进行公布。

若是SPC申请及与其相关的医药产品符合规定,则工业产权主管机关应当授予SPC;不符合规定条件的,予以驳回;对于申请SPC存在不规范或未依法缴纳费用的,工业产权主管机关应向申请人阐明具体原因,申请人未在规定时间补正申请书中不规范之处或缴纳费用的,专利主管机构应驳回申请。对于授予SPC的,专利主管机关应以通告形式予以公布,通告的具体内容包括:(1)SPC所有人的基本信息;(2)基础专利的专利号;(3)发明名称;(4)医药产品上市的相关信息,以及批准文件所办验证的医药产品;(5)与之相关的欧盟内批准上市文件的号码和日期;(6)SPC的期限。

任何人依法向工业产权主管机关提出撤销SPC的申请,工业产权主管机关经过审查不符合SPC授予条件的,应当作出撤销SPC的决定,并且对此撤销予以公告。此外,任何人均可以依法向管辖撤销对应基础专利的司法机关提出宣告SPC无效的申请或诉讼。若是司法机关经审查发现符合以下情形,应当作出确认SPC无效的决定:(1)基础专利在法定期限届期前已经失效;(2)基础专利被撤销,或者基础专利的保护范围受到限制,以致SPC授予的医药产品不再受基础专利的权利要求保护。就工业产权主管机关或司法机关依法作出撤销或认定无效的决定,当事人可以提出上诉。

三、药品专利期补偿的适用

(一)适用对象

一般而言,国际条约和国内法上的专利期补偿仅针对药品。《药品管理法》第2条第2款规定:"本法所称药品,是指用于预防、治疗、诊断人的疾病,有目的地调节人的生理机能并规定有适应症或者功能主治、用法和用量的物质,包括中药、化学药和生物制品等。"药品专利期补偿的"药品"应做同等解

---

① 参见[英]理查德·哈康、[德]约亨·帕根贝格:《简明欧洲专利法》,何怀文、刘国伟译,商务印书馆2015年版,第485~486页。

释。根据2018年全国人大审议通过的《专利法修正案(草案)》,药品专利期补偿的适用对象限于药品的发明专利,不及于药品使用和制备方法专利,与美国、日本、欧盟等国家和地区相比,此规定保护的范围明显过于狭窄。例如,美国《专利法》规定的可申请专利期补偿的范围不限于人和动物用药,还包含食品添加剂、医疗器械和色素,但不涉及农药品和毒药。日本《专利法》规定,凡是经过药品审批机构批准的药品相关专利均可以申请专利期补偿。欧盟SPC针对医药用途的产品。我国台湾地区"专利法"规定的专利期补偿适用对象为医药品、农药品或其制造方法发明专利,且不含动物用药。由此可见,美国药品专利期补偿适用对象的范围较为宽泛,这是美国国内制药产业发展的实际需求所决定的。依据2020年《中美经贸协定》专利第1.12条第2款第b项规定,专利期补偿的适用对象不仅包括在中国销售的原研药品专利,也包括获准在中国上市销售的制造或使用方法。所以,我国药品专利期补偿的适用对象不妨包括药品发明专利以及药品使用或制造方法专利。

药品专利期补偿中的化学药和生物制剂专利的活性成分应当予以严格限定,原先获批的酸、合成的新的盐或酯,可以获得药品专利期补偿;但利用原批准的盐或酯演化得到的新的酸,则不应当予以药品专利期补偿。复方药品中至少应当有一个未被批准的活性成分,且必须包含新批准成分的专利或该复方药品专利,方可申请药品专利期补偿。

(二)适用条件

各个国家关于药品专利期补偿的适用条件存在以下方面的相同之处:(1)药品专利期补偿均不能自动获得,必须向有关专利主管机关提出申请;(2)申请必须由专利权人提出;(3)申请药品专利期补偿之前原专利保护期尚未届满;(4)在法律规定的时间内提交申请,并附有所需要提交的相关证明文件和资料。各个国家的药品专利期补偿适用条件亦存在一定差异,如美国、欧盟都规定,药品专利期补偿只能申请1次,只有初次申请才具备申请的基本条件;日本则允许每项药品专利、每个获批的药品都可以获得多个药品专利期补偿。

根据《专利法修正案(草案)》第43条的规定,我国与境外同步申请上市的原研药给予最长5年的专利保护期限补偿。此规定反映了现阶段我国国情,近10年来,一些疗效高的原研药进入我国药品市场的时间往往比欧美国家晚5年左右。因此,给予在我国与境外同步申请上市的原研药专利期补偿,可以激励跨国制药企业原研药尽快在我国上市,满足国内对于原研药的巨大需求,亦是国家鼓励制药产业投资,加快我国产业升级的重要举措。可以预见,在较长一段时间内,药品专利期补偿的利益基本上由外国原研药企业获得,我国制药企业创新能力与外国制药巨头相比仍存在较大差距,我国国内研发的原研药在短时间内难以做到境内外同步申请上市。我国制药企业自主研发的原研药要获得药品专利期补偿,必须谋求境外上市,但不同人种和不同国家的疾病谱并不同,适合我国疾病谱的药品在国外未必会有市场,这势必增加我国原研药获得专利期补偿的成本,不利于我国国内药品创新。[①]《中美经贸协定》第1.12条药品专利期补偿是美国药品专利期补偿法律的翻版。若是对国外原研药在我国取得专利期补偿不加以条件限制,意味着只要获准在我国上市销售的原研药发明专利以及获准在我国上市销售的原研药制造或使用方法专利,均可以获得药品专利期补偿。不仅对我国国内原研药企业不公平,而且会造成国内仿制药企业的巨大压力。因此,此条款在进一步谈判或者国内法转化过程中应当调整为,"对在中国境内首先申请上市或在中国境内与境外同步申请上市的药品发明专利,国家知识产权局可以决定延长专利权期限"。

药品专利保护期补偿应当在原专利保护期尚未届满前,由专利权人提出一次性申请。我国施行药品专利期补偿的初期,基于保护国内原研药和仿制药产业的要求,不应当采取日本法上可以多次申请药品专利期补偿的规定,明确只能提出一次补偿申请或者专利保护期从未被补偿的约束性条件。同时,为避免滥用申请药品专利期补偿权利,补偿申请应当由专利权人或其代理人

---

① 参见《全国人大代表、恒瑞医药董事长孙飘扬:对先在中国上市的创新药延长专利权期限》,载 http://news.10jqka.com.cn/20190310/c610160127.shtml,最后访问日期:2019年12月20日。

提出,若是专利权由2人以上共同持有,则须由全体持有人共同申请。

2020年《中美经贸协定》第1.12条第2款第a项规定,不合理的延误至少应包括自在中国提出申请之日起4年以上,或在请求审查申请之日起3年以上的专利延误。我国药品专利期补偿期限的时间条件可以规定为,药品专利权人自在我国提出药品专利申请之日起4年以上,或自请求审查申请之日起3年以上的专利延误,可以向专利行政机关申请专利期补偿。

药品专利期补偿的申请应当在法定期限内提出。美国、欧盟、日本都规定在药品监管机关批准原研药上市后60日内,提交专利期补偿申请。我国应当明确申请药品专利期补偿应当在国家药品监管机关批准药品上市后的60日内,向专利主管机关提交药品专利期补偿申请。

四、药品专利期补偿的方式

(一)补偿期限的计算

药品专利期补偿的根本目的在于弥补临床试验和行政审评审批所占用的专利保护期,所以药品专利期的补偿期限计算须以临床试验和行政审评审批所占用的专利保护期为基础。一款原研药从开始研发到上市需要10~15年,[①]这只是一个平均的数据,相当一部分原研药从研发到上市所需的时间远远超过这个时间长度,也有部分原研药所需要的时间相对较短。因此,不能一概而论,必须规定一套明确、合理的专利期补偿期限计算方法。

通观美国、日本、欧盟的相关制度,药品专利补偿期的上限都是5年,具体期限则应当依据不同原研药的研发和申请时间予以较为精确的计算,避免权利的滥用。同时,应当将补偿后药品专利的最长保护期限限定在14年,以尽最大可能保障原研药收回研发成本获取利益,并且保证原研药专利保护期结束后,仿制药尽快上市,在降低药价的同时,保证药品的市场供给,增强药品可

① 参见沈竟康:《你吃的新药,从研发到上市,至少需要10到15年》,载https://www.ximalaya.com/jiaoyu/4885761/46747990,最后访问日期:2019年11月29日。

及性,从而满足公共健康的需要。① 结合《专利法修正案(草案)》和当前药品专利期补偿试点规范,专利期补偿最长期限宜规定为5年,原研药上市后专利的总体保护期限不得超过14年。依据2020年《中美经贸协定》第1.12条第2款第b项规定,中国可以将药品专利期补偿期限限制为不超过5年,并且可以专利期补偿后,总的专利保护期限制为自中国市场批准之日起不超过14年。补偿期最长为5年和最长保护期不超过14年的规定与大多数国家的专利期补偿期限相同,能够避免对我国仿制药产业的冲击,带动制药产业的均衡发展。

药品专利期补偿期限的具体计算应当以临床试验和行政审评审批程序占用的具体时间为依据,主要有以美国为代表的精确计算模式和以日本、欧盟为代表的推算模式。2020年《中美经贸协定》未针对药品专利期补偿具体计算方法予以规定。虽然协定中关于专利保护期延长的规定多数参考借鉴美国药品专利期补偿的制度设计,但比较而言,推算模式操作更为简便且便于实施,宜为我国使用。以日本为例,其专利期补偿主要涉及3个时间节点:(1)药品获得上市批准之日;(2)相关专利注册之日;(3)临床研究之日,这些日期都由官方记载,公信力强,也方便查阅计算,适用性更强,对我国具有较强的借鉴意义。因此,我国药品专利补偿期限的计算公式为:药品专利期补偿期限=药品获得上市批准之日-相关专利注册之日或临床研究开始之日(以较晚的日期为准);若是最终计算出的药品专利期补偿期限小于或等于5年,同时与药品注册申请被批准后所剩余的专利期限相加之和小于或等于14年,则得到数值即为最终药品专利期的补偿期限;若是计算出的专利期补偿期限大于5年,则以5年为限予以补偿;若是计算出的专利期补偿期限与药品注册申请被批准后所剩余的专利期限相加大于14年,则专利补偿期限为14年减去专利保护期的值。

此外,美国法律明确规定,因申请人未履行勤勉义务所耽误的时间,不计入药品专利补偿期限,避免了专利权人恶意延长专利期的可能性,也有利于行

① 参见吴正花:《探讨药品专利保护期补偿制度及其构建》,载《品牌研究》2018年第S2期。

政机关提高工作效率,减少公共资源的浪费。《中美经贸协定》将专利期补偿界定为非由申请人引起的不合理的延误。因此,因申请人未履行勤勉义务,导致专利期限的损失,不计入药品专利期补偿的范围。对于申请人是否履行勤勉义务,应当以合理期待以及通常相关主体应当具有的注意程度、持之不懈的努力以及行为的及时性为依据。

(二)补偿期限内的权利范围

药品专利期补偿是专利专有权在时间上的延展,鉴于专利专有权的排他功能和药品专利的公共利益影响,应当对药品专利补偿期限内的专利权范围予以规定,避免药品专利期补偿被滥用,对药品市场秩序造成负面影响。《中美经贸协定》第1.12条第2款第b项规定:"任何此类调整均应授予该产品的专利权利要求,其使用方法或制造方法在原始发布的专利中的所有专有权,但应以相同的限制和例外为准,适用于批准的产品和使用方法。"因此,就申请专利期补偿的客体而言,药品发明专利或者药品使用方法、制造方法专利应当限于原专利申请时的范围,超越此范围则不符合药品专利期补偿的要求。此外,参照欧美等国家的经验,在建立药品专利期补偿以鼓励药品创新的同时,需要兼顾仿制药产业的发展利益,真正实现"创"与"仿"的平衡。我国已经初步建立起药品实验例外规则,在专利期补偿期间,仿制药企业可以利用原研药的相关资料研发仿制药,以待原研药专利保护期届满之后尽快上市。

五、药品专利期补偿的程序

药品专利期补偿需要构建申请程序、批准程序,以明确专利主管机关和药品监管机关的职责,避免机关之间职权重叠引起的混乱,提高行政效率。此外,药品专利期补偿程序还可以将申请行为及其审批各个环节限制在合理期限之内,以督促当事人积极行使权利。

(一)申请程序

各国药品专利期补偿的申请程序存在一定差异,具体表现在提交申请的机关、提交申请的期限以及提交证明材料的具体规定。严格的申请程序,规定了申请人应在法定期限内向指定机关提出申请，并提交法律规定的相关证明资料。通过提高药品专利期补偿申请的门槛，减轻行政机关后续审批过程中的压力。申请人一次性提交法律要求的全部证明资料，尽可能避免后续审批过程中因材料缺失而程序被迫中断，以致降低行政效率、浪费行政资源。

我国药品专利期补偿的申请程序，应由专利权人或者其代理人在获得上市批准后 60 日内向专利主管机关提交申请。为方便审批工作的进行，申请人在提出申请的同时须提交充分的证明资料，主要包括：(1)核准产品特征及强制审查依据的法律规范；(2)申请补偿的原专利特征，即请求专利保护应当具备的产品特征；(3)专利主管机关能够确定保护期是否需要补偿，以及补偿所派生的权利信息的相关证明资料；(4)申请人在强制审查期间对核准产品所采取的行动及具体的时间；(5)国家知识产权局所要求的其他资料，如专利权人的姓名或名称及其住所或居所、专利编号、专利权存续期间延长注册申请的编号及年月日等。

(二)审批程序

严格的审批程序是防止药品专利期补偿被滥用的法律屏障，有利于规范行政机关的行为，督促其在法定期限作出正确决定。专利期补偿的审批和裁量应当非常严谨，必须进行实质审查，审核申请材料的真实性，综合各种因素判断是否符合药品专利期补偿的条件，在此基础上作出授予补偿及其期限的判断，①并将最终结果在专利主管机关的官方网站或权威报刊上公告。对于决定授予药品专利期补偿的，应当向申请人颁发专利期补偿证书。

专利主管机关在收到申请之日起的合理期限内，应当通知药品监管机关，并转交专利期补偿申请副本。药品监管机关应当在收到专利期补偿申请的合理期限内对申请人提交的相关材料予以审查。若是符合药品专利期补偿的条件，则查阅药品获得上市批准之日、相关专利注册之日和临床研究之日，计算药品在临床试验和行政审评审批中所占用的专利保护期，并将结果通知专利

① 参见张奇：《简述西班牙专利法的最新修改对于发明专利申请程序的影响》，载《科技与创新》2009 年第 18 期。

主管机关。由专利主管机关根据审查结果决定药品专利期的补偿期限,并颁发专利期补偿证书,以及在官方网站或权威报刊上公示。若是不符合药品专利期补偿的条件,则驳回申请。

为保证申请人的合法权益,申请人对专利主管机关驳回申请的决定不服,可以在自收到通知之日起的合理期间内,向专利复审委员会提交复审请求。专利复审委员会通过复审后作出决定,及时将结果通知申请人。申请人若是对专利复审委员会的复审决定不服,认为复审的结果侵犯其合法权益,可以在自收到通知之日起的合理期间内向人民法院提起行政诉讼。

六、药品专利期补偿的异议

监督和救济机制对于一项制度的公正性与合法性至关重要,药品专利期补偿的异议机制可以对专利主管机关予以有效监督,减少其工作的失误及其滥用行政权力的现象。对于存在瑕疵的药品专利期补偿决定予以撤销,有利于维护正常的药品专利秩序,避免药品专利权人利用专利期补偿获得超长时间的市场独占期,阻止仿制药进入市场,降低药品可及性。[①]

(一)提出异议申请

为避免因申请人的责任降低行政效率,浪费行政资源,扰乱正常的制药产业秩序,我国药品专利期补偿应当明确规定任何人都可以就申请人未尽到勤勉义务向药品监管机关提出申诉,并由其依法予以审查。若是申请人未尽到勤勉义务,其延误的时间由申请人自行承担,从专利期的补偿期限中予以扣除;若是查明申请人已经切实履行勤勉义务,则驳回申诉,保障申请人的合法权益。

此外,应当建立药品专利期补偿的举报制度。笔者建议,我国可以明确规定,任何人对于经核准的药品专利期补偿,认为存在下列情形之一,应当附具证据,向专利主管机关举报:(1)发明专利的实施未取得许可证;(2)专利权人

---

① 参见刘点、肖冬梅:《日本专利异议制度回归缘由及其启示》,载《湘潭大学学报》(哲学社会科学版)2018 年第 3 期。

或被授权人并未取得许可证;(3)核准药品专利期的补偿期限超过无法实施的期限;(4)专利权补偿期间的申请人并非专利权人;(5)补偿申请并非首次许可或此许可曾办理补偿。举报后经查实确定的,应当对其超过的期间,不予以补偿。

(二)举行异议听证

利害关系人有权对药品专利期补偿提出异议,既是维护利害关系人权利的体现,也是纠正不合理行政行为的重要途径。鉴于药品专利期补偿牵涉利益巨大且广泛,举行非正式听证会且不局限于特定的形式,就相关的事实和法律问题给予行政相对人及其他利害关系人口头或书面陈述实情和表达意见的机会,尽可能避免损害利害关系人的合法权益。鉴于药品专利期补偿涉及药品和专利两个领域,专业性较强,应当有 2~3 名专业人士参与非正式听证会,并发表意见。同时,考虑涉及药品专利等商业秘密,非正式听证会可不公开举行。为排除干扰因素保证听证会结果的公正合理,应当由药品监管机关或专利主管机关指定非本案的调查人员主持非正式听证会。当事人若认为主持人与听证事项存在直接利害关系,有权申请主持人回避。听证应按法定形式制作笔录,交当事人审核无误后签字或盖章。①

(三)异议处理结果

异议处理结果对药品市场影响较大,因此处理异议的机关应当将结果通过便捷途径向社会公众进行公示,接受社会公众的监督。我国药品专利期补偿的异议处理结果,应当在非正式听证会结束后的合理期间内由药品监管机关或专利主管机关作出决定,并且在官方网站或权威报刊上发布。

---

① 姜明安:《行政法与行政诉讼法》,北京大学出版社 2011 年版,第 283~284 页。

第六章　药品专利反向支付的反垄断规制

一、药品专利反向支付的界定

(一)药品专利反向支付的概念

药品专利反向支付是指,在药品专利侵权诉讼中,原研药企业和仿制药企业通过协议约定前者向后者进行经济利益的转移,后者承诺在一定期限内不生产经营某种仿制药,双方据此达成和解协议而结束诉讼的行为。原研药往往是对药品化合物进行严格筛选后制成,并且需要进行各种药物临床试验后才得以上市。仿制药是仿制原研药制成的且在药品剂量、作用、安全性以及指征上同原研药无区别的药品,在临床上与原研药可以相互替代。仿制药与原研药作用、活性成分、剂型等同,但制备工艺和辅料可能存在差异,仿制药在原研药专利到期后上市。[①] 原研药企业和仿制药企业达成的具有反向支付内容的专利和解协议通常被称为反向支付协议。

---

① 参见苏华:《药品专利反垄断的美国经验》,载《中国价格监管与反垄断》2017 年第 3 期。

(二)药品专利反向支付的特征

1.反向性

顾名思义,药品专利反向支付具有反向性。一般而言,在协议涉及的经济利益转移通常由非权利人向权利人进行转移,即非专利权人通过给予专利权人一定的价款来获得某种经济利益。但是,在药品专利反向支付中,却由专利权人即原研药企业向非专利权人即仿制药企业进行经济利益支付,这与正常的经济利益转移方向相反,是一种"反向"的支付,反向性是药品专利反向支付最显著的特征。

2.高值性

药品专利反向支付涉及转移的经济利益往往十分巨大。例如,在卡地泽姆CD(Cardizem CD)反向支付案中,原研药企业同意向仿制药企业每年支付4000万美元,还同意在符合某些条件的情况下,每年再向其支付1亿美元;在药谷(Valley Drug)反向支付案中,原研药企业预先支付仿制药企业300万美元,3个月后再支付300万美元,在2000年3月1日或在协议因其本身条款终止以前,每3个月支付600万美元,同时还向另一仿制药企业每月支付450万美元;在他莫昔芬(Tamoxifen)反向支付案中,原研药企业向仿制药企业反向支付2100万美元;在阿特维斯(Actavis)反向支付案中,原研药企业向一家仿制药企业支付1200万美元,向另两家仿制药企业分别承诺支付6000万美元和每年1900万~3000万美元,共支付9年。[①] 由此可见,药品专利反向支付涉及的经济利益巨大,具有高值性的特征。

3.隐蔽性

药品专利反向支付具有极大的隐蔽性,这源于药品专利反向支付表现的多种经济利益的转移形式。金钱给付是多种经济利益转移中最直接的表现形式,亦是最容易被发现和审查的方式。在大多数情况下,制药企业为了避免遭到反垄断审查,往往不选择金钱给付,而是通过各种隐藏方式达到经济利益转

---

① 参见郭德忠:《美国药品专利领域反向支付的反托拉斯问题》,载《北京理工大学学报》(社会科学版)2015年第3期。

移的目的。例如，在专利和解协议中约定专利授权，由仿制药企业向原研药企业进行药品专利许可，原研药企业向其支付许可费，这或许是正常的商业行为，抑或一种隐蔽的反向支付方式，以此来逃避反垄断规制。又如，将支付隐蔽地表述为对仿制药企业承诺提供“其他服务”的补偿费，以掩盖其真实的经济利益转移目的。因此，药品专利反向支付具有隐蔽性，需要仔细甄别。

4. 反竞争性

就行为人的主观目的抑或行为的客观效果而言，药品专利反向支付具有明显的反竞争性。在药品专利反向支付中，原研药企业通过一定经济利益转移获得排他性销售原研药的权利，此项权利的内容则是将其竞争对手在一段时间内排除在市场之外。仿制药进入市场被设置了障碍，原研药企业的专利得以维护，并且获得高值的垄断利润。就主观目的而言，原研药企业具有反竞争的目的，若专利侵权诉讼能够正常进行，法院若是最终宣告涉案专利无效或仿制药企业没有专利侵权行为，原研药企业便会丧失这一垄断利润。这些垄断利润就会转换成低价仿制药流入市场，不仅能够刺激药品市场的价格竞争，还能够造福于消费者，消费者从中获益。双方通过签订药品专利反向支付协议来终结诉讼，因仿制药的不能上市而维持原研药价格，由此产生的垄断利润，仅在原研药企业与仿制药企业之间进行分配，不会流向消费者。由此可见，消费者因药品专利反向支付而丧失了选择廉价药品的机会，必须以高价支付药品；对其他具有竞争关系的仿制药企业而言，市场进入时机被延误，以致不能早日参与市场竞争。最终结果就是，原研药企业与此仿制药企业共同受益，而消费者和其他仿制药企业的利益则受到损害。就客观效果而言，药品专利反向支付具有明显的反竞争效果，原研药企业枉顾专利是否有效，即通过付费方式获得专利保护，同时又阻碍了其他仿制药企业进入相关市场，严重地遏制了药品创新，破坏了市场竞争秩序，损害了消费者合法权益。反竞争性是某一行为成为反垄断规制对象的必要条件，尽管法律政策明确保护知识产权，也鼓励当事人通过和解方式解决纠纷，但是药品专利反向支付违反了竞争规则，使专利权这一知识产权被滥用，无论其所具有反竞争的目的抑或排除限制竞争的效果，亟待受到反垄断规制。

（三）药品专利反向支付的分类

根据原研药企业向仿制药企业进行经济利益转移方式的不同，药品专利反向支付可以划分为 3 种不同类型。

1. 金钱给付型反向支付

金钱给付型反向支付是以金钱的形式进行经济利益转移，最为直接，药品专利反向支付中亦较为常见。在金钱给付型反向支付中，原研药企业支付一定数额的金钱给仿制药企业，仿制药企业则承诺在一定时期内不生产经营某种仿制药品。随着反垄断规制的日益严苛，直接以推迟仿制药进入市场为名义的金钱给付较易被辨识和审查，原研药企业和仿制药企业开始采取各种方法予以掩饰。例如，在协议中约定仿制药企业将其某种专利授权给原研药企业，从而赋予原研药企业对仿制药企业进行金钱给付的合法性。此种专利授权通常采取专利许可的形式，即仿制药企业将其某种药品专利许可给原研药企业，原研药企业就可以向仿制药企业正当的支付费用。

2. 专利授权型反向支付

随着反垄断执法的加强，药品专利反向支付的方式日趋复杂和隐秘，以专利授权方式进行反向支付的做法开始出现。原研药企业将其自有专利授权给仿制药企业，允许仿制药企业以其名义生产经营该药品，虽然仿制药企业专利药品的价格相对低廉，但其仍可获得巨大利润。此外，原研药企业还以承诺不推出授权仿制药为对价向仿制药企业进行经济利益的转移。授权仿制药（Authorized Generic）是指原研药企业自己推出的对应其原研药的仿制药，[①]通过“自己仿自己”来阻止“他人仿自己”。就仿制药企业而言，原研药企业承诺在首仿药上市的市场独占期内，不向市场推出同种仿制药，既是对其预期利益的保障，也是一种变相的经济利益给付。

3. 附属协议型反向支付

目前，药品专利反向支付越来越多的以附属协议（Side-deal）方式出现，附属协议内容的复杂性增加了反向支付识别的难度。附属协议的内容主要包括

---

① 参见苏华：《药品专利反垄断的美国经验》，载《中国价格监管与反垄断》2017 年第 3 期。

以下变相的经济利益转移:(1)约定原研药企业向仿制药企业提供原研药或原研药的制备材料;(2)约定原研药企业购买仿制药企业的药品生产库存和仿制药企业的股份;(3)约定由仿制药企业负责销售原研药企业的其他药品;(4)在分销协议中约定由原研药企业向仿制药企业提供利润保证,等等。附属协议表面上是合理的商业安排,但其实质是掩饰反向支付的一种手段,需要仔细甄别。

随着药品专利反向支付的反垄断规制日趋严格,反向支付协议的内容更加复杂,乃至出现符合多种形式的协议。例如,在拉莫三嗪(In re Lamictal)反向支付案中,协议即包括以下条款,(1)葛兰素史克(GSK)向提瓦制药(Teva)提供一种原研药品,以 Teva 的名义销售;(2)GSK 与 Teva 达成许可条款,其中包含“非授权仿制药”协议。[①] 在该协议中,附属交易与专利授权并存,协议的真实目的因而难以捉摸。

二、美国药品专利反向支付反垄断规制的法治经验

(一)美国药品专利反向支付的产生背景

1. Bolar 案件

20 世纪 60 年代,美国联邦食品药品监管局为了维持原研药与仿制药之间的平衡:一方面,赋予原研药企业一定期限垄断权,保障制药企业研发新药的热情;另一方面,通过法律政策的引导促进仿制药产业的发展,使其与原研药行业形成充分竞争,以此保障消费者获取低价药品的权利。

1983 年,为了使仿制药能够尽早上市,柏拉(Bolar)公司在 Roche(罗氏)专利药的专利保护期届满之前即开展了生物等效性实验,并向 FDA 提交了仿制药生产申请。[②] Roche 公司因此提起诉讼,诉称 Bolar 公司侵犯其专利权,经过审理,联邦巡回上诉法院最终认定,Bolar 公司为收集上市审批所需数据,未

---

① 参见陈武:《美国药品专利诉讼中的反向支付协议——以 Cardizem CD 以及 Vally Drug 案为研究进路》,载《知识产权》2007 年第 4 期。

② 参见赵曦:《原研药与仿制药的较量——美国 Hatch-Waxman 法案简介》,载《中国发明与专利》2009 年第 10 期。

经专利权人同意,从国外进口专利药品进行生物等效性试验,不属于专利法中的合理使用,且具有商业目的,侵犯了 Roche 公司的专利权,因此判决 Bolar 公司败诉。Bolar 案件使原研药与仿制药的冲突达至顶峰,令人质疑的是,一味禁止仿制药企业在专利期满前研制仿制药是否相当于延长了原研药的专利有效期,从而不利于维持原研药与仿制药之间的平衡。受此判例影响,为了保障原研药专利到期后迅速根据此专利生产经营销售仿制药,美国《专利法》进行了修正,第 271 条增设第 e 款规定,"在美国制造、使用、许诺销售、销售或者向美国进口被授予专利的发明的行为,若是为了依照有关法律规定获得并提供为制造、使用或者销售药品或者兽医用生物产品所要求的有关信息,则不构成侵犯专利权的行为。"此乃 Bolar 例外,又称"提前实施例外"。

2.《Hatch-Waxman 法》

为解决仿制药申请上市审批程序变相延长原研药专利保护期的问题,维护原研药企业、仿制药企业、社会公众三者之间的利益平衡关系,保障药品市场的充分竞争,美国出台《Hatch-Waxman 法》,此法构成美国现代仿制药产业的法律基础。《Hatch-Waxman 法》的简化新药申请(Abbreviated New Drug Application,ANDA)制度和专利挑战制度保障了仿制药能够及时进入市场,从时间维度上促进了药品市场的竞争:(1)ANDA。《Hatch-Waxman 法》简化了仿制药的上市审批,仿制药企业只需要向 FDA 提交 ANDA 申请,并直接援引由原研药企业提出新药申请时证实过的各种客观数据。仿制药企业仅须论证此仿制药和原研药的有效成分、药效、剂型和生物等效性相同即可,一旦仿制药品通过审批,原研药专利即刻失效。这一规定免去了临床验证等烦琐程序,大大缩短了仿制药的研发周期,节约了仿制药的研发费用,为仿制药企业提供挑战原研药专利的机会。(2)专利挑战。仿制药企业在提出 ANDA 申请的同时,需要遵循对已被 FDA 登记的原研药专利进行认证的程序。若仿制药企业在这一程序中提出关于"申请所涉及的原研药相关专利是无效的,或者其生产、使用和销售均不会侵犯原研药专利"的第四项声明,即发起药品专利挑战,则会进入处理潜在的药品专利纠纷程序。挑战成功的仿制药企业会获得 180 日的市场独占期。专利挑战制度给仿制药企业提供了发展契机,使仿制药在原研药专利到期之前进入市场成为可能。

但是,《Hatch-Waxman 法》也产生了反向支付这一"副产品"。在《Hatch-Waxman 法》实施的 10 多年内,美国仿制药产业实现了空前发展。然而,到了 2000 年左右,各原研药企业开始利用此法案的漏洞极力反对仿制药的"专利挑战",积极寻求限制策略,以推迟仿制药企业竞争者的进入。① 原研药企业对抗仿制药企业的方式主要有两种:(1)诉讼,即原研药企业进行复杂的专利布局,申请各种价值不大的专利,在仿制药企业的通知到达后多次提起专利侵权诉讼,使简化新药申请反复进入 30 个月搁置期;(2)反向支付,即原研药企业在面临仿制药巨大威胁的同时发现《Hatch-Waxman 法》存在漏洞,只要成功阻止首仿药申请者,使其暂时不行使 180 日独占期,就可以将其他仿制药企业都排除在外。② 因此,原研药企业积极寻求与第一次提出 ANDA 申请的仿制药企业达成和解并签订反向支付协议,通过向已经获得 180 日独占期的仿制药企业进行一定经济利益支付,换取仿制药企业作出在一定期限内不将其仿制药投放市场的承诺,以扩展其垄断权。此种反向支付产生自《Hatch-Waxman 法》的漏洞,是《Hatch-Waxman 法》的天然副产品,其结果是延迟仿制药的市场进入,在相当程度上维持了原研药企业在市场上的独占地位,加剧了原研药行业与仿制药产业间的不平衡,扰乱市场竞争秩序,使广大消费者不能以低价获取药物。因此,消费者和其他制药企业纷纷提起反垄断诉讼。美国联邦贸易委员会(Federal Trade Commission,FTC)亦认为原研药企业与仿制药企业之间签订的这种专利和解协议具有实质上的反竞争效果,涉嫌违反托拉斯法,于 2000 年提起了第一个反对雅培(Abbott)达成反向支付协议的反垄断诉讼,此后又展开了大规模的调查。③

---

① 陈武:《美国药品专利诉讼中的反向支付协议——以 Cardizem CD 以及 Vally Drug 案为研究进路》,载《知识产权》2007 年第 4 期。

② 参见何鹏:《药品专利反向支付协议反垄断审查规则及启示——美国最高法院 FTC v. Actavis,Inc. ,et al. 述评》,载《北京政法职业学院学报》2014 年第 1 期。

③ 参见罗蓉蓉:《美国医药专利诉讼中"反向支付"的反垄断规制及其启示》,载《政治与法律》2012 年第 12 期。

(二)美国关于药品专利反向支付的反垄断立法

1.《知识产权许可的反托拉斯指南》

FTC 认为以反向支付为目的的专利和解协议违反了《谢尔曼法》第 1 条,“禁止任何限制州际或对外贸易的协议、联合或共谋”,由此美国开启了对药品专利反向支付的反垄断规制。

1995 年,美国司法部和 FTC 联合颁布了《知识产权许可的反托拉斯指南》。该指南是一个指导知识产权反垄断工作的实操性文件,第 2 条提出了适用反垄断法分析知识产权领域的反竞争行为时应当遵循的原则,“本指南体现 3 个一般性原则:a. 基于反垄断分析的目的,主管机关把知识产权视为实质上与其他形式的财产具有相似性;b. 主管机关并不推定知识产权产生反垄断法意义上的市场支配力;以及 c. 主管机关认识到,知识产权许可允许企业可以结合具有补充性的生产要素,并且一般而言是促进竞争的。”这 3 个原则作为知识产权领域反垄断的基本原则,赋予了对知识产权滥用行为进行反垄断规制的正当性。反垄断执法机关并不否定知识产权本身不违反反垄断法,但是知识产权客观存在反垄断意义上的市场支配力,一旦其行使超过一定限度而形成了垄断,即应成为反垄断的规制对象。之后出台的《反托拉斯执法与知识产权:促进创新和竞争》又对这 3 个原则予以强调。

此外,《知识产权许可的反托拉斯指南》还明确专利权许可协议的反垄断审查分析的原则,即对于知识产权许可行为,应当运用合理性原则对其进行判断和考量。即使某项知识产权许可产生反竞争效果,尚须评价许可提高经济效率和限制竞争的程度,以此权衡最后竞争的效果。[①] 依据该规定,执法机关摒弃了之前较为僵化的工作方式,在处理案件时根据案件呈现的不同情况进行调整。

---

① 参见历咏、卢文涛:《知识产权与反垄断法的冲突和协调——以美国与欧洲的经验为视角》,载王晓晔主编:《反垄断法实施中的重大问题》,社会科学文献出版社 2010 年版,第 451 ~ 468 页。

2.《医疗保险处方药改进和现代化法案》

2003年,为了弥补《Hatch-Waxman法》的漏洞,美国颁布了《医疗保险处方药改进和现代化法案》。为防止原研药企业在仿制药企业对药品专利提出挑战时以滥用诉讼策略进行对抗,此法要求原研药企业对每个产品只能触发一次30个月搁置期,而不能连续多次触发。为防止180日市场独占期被滥用,此法规定"使用或放弃"条款,若是第一个申请的仿制药企业在获得批准后的75日内没有推出其仿制药,则会丧失180日市场独占期。此条使原研药企业不能利用首仿药企业的180日市场独占期将其他仿制药企业排斥在外。此法还修改了《Hatch-Waxman法》的某些批准程序,规定原研药企业和仿制药企业一旦达成专利诉讼和解协议,须立即向FTC、司法部反托拉斯局申报,以缓和监管者与被监管者之间的信息不对称,使监管者能够实行更高效、更有力的监管。

美国参议院司法委员会5名高级成员还在2007年3月向美国国会提交了一份"廉价仿制药品获取保障法"的提案,此提案旨在禁止原研药企业向仿制药企业以支付费用方式换取对方一定时期内不生产经营某种仿制药的行为,即反向支付行为。他们认为制药企业之间的反向支付会使消费者在一定时间内难以获得廉价的仿制药,产生破坏市场竞争环境、扰乱市场竞争秩序等一系列严重影响药品市场竞争的后果。

(三)美国药品专利反向支付的反垄断执法

1.美国药品专利反向支付的反垄断执法体制

在美国专业的反垄断执法体制中,司法部与FTC是两大联邦反垄断执法机关,两者的工作范围既有分工亦有重合,一般会根据被调查案件的性质而进行独立案件调查或合并案件审查。在反垄断执法方面,FTC始终坚持将药品专利反向支付视为反垄断执法的重点,主动对其进行违法调查并予以制裁,制裁手段包括没收违法所得、罚款、吊销执业许可等措施。1999年以来,FTC对涉嫌违法的药品专利诉讼和解协议发起了系列调查,并且通过调查发现其中具有限制竞争效果的反向支付协议,进而提起诉讼。FTC对药品专利反向支付的反垄断执法亦会与司法部进行协作,提起反垄断诉讼前亦会听取司法部意见,在药品专利反向支付诉讼中,两者的关注重点都是和解协议中是否约定原研药企业向仿制药企业进行支付的条款。通过提起诉讼,美国反垄断执法机关不断向药品专利反向支付发起挑战,指出其对其他市场竞争者和消费者的合法权益造成的不利影响。

近年来,FTC 发起调查的多起反向支付案件进入诉讼程序。较之反垄断私人执行,专业反垄断执法机关提起的诉讼更容易引发关注,特别是药品这一涉及公共健康的特殊复杂领域,反垄断执法机关更具有权威性和专业性,对药品专利反向支付发起挑战的能力更强。由于药品专利专业性较强,公众一般不了解与药品专利相关的专业信息,且涉及反向支付的多是大型制药企业,取证十分困难,诉讼成本较高,加之制药企业签订协议的隐蔽性强、各种条款错综复杂,所以难以提起反垄断私人诉讼。FTC 作为权威的反垄断执法机关,不仅具有相关证据和信息获取、收集的优势,能够在其调查掌握真实数据的基础上,向法院更好地证明相关协议具有反竞争性,一些翔实的经济分析将协议的限制竞争效果直接呈现在法官面前。例如,FTC 在 2010 年一份报告中指出,反向支付协议导致美国公众无法获得廉价仿制药,为原研药每年平均多支出约 35 亿美元费用。[①] 作为反垄断执法机关,FTC 大力推动专门立法以获得更大权力来打击药品专利反向支付,但由于各方观点不一,相关法案迟迟未能出台。

药品专利反向支付协议的反竞争性显而易见,但焦点问题是药品专利诉讼和解是否包含反向支付的内容,对其采用更为严苛的审查原则抑或根据个案具体情况具体分析的审查原则。美国法院在若干案件中与 FTC 的执法思路存在较大差异,FTC 希望法院采用本身违法原则和快速审查原则对专利和解协议进行审查,在判定其是否具有反竞争性方面较为激进;法院则倾向于采用更加综合平衡的原则进行审查。

---

① See FTC, Pay-for-Delay: How Drug Company Pay-Offs Cost Consumers Billions, 2010, http://www. ftc. gov/reports/pay-delay how-drug-company-pay-offs-cost-consumers-billions-federal-trade-commission-staff. 2019. 08. 29.

2. 美国药品专利反向支付的反垄断审查适用原则

美国对于制药产业的反垄断法规制具有较长历史,FTC 调查的多起案件进入诉讼程序。美国法院在实践中先后运用本身违法原则、专利范围排他测试原则、快速审查原则及传统的合理原则进行反垄断审查,厘清了每个原则的适用界限,提高了审查过程的执行力。

(1)本身违法原则——Cardizem CD 反向支付案

本身违法原则是反垄断审查遵循的基础原则性之一。依据本身违法原则,只要行为人在市场上实施了某些反竞争行为,无论其是否具有排除限制竞争的主观目的,抑或行为是否在实质上对市场造成了反竞争效果,都会被视为违法。本身违法原则经过长期的理论和实践发展,其适用范围被限制在固定价格、划分市场、联合抵制等类型。① 本身违法原则的优点在于,能够明确列举违法行为种类,减少举证压力,提高诉讼效率,节约诉讼成本,但其亦存在一定缺陷,审查方式过于原则化和单一化,案件处理可能不够公平正当,会产生让社会公众难以接受的后果。此外,本身违法原则不能周全地考虑诸多利益的平衡,相对于复杂的反向支付,本身违法原则过于简陋。在实践中,协议订立的目的可能延伸专利权,从而实现对专利的法律保护,亦可能是滥用专利权,以维护垄断利润。若是仅以客观行为作为判断其是否违法的依据,可能过于严苛,原研药企业的行为较易被认定违法从而败诉,从而承担巨额罚款和相应赔偿。原研药企业的药品研发投入成本巨大,大面积败诉会使资金原本紧张的原研药企业由此陷入困境,进而影响药品创新和公共福祉。因此,对于本身违法原则在反向支付案件中的适用应当持审慎态度。

Cardizem CD 反向支付案是美国第一起适用本身违法原则进行审查的药品专利反向支付案件。此案是路易斯安那药品批发公司(Louis Anna Wholesale Drug CO.)诉赫美龙药品股份有限公司(Hoechst Marion Roussel,

① 参见余东华:《转型期中国反行政性垄断中违法判定原则的选择——从本身违法原则到合理原则》,载《天津社会科学》2008 年第 1 期。

HMR)和安德克斯药品制造公司(Andrx)。[①] Cardizem CD 是 HMR 研发的一种原研药,主要用于治疗高血压和心脏病,此药品活性成分的专利保护期截至1995 年。Andrx 在 1995 年 9 月向 FDA 提起了 ANDA 申请以期获得批准一旦仿制药上市,HMR 预计其原研药的销量将会巨幅下降,遭受重大的经济利益损失,因此向法院提起了专利侵权诉讼,Andrx 申请上市的审批工作因此进入了 30 个月搁置期。2 年后,FDA 对 Andrx 的 ANDA 申请作出初步核准的决定,这意味着当 30 个月搁置期届满,Andrx 的简化新药申请将完全获得批准,仿制药即可进行生产和上市销售。然而,在 FDA 初步核准后 1 周左右,HMR 和 Andrx 达成协议约定:①30 个月搁置期过后,即使此仿制药的 ANDA 申请顺利获批,Andrx 也不得将其投入市场;②Andrx 不把 180 日独占期转让给其他仿制药企业;③Andrx 承诺不在市场上推出其生产的非授权仿制药。为获取 Andrx 的承诺,HMR 在仿制药 ANDA 申请获批后向 Andrx 支付相应对价,即每季度向 Andrx 支付 1000 万美元,以及自 1998 年起每年向 Andrx 支付6000 万美元。截至被提起反垄断诉讼时,HMR 已向 Andrx 支付经济利益共计 8983 万美元。

此案在密歇根州底特律市地区法院进行初审,后上诉至联邦第六巡回法院进行审理,在 2003 年 1 月 1 日审理完毕。地区法院一审适用了本身违法原则,确认了 HMR 与 Andrx 是具有竞争关系的经营者,双方达成的协议是一种横向划分市场协议,违反《谢尔曼法》第 1 条,双方签订协议属于违法垄断行为。依据本身违法原则,法院无须考虑其限制竞争的意图,亦不必考虑其限制竞争的实际后果,即判定此行为违法。联邦第六巡回上诉法院对此案同样适用本身违法原则,认定协议延迟 Andrx 进入市场,同时排斥了其他仿制药企业竞争者的进入,即使协议还约定了其他各种各样的条款,但其核心实质仍是水平划分相关药品市场的横向垄断协议,依据《谢尔曼法》构成本身违法行为,故维持原判。虽然 HMR 与 Andrx 在诉讼中提出协议是双方诉讼策略之一,

---

① See La wholesale Drug Co. (In re Canlizem CD Antitrust Litig) v. Hoechst Marion Roussel Inc,2003 U. S App.

通过达成和解尽早结束诉讼带来的压力,但法院并未采纳。法院认为,行使专利自然产生的垄断权,与通过支付高昂费用使竞争者被排斥在市场之外从而支撑专利市场效力,是截然不同的,且 HMR 与 Andrx 不能证明彼此不具备竞争关系。联邦最高法院曾经指出,“无论涉及什么样的奇怪问题和特点,谢尔曼法在处理固定价格协议时确立的是一个适用于所有工业领域的单一规则”,①第六巡回上诉法院引用了该意见,并且认为此案不属于排除本身违法原则适用的情形。

(2)专利范围排他测试规则——Valley Drug 反向支付案

合理原则是反垄断法的另一基本原则。合理原则要求法院在处理垄断案件时考量可能影响竞争的诸多因素,如当事人的行为目的、方式以及反竞争效果等,针对个案仔细考量具体的利弊得失,再对当事人的行为是否违反反垄断法作出裁定。20 世纪 80 年代,美国法院在判断专利许可协议的限制性条款是否违反反垄断法时,开始探讨协议限制性条款是否必然会对市场竞争产生破坏性影响,进而从主要适用“本身违法原则”逐渐转向“合理原则”。② 在《知识产权许可的反托拉斯指南》出台后,对绝大部分专利许可协议审查适用合理原则成为趋势。但是,在药品专利反向支付的反垄断规制实践中,最先被运用的是合理原则的两个衍生规则,即专利范围排他测试规则和快速审查规则,之后随着实践的发展,又逐渐回归于对传统合理原则的适用。

专利范围排他测试规则是合理原则适用中形成的全新审查方法,是合理原则的衍生规则之一。原研药企业通过增加附属交易等方式隐藏其推迟仿制药上市的本意,并以协议具有促进竞争效果为由,强化药品专利反向支付协议的合法性。③ 在审理此类案件时,法院开始思考如何利用合理原则识别此种

---

① 参见郭德忠:《美国药品专利领域反向支付的反托拉斯问题》,载《北京理工大学学报》(社会科学版)2015 年第 3 期。

② 参见宋建宝:《专利诉讼反向支付和解协议的反垄断审查:美国的规制与实践》,载《知识产权》2014 年第 2 期。

③ 参见张瑜、罗先觉:《专利诉讼和解协议中反向支付的反垄断分析——兼评 Schering-Plough 及 Tamoxifen 反向支付案》,载《北京政法职业学院学报》2007 年第 4 期。

专利权滥用行为，最终将关注焦点放在专利的范围上，专利范围排他测试原则应运而生。此规则以专利有效为前提，对协议是否超出专利范围进行测试，测试方法分为3个步骤：①确定专利权的合理排他范围；②判断反向支付协议超出此范围的程度；③分析其所导致的反竞争效果。若是经测试，协议没有超出专利范围，此协议的合法性就会受到法院认可。不同于本身违法原则未能考虑对知识产权的保护，专利范围排他测试规则以专利保护为意旨，借助反垄断法为工具展开，在确定专利的合理排他范围之后，推定协议在此范围内有效。① 专利范围排他测试规则首次被运用是2003年Valley Drug反向支付案。

此案原告是山谷制药（The valley pharmaceutical）与路易斯安那药品批发公司（Louisiana pharmaceutical wholesale），被告是日内瓦制药公司（Geneva Phaim Aceuticals）和艾伯特实验室（Abbott Laboratories）。艾伯特实验室研发出一种专利药品Hytrin，用于治疗高血压和前列腺肥大疾病，日内瓦制药公司提起了Hytrin仿制药的ANDA申请，并且提出第四项声明，艾伯特实验室因此提起了专利侵权诉讼，仿制药的审批工作进入30个月搁置期。1998年3月，此仿制药的ANDA申请被批准，且作为首仿通过者获得了180日的市场独占期。艾伯特实验室预计Hytrin的市场销量会受到巨大影响，因此在1998年4月，其与日内瓦制药公司达成协议，协议内容约定：在专利侵权诉讼结束前或者其他仿制药企业推出Hytrin仿制药前，日内瓦制药公司不将其仿制药投入市场，同时日内瓦制药公司不得转让其180日市场独占期给其他仿制药企业，艾伯特实验室则每月向日内瓦制药公司支付450万美元。

此案最初于1998年9月在佛罗里达州南部地区法院审理，后于1999年7月上诉至联邦第十一巡回法院，于2003年9月15日审结。地区法院认定达成的协议违反《谢尔曼法》，构成"本身违法"，对于双方为了规避诉讼风险、降

---

① See Tracey Toll, *Pharmaceutical Reverse Payment Settlement Agreements and a Proposal for Clarifying the Application of Antitrust Law Rule of Reason Analysis to These Agreements*, Houston Journal of Health Law & Policy, 2015(15).

低诉讼成本而达成的抗辩,法院没有采纳。联邦第十一巡回法院以适用法律不当为由将此案发回重审,指出地区法院对于协议构成“本身违法”是本案认定的关键。在此案审理中,联邦第十一巡回法院采用了专利范围排他测试规则,认为专利权具有较强的排他性,在药品专利反向支付进行审查时,专利法具有绝对的优先适用地位,协议中关于专利保护范围约定不必然构成本身违法。协议只要处于专利的合理排他范围内,专利权人为了保护自身专利权而采取的限制、排除其他竞争者进入市场的行为,应当被理解。[①] 此测试方法偏向于知识产权的保护,强调知识产权具有合法垄断性,应当优于反垄断法适用。

专利范围排他测试规则的价值基准是对专利权的保护,对反向支付协议的违法性认定通常采用专利保护的思路。法院适用专利范围排他测试规则须审查被诉协议是否超出了专利的合法排他范围,并分析协议内容对相关市场产生的反竞争效果。[②] 此审查方法的缺点在于,直接假定专利有效,并且在此前提下展开审查,忽略专利的真实效力状态。此外,此规则的适用免除了专利权人对侵权行为的举证责任,专利权人处于优势地位,滥用专利权签订协议的行为较易被认定为合法。虽然专利范围排他测试规则注重对专利权的保护,但此种保护的程度不易受控制,过度的保护不仅对竞争造成损害,还可能诱导更多的原研药企业通过此种方式变相维持其垄断利润,使更多的仿制药企业企图不劳而获、分摊利益,这将造成整个药品市场的未来发展岌岌可危。

联邦最高法院认为应当结合反垄断法而非单纯从专利法的角度考察反向支付,[③]因此专利范围排他权测试规则不宜适用于药品专利反向支付协议。

(3)快速审查规则——Schering-Plough 反向支付案

快速审查规则是合理原则的另一衍生规则。美国法院发现有的协议不属于本身违法的协议类型,但协议存在明显的反竞争性,协议当事人应当承担证

---

① See Valley Drug Co. v. Geneva Pharms, Inc. 344 F. 3d 1294(11th Cir. 2003).

② See Valley Drug Co. v. Geneva Pharms, Inc. 344 F. 3d 1294(11th Cir. 2003).

③ See Michael A. Carrier, *Why the "Scope of the Patent" Test Cannot Solve the Drug Patent Settlement Problem*, Social Science Electronic Publishing, 2012(9).

明协议对竞争具有促进作用的证明责任;若无法证明,法院不须再进行合理性分析,可以直接判定协议构成垄断,此乃快速审查规则,又称为简化的合理原则。

快速审查规则产生于先灵葆雅(Schering-Plough)反向支付案,先灵葆雅公司(Schering-Plough)研发出一种用于治疗心脏病的原研药 K-Dur20,此药品专利期于 2006 年届满。史密斯实验室(Upsher-Smith)在 1995 年向 FDA 提出 ANDA 申请以及第四项声明,申请其拥有的 K-Dur20 仿制药 Klor Con M20 上市。先灵葆雅公司接到史密斯实验室的通知后,提起专利侵权诉讼,简化新药申请的审批工作进入 30 个月搁置期。先灵葆雅公司随即与史密斯实验室达成了和解协议,协议约定:在 2001 年 9 月前,史密斯实验室不能将其生产的针对 K-Dur20 的任何仿制药投入相关市场,并且将其拥有的包括 Niacor-SR(胆固醇降低药)在内的 5 种药品许可给先灵葆雅公司,同时放弃行使和转让其在 ANDA 申请获批后所获得的 180 日市场独占期。作为对价,先灵葆雅公司则须无条件地向史密斯实验室支付 6000 万美元。1998 年 11 月,史密斯实验室的 ANDA 申请获批,作为首位成功挑战 K-Dur20 的仿制药,史密斯实验室获得 180 日的市场独占期,但因其与先灵葆雅公司的协议而放弃行使。

2008 年 4 月,44 个 K-Dur 批发零售企业在新泽西地区法院起诉先灵葆雅公司和史密斯实验室,提出的理由是:先灵葆雅公司为了保障其市场利益,与史密斯实验室通过和解协议约定专利许可,将反向支付的利益输送合理化,该协议具有限制竞争的效果。2009 年 2 月,地区法院通过适用专利范围排他测试规则判决协议不构成垄断行为。原告不服提起上诉,2012 年 7 月联邦第三巡回法院撤销了原审法院判决,否定此案适用专利范围排他测试规则的做法,采用快速审查规则进行认定,最终判决此协议构成垄断。联邦第三巡回法院认为,专利效力尚不确定,不能以其有效为适用前提;即使专利有效,亦可能存在原研药申请价值不大的专利进行专利布局,并非真正的专利创新,而是利用专利获得市场支配力的行为。专利范围排他测试规则对专利权的保护过于宽泛,并未将无效专利和无价值专利排除在外,这与专利制度促进创新的本意背道而驰,并且严重阻碍了药品市场的竞争。联邦第三巡回法院认为,此案应当采用快速审查规则:①原告证明被告协议当事人的行为具有明显反竞争性;②举证责任转移给协议当事人,其在抗辩的基础上应当举证证明协议对市场竞争具有积极的促进效果,即协议并非为了延迟仿制药进入市场而签订,以及协议可以为消费者提供和分享基于促进竞争所带来的收益,[①]法院由此决定是否支持原告的诉请。因为先灵葆雅公司与史密斯实验室并未充分证明协议并非为推迟仿制药上市,且可以促进竞争并让消费者受益,因而协议构成垄断行为。

快速审查规则软化了本身违法原则的刚性,吸收了传统合理原则的灵活性,在保留依据客观行为判定违法性的同时,又赋予行为人以抗辩权,较好地对举证责任进行了重新分配。但是,美国对快速审查规则未形成一致态度,FTC在阿特维斯(Actavis)反向支付案中主张适用快速审查规则,但联邦最高法院并未采纳。联邦最高法院主张,快速审查规则只有在"即使对经济学只有基础性掌握的人都能看出协议的反竞争性"的前提下才能适用。由于反向支付协议的违法性可能取决于协议的规模、诉讼成本或者其他正当化理由等因素,对于不同药品市场的反竞争效果亦不相同,具体情形的复杂性使对经济学只有基础性掌握的人难以看出协议的反竞争性,无法符合快速审查规则的适用条件。由此可见,联邦最高法院对快速审查规则的适用态度是十分谨慎的。

(4)传统的合理原则——Actavis反向支付案

基于合理原则,反竞争行为并非只能产生限制竞争的效果,亦会促进竞争,对公众利益还可能产生积极影响,应当比较行为的正负影响,当限制竞争效果大于促进竞争效果时,才能认定其为垄断。随着美国药品专利反向支付反垄断司法实践的不断发展,所适用的原则在经历专利范围排他测试和快速审查等合理原则的衍生规则之后,最终回归至传统合理原则。在Actavis反向支付案之前,联邦巡回法院适用了专利范围排他测试和快速审查,但联邦最高法院则选择采用传统的合理原则对药品专利反向支付协议进行合法性审查。

---

① See Andrx Pharmaxeuticals Inc. v. Biovail Corp. Intern,256F. 3d 799,813(D. C. Cir. 2001).

Actavis反向支付案的原告是苏威制药公司(Solvay)与阿特维斯(Actavis,后改名为Watson)、派德克(Paddock)和帕尔(Par)3家仿制药企业,各方通过反向支付协议就睾酮替代药安得乐凝肢达成专利和解。苏威制药公司于1999年研发了原研药Andro Gel,并且拥有此药品相关的安得乐凝肢专利。2003年3家仿制药企业分别就自己的仿制药提出ANDA申请,并进行第四项声明,苏威制药公司对此提起专利侵权诉讼,ANDA审批进入30个月搁置期。在诉讼中,苏威制药公司与阿特维斯公司达成了和解协议,协议约定:阿特维斯公司在2015年8月31日前不会推出其仿制药品,苏威制药公司则每年向阿特维斯公司支付1900万~3000万美元,共支付9年。苏威制药公司与派德克公司和帕尔公司相继签订类似协议,分别约定向派德克和帕尔支付1200万美元和6000万美元。

2009年2月,FTC就涉案协议向乔治亚地区法院提起了反垄断诉讼。FTC认为,协议虽然将原研药企业向仿制药企业的经济利益转移表述为因仿制药企业提供的其他服务而进行正常支付的对价,但这些其他服务的实际价值较低,同巨额的金钱支付并不对等。因此,这些支付的实质目的是为获得仿制药企业在2015年前不参与市场竞争承诺的对价,从而维持安得乐凝肢的市场垄断权。FTC指出,反垄断法禁止具有竞争关系的经营者通过达成协议排除限制竞争,涉案企业的行为违反了《联邦贸易委员会法》第5条第a款第1项规定,"商业中或影响商业的不公平的竞争方法是非法的;商业中或影响商业的不公平或欺骗性行为及惯例,是非法的",应当依据快速审查规则判决其违反反垄断法。地区法院驳回了FTC的诉讼请求,FTC向联邦第十一巡回法院提起上诉,巡回法院维持了原审判决并指出,"在非虚假诉讼和未用欺诈手段获得专利的情况下,只要反竞争的效果落入专利排他权的范围,则反向支付协议可以免受反垄断审查"。① 协议经过专利范围排他测试,并未超出原研药专利的合理排他权范围,因此不构成垄断。

FTC继续上诉至联邦最高法院,联邦最高法院否定原审法院对专利范围

① See FTC v. Watson Pharmaceuticals, Inc. ,677 F. 3d 1298,1312(11th Cir. 2012).

排他测试规则的适用，并且指出法院在此类案件中应当采用反垄断法的传统合理原则。经审理，联邦最高法院以5∶3多数作出终审判决，史蒂芬·布雷耶（Stephen Breyer）法官代表多数派撰写的审判意见认为，原研药企业与仿制药企业签订的反向支付协议具有潜在违法性，同时此协议也不是《Hatch-Waxman法》制定者当初所期待出现的，因此联邦巡回上诉法院的"只要协议落入专利权范围即允许它们存在"的结论并不正确。① 联邦最高法院亦未认同FTC主张的快速审查规则进行案件审理，而是采取一种折中思路，适用反垄断法的传统合理原则。在传统合理原则下，协议是否具有反竞争效果取决于协议的内容。联邦最高法院还指出应采纳更多的考量因素对协议的反竞争性进行评估，如协议的范围、规模、协议是否存在正当化理由等。难以解释的巨额支付可能基于专利权人对专利有效性的担忧，因此向竞争对手进行支付以变相获得专利保值。若是此种高额支付是为了减少因诉讼结果带来的不确定损失或基于诉讼成本最小化的考量，则协议极有可能被正当化。简言之，联邦最高法院的判决指出，反向支付可能是有利于竞争的诉讼和解一部分，不能一味将反向支付认定为本身违法。但是，多数情形下，反向支付金额不应当畸高，数额较大的反向支付可能意味着相关和解是反竞争的。②

传统合理原则的价值基准在于综合考量协议对竞争产生的利弊影响，采取个案分析的方式，最大限度追求判决结果的实质公正。客观而言，传统合理原则相较于本身违法原则显得灵活，其所考虑的因素更为全面，关注行为的合理性与正当性，以及效果的经济性和效率性。③ 联邦最高法院在Activis案中对传统合理原则的适用，在很大程度上引导了下级法院适用反垄断法的传统合理原则进行审查，法院可以依据案件不同的情况随时调整案件的审查形式和进度，有利于减少损失、协调推进，最终达到实质公平。

---

① 参见何鹏：《药品专利反向支付协议反垄断审查规则及启示——美国最高法院FTC v. Actavis, Inc., et al.述评》，载《北京政法职业学院学报》2014年第1期。

② 参见苏华：《药品专利反垄断的美国经验》，载《中国价格监管与反垄断》2017年第3期。

③ 参见陈兵：《汽车行业价格垄断协议违法性认定与法律治理》，载《法学》2015年第8期。

3. 美国药品专利反向支付反垄断审查的判定标准

反向支付协议与一般和解协议最明显的不同之处在于其反向性,因此对其判定标准应有所不同,应当更加严格。联邦最高法院在 Actavis 反向支付案的判决中提出了若干可供参考的判定标准。

(1)是否会产生限制竞争的严重后果

原研药企业与仿制药企业在专利侵权诉讼中签订的专利和解协议是否会产生限制竞争的后果是反垄断审查的首要判定标准,构成判定其违法性的基础。原研药企业以其与仿制药企业签署协议的方式终结诉讼,给予对价而获得仿制药企业暂不推出仿制药的承诺,变相保护其市场垄断利益,由此产生限制竞争的严重后果。并非所有涉及金额巨大的反向支付均能在一般和解协议考量因素的评估下得到支持,药品专利反向支付协议的特定限制对于市场竞争是否存在真实的不利影响,是其反垄断审查的重要判定标准。

(2)反向支付是否存在正当理由

以补偿为目的而进行的反向支付有时亦会存在。如果反向支付的金额接近于因和解息讼而节省的诉讼成本,则由此进行的支付行为可能是原研药企业对仿制药企业的真实利益补偿。反向支付也可能是为了获得仿制药企业协助开发原研药市场等其他服务而支付的对价。除此之外,还可能存在其他一些正当理由。若是反向支付协议基于上述目的,其对市场竞争构成破坏的可能性会大大降低。在具体案件中,协议当事人可以举证证明反向支付存在的正当理由,以此进行抗辩,并且运用合理原则阐释协议具有合法性。

(3)支付方是否拥有源于涉案专利的市场支配力

专利权人所拥有的市场支配力,存在将排除限制竞争的潜在危害转化为现实危害的能力,此乃反垄断规制的重点。原研药企业支付金额的大小是较好的证明,金额越大则其通过反向支付获得的原研药超出市场竞争的垄断利润就越高,而原研药企业的高额利润源于其拥有专利的市场支配力。若是原研药企业在市场上缺乏此种实力,就不会为了维持其现有市场地位而支付高昂对价给存在竞争关系的仿制药企业。换言之,源于涉案专利的市场支配力大小能够判定原研药企业是否具有足够进行反向支付的动机,较强的市场支配力代表较大的反向支付动机和实施反向支付的更大可能性。

(4)是否存在其他方式来和解专利纠纷

虽然某些难以解释的反向支付的专利和解协议可能违反反垄断法,但是不排除诉讼当事人真正达成和解的可能性。药品专利侵权纠纷同样可以通过达成各种合意来结束诉讼,如约定原研药企业同意某种仿制药在专利保护期结束前就进入市场等。在反垄断法审查中,我们应当关注的是当事人用来支持反向支付的理由是什么,如果专利和解协议的目的在于维持原研药企业的垄断地位和市场支配力,协议各方分摊由此获得的垄断利益,那么反垄断法绝对禁止这种没有正当理由而达成的专利和解协议。

三、我国药品专利反向支付反垄断规制的法治发展

(一)我国药品专利反向支付产生的背景

1. 我国药品专利反向支付产生的现实基础

原研药对专利保护的高度依赖性是药品专利反向支付产生的原因之一。制药产业市场化特征较为明显,消费者根据不同症状选择不同药品来预防或治疗疾病,药品的需求弹性小且主要为刚性需求。原研药的研发成本极高,研发周期长,对人力、物力、财力的要求很高,需要通过后期较高的定价来回收成本和获取收益,拥有的药品相关专利权正是原研药企业可持续发展的关键。格列卫是一种治疗白血病的原研药,一盒进口格列卫的国内售价高达24000元人民币,但印度生产的仿制药售价仅为200多元。2014年,陆某因帮助白血病患者购买印度格列卫,被检察机关以"妨害信用卡管理"和"销售假药罪"两项罪名起诉,虽然检察院最终撤诉,但案件受各界广泛关注。仿制药企业推出仿制药的成本远远低于原研药企业研发原研药的成本。根据我国原国家食品药品监督管理总局发布的信息,原研药须经成千上万种化合物层层筛选和严格临床试验才得以获准上市,研发成本极高,因而原研药企业以较高的定价来收回前期投入的成本,对其专利保护具有高度依赖性;仿制药仅复制原研药

的主要分子结构,研发成本低,价格不高。[①] 仿制药在原研药专利到期后进入市场,其与价格高昂的原研药相比价格较为低廉,对于消费者而言就是一根救命稻草。

原研药与仿制药的激烈竞争也是药品专利反向支付产生的原因之一。我国人口众多,药品需求量大,因此是药品的生产大国。一直以来,仿制药在药品市场上占据极大比重,此产业状况有利于保障消费者的药品可及性。近年来,随着国内制药企业研发能力不断提高,原研药领域出现显著发展,加之进口原研药不断增加,原研药与仿制药之间竞争日趋激烈。唯一仿制药时代已经过去,我国制药产业进入仿制药和专利药并行时代。国家药品监督管理局发布的《2018 年度药品审评报告》指出,2018 年药品审评中心受理新药注册申请共 7336 件,受理量较 2017 年增长 47%,中药、化药和生物制品各类药品注册申请任务受理量均有大幅增长,较 2017 年分别增长了 30%、50% 和 42%;受理 1 类原研药注册申请共 264 个品种,较 2017 年增长了 21%;受理 1 类化药原研药上市申请 16 个品种,较 2017 年增长了 100%;受理 1 ~ 6 类中药新药注册申请共 37 个品种,其中中药 NDA 共计 8 个品种,数量较 2017 年增长了 7 倍,中药 IND 共计 29 个品种,1 个品种为 1 类中药原研药 IND 申请;受理 1 类生物制品原研药注册申请 106 个品种,较 2017 年增长了 62%,其中 1 类生物制品 NDA 9 个品种,较 2017 年增长了 4.5 倍;审评通过的新药 106 个,包含 2 个新中药复方制剂,以及 9 个 1 类原研药和 67 个进口原研药,其中 1 类原研药全部为我国自主原研药品。[②] 我国在原研药与仿制药竞争日趋激烈的行业背景下,逐渐孕育出了药品专利反向支付产生的土壤。

此外,"专利悬崖"也是我国亟待解决的现实问题,其为药品专利反向支付的大量出现提供了空间。2010 年起,世界原研药企业的药品专利保护期陆续届满并即将迎来高峰,据统计 2020 年以前将有 400 多种原研药面临

---

① 参见国家食品药品监督管理总局发布:《原研药与仿制药的区别在哪里》,载 http://www.sda.gov.cn/WS01/CL2010/179100.html,最后访问日期:2020 年 1 月 11 日。

② 参见国家药品监督管理局发布:《2018 年度药品审评报告》,载 http://www.sda.gov.cn/WS04/CL2196/338621.html,最后访问日期:2020 年 1 月 30 日。

专利到期。[①] 世界仿制药企业的迅速发展大大增加了药品专利反向支付从美国延伸至全球的可能性。面对即将到来的“专利悬崖”,仿制药企业将迎来发展机遇,积极申请仿制药上市,与原研药在相关市场上竞争。原研药市场份额急剧下降,对原研药企业的利益产生巨大冲击。立普妥是全球最大的制药企业辉瑞公司研发的一种原研药,自上市以来销售额累计超过1000亿美元。但是,立普妥的相关专利到期后,辉瑞公司的财务报告显示其当年利润下降幅度超过一半,第二年的销售额仅有12亿美元。专利到期意味着原研药企业将面临销售额的巨大落差,“专利悬崖”构成原研药企业维持市场力量的艰难挑战,当大量仿制药迅速涌入药品市场,签订药品反向支付协议可能成为原研药企业的首要选择。“专利悬崖”同样给仿制药企业带来打破原研药市场支配力的挑战,从而使国内的仿制药企业同世界原研药企业达成反向支付协议的可能性增高。

2. 我国药品专利反向支付产生的制度环境

美国药品管理法律制度的设计,特别是《Hatch-Waxman法》的相关规定,是药品专利反向支付产生的重要原因。一旦其他国家具有类似的法律制度,同样会面临药品专利反向支付产生的压力。

2015年,我国发展改革委等部委联合制定的《推进药品价格改革意见》(发改价格〔2015〕904号)明确指出,“除麻醉药品和第一类精神药品外,取消药品政府定价,完善药品采购机制,发挥医保控费作用,药品实际交易价格主要由市场竞争形成。”意见确立了我国药品自主定价制度,国内原研药企业可以通过超竞争性定价收回前期投入的成本,这对调动原研药企业积极性,激励药品创新具有积极的推动作用,但也意味着原研药企业与仿制药企业之间的矛盾更加激化,加大了药品专利反向支付产生的概率。

2005年《药品注册管理办法》引入药品专利链接,要求新药申请人必须提供其申报新药的专利状态报告,并对此新药是否侵犯其他专利权作出声明。

---

① 参见李瑞丰、陈燕:《专利布局视角下药企应对“专利悬崖”策略研究及思考》,载《电子知识产权》2017年第6期。

原国家食品药品监督管理总局于2017年公布《药品注册管理办法(修订稿)》第98条第1款规定,“申请人提交药品上市许可申请时,应明确是否涉及中国政府承认的发明专利、所涉专利权属状态及是否存在侵权,并在规定期限内告知相关专利的专利权人涉及该专利的相应药品正在提交上市申请”,依据药品专利链接要求,药品专利审批机构与药品上市审批机构职能相链接,以及仿制药上市申请的审批与相应的新药专利审核程序相链接。在美国,专利药品的批准与上市由USPTO和FDA两个独立机关分别管理:USPTO负责授予满足条件的新药一定期限的专利权,在此期限内相关仿制药不能随意上市销售;FDA的核心职能是对申请注册上市药品的安全性、有效性和质量可控性进行审查。① 药品专利链接有助于提升行政机关的协调性,提高新药及专利审核的工作效率,也有助于尽早识别专利侵权行为。

2017年原国家食品药品监督管理总局公布《关于鼓励药品医疗器械创新保护创新者权益的相关政策(征求意见稿)》,其中规定与美国《Hatch-Waxman法》的45日内通知、30个月搁置期等类似制度,“药品注册申请人在提交注册申请时,应提交其知道和应当知道的涉及相关权利的声明。挑战相关药品专利的,申请人需声明不构成对相关药品专利侵权,并在提出注册申请后20日内告知相关药品专利权人;相关药品专利权人认为侵犯其专利权的,应在接到申请人告知后20日内向司法机关提起专利侵权诉讼,并告知药品审评机构。药品审评机构收到司法机关专利侵权立案相关证明文件后,可设置最长不超过24个月的批准等待期;在此期间,不停止已受理药品的技术审评工作。在批准等待期内,如双方达成和解或司法机关作出侵权或不侵权生效判决的,药品审评机构应当根据双方和解或司法机构相关的生效判决不批准或批准药品上市;超过批准等待期,司法机关未作出侵权判决的,药品审评机构可以批准药品上市。受理的药品申请,申请人未声明涉及相关专利,而专利权人提出侵权诉讼的,药品审评机构根据司法机关受理情况将该申请列入批

① 参见陈武:《美国药品专利诉讼中的反向支付协议——以Cardizem CD以及Vally Drug案为研究进路》,载《知识产权》2007年第4期。

准等待期。药品上市销售引发知识产权诉讼的,以司法机关判决为准。"尽管尚未设定180日市场独占期,但相关制度激励一旦落实,药品专利效力审核和药品注册工作将会更加协调,专利审核部门与国家药品监督管理局的交叉职能更加契合,届时我国将形成接近《Hatch-Waxman 法》的药品专利反向支付产生的制度环境。

(二)我国药品专利反向支付反垄断规制的法治现状

1. 药品专利反向支付反垄断规制的法律基础

2008年《反垄断法》是我国反垄断法律体系的核心法律,旨在为了预防和制止垄断行为,保护市场公平竞争,提高经济运行效率,维护消费者利益和社会公共利益,促进社会主义市场经济健康发展。我国《反垄断法》第55条规定,"经营者依照有关知识产权的法律、行政法规规定行使知识产权的行为,不适用本法;但是,经营者滥用知识产权,排除、限制竞争的行为,适用本法",即知识产权本身享有反垄断法豁免,但知识产权一旦被滥用导致市场竞争秩序遭到破坏,则应当受到反垄断规制。此条乃是药品专利反向支付反垄断规制的法律基础。《反垄断法》第13条、第14条关于垄断协议类型的规定,亦是判定药品专利反向支付是否属于某类垄断协议的关键条款。此外,《反垄断法》第15条对协议的豁免情形予以明确规定。

2015年原国家工商行政管理总局于《关于禁止滥用知识产权排除、限制竞争行为的规定》第2条第1款指出,"反垄断与保护知识产权具有共同的目标,即促进竞争和创新,提高经济运行效率,维护消费者利益和社会公共利益",第4条规定,"经营者之间不得利用行使知识产权的方式达成《反垄断法》第十三条、第十四条所禁止的垄断协议。但是,经营者能够证明所达成的协议符合《反垄断法》第十五条规定的除外",第5条对《反垄断法》第15条予以补充规定,"经营者行使知识产权的行为有下列情形之一的,可以不被认定为《反垄断法》第十三条第一款第六项和第十四条第三项所禁止的垄断协议,但是有相反的证据证明该协议具有排除、限制竞争效果的除外:(一)具有竞争关系的经营者在受其行为影响的相关市场上的市场份额合计不超过百分之二十,或者在相关市场上存在至少四个可以以合理成本得到的其他独立控制的替代性技术;(二)经营者与交易相对人在相关市场上的市场份额均不超过百分之三十,或者在相关市场上存在至少两个可以以合理成本得到的其他独立控制的替代性技术"。

2017 年,为了提高知识产权领域反垄断的可操作性和促进执法透明化,发展改革委、商务部、原工商总局、知识产权局结合各自职能和实践经验,起草了《关于滥用知识产权的反垄断指南(征求意见稿)》,以期为适用反垄断法规制滥用知识产权行为提供具体的操作指引。该征求意见稿的内容包括分析经营者是否滥用知识产权排除、限制竞争应当遵循的基本原则、分析思路,对相关市场和分析排除、限制影响的考量因素以及积极影响所需满足的因素。此外,还对滥用知识产权实施的三大垄断行为的认定作出细化规定,并进一步梳理了针对滥用知识产权的垄断行为进行认定时的步骤。

2017 年,发展改革委发布的《短缺药品和原料药经营者价格行为指南》,就涉及短缺药品和原料药的相关市场认定予以明确,并且列举短缺药品和原料药经营者各类价格垄断行为的表现形式。

2019 年,国家市场监督管理总局发布《禁止垄断协议暂行规定》《禁止滥用市场支配地位行为暂行规定》《禁止滥用行政权力排除、限制竞争行为暂行规定》3 部部门规章。《禁止垄断协议暂行规定》整合原有立法,进一步明确了垄断协议的具体表现形式、构成要件,并对垄断协议的认定方法和执行程序作出了更详尽的规定,第 8 条禁止具有竞争关系的经营者就限制商品的生产数量或者销售数量达成垄断协议,其中第一项,"以限制产量、固定产量、停止生产等方式限制商品的生产数量,或者限制特定品种、型号商品的生产数量",适用于药品专利反向支付协议关于仿制药企业一定期限内不生产经营某种仿制药的情形。《禁止垄断协议暂行规定》还详细规定了经营者依法申请豁免的条件、认定豁免的要素和豁免决定的效力,并且就垄断协议执法的宽恕制度予以进一步规定。此部门规章对认定药品专利反向支付协议是否属于垄断协议提供了具体且明确的认定方法。

总之,我国近年来日益关注知识产权滥用的反垄断规制,对垄断协议的认定、考量要素和执法工作作出了众多详尽规定,反垄断执法亦将目光逐渐投向了药品领域,药品作为知识产权滥用的重要领域,是下一步的重点工作。

2. 我国药品专利反向支付的司法实践

我国药品专利反向支付已现端倪,虽然司法案件尚无直接的药品专利反向支付,但实践中已经存在涉及药品专利反向支付。

美国伊莱利利公司曾向我国江苏豪森药业公司进行反向支付但未成功,遂于2001年起诉江苏豪森药业公司。伊莱利利公司称其拥有抗癌药品吉西他滨、吉西他滨酸盐的3项中国发明专利权,豪森公司未经许可使用涉案专利方法制备此药品进行销售,侵犯了其专利权。2007年,国家知识产权局专利复审委员会宣告伊莱利利公司的第一项专利无效。此案经一审、二审、发回重审,最终最高人民法院于2010年作出最终判决,江苏豪森药业公司胜诉。① 但是,此诉讼使豪森药业的仿制药上市时间延误近10年,美国伊莱利利公司在此期间内仍保持着市场垄断地位并在事实上受益。

另一起是美国沃尼尔·朗博有限责任公司与北京嘉林药业股份有限公司有关立普妥的专利纠纷案件。朗博公司研发的立普妥是一种学名为阿托伐他汀的降脂药物,此药品自上市以来十分畅销,每年销售额超过100亿美元,为朗博公司带来巨额利润。嘉林公司在我国获批生产立普妥的仿制药。2011年12月,立普妥的相关化合物专利保护期届满,但朗博公司事先进行了复杂的专利布局,申请了立普妥的组合物、中间体和衍生物晶体等20余件围绕立普妥的成分化合物专利,其中一项关于阿托伐他汀钙I型晶体的专利。2007年,朗博公司向法院提起专利侵权诉讼,诉称嘉林公司侵权其阿托伐他汀钙I型晶体专利权,嘉林公司主张涉案专利无效。北京第一中级人民法院审理后作出阿托伐他汀钙I型晶体专利无效的判决。2015年,最高人民法院的此案再审判决维持了北京第一中级人民法院的判决,宣告阿托伐他汀钙I型晶体专利权全部无效。②

① 参见江苏豪森股份有限公司专利权属、侵权纠纷案[最高人民法院(2009)民三终字第6号民事判决书]。

② 参见中华人民共和国国家知识产权局专利复审委员会、北京嘉林药业股份有限公司发明专利权无效案[最高人民法院(2014)行提字第8号行政判决书]。

随着我国司法实践的发展和对药品专利反向支付研究的不断深入,在专利侵权案件中法院对专利效力的认定更加科学,在认定复杂专利布局时更加注重专利的实质价值,这些均是药品专利反向支付司法审查中至关重要的考察方面。

四、我国药品专利反向支付的反垄断审查原则和标准

(一)适用传统的合理审查原则

在我国,关于药品专利反向支付协议的反垄断审查原则存在不同观点:(1)药品专利反向支付协议是一种横向划分市场的垄断协议,应当采用本身违法原则进行审查;[①](2)对药品专利反向支付协议进行反垄断审查应适用反垄断法上传统的合理原则;[②](3)应当引入美国的专利范围排他测试规则;[③](4)应当根据药品专利反向支付协议签订的不同目的,分别适用本身违法原则和合理原则进行审查;[④](5)违法性认定的基本原则是合理原则,但应当把专利范围排他测试作为合理原则分析中的一个部分来考虑。[⑤]

在美国反垄断司法实践中,由于本身违法原则较为严厉,美国法院对该原则的适用予以一定限制,对其适用持谨慎态度。我国《反垄断法》对本身违法原则的适用范围亦应当予以限定,即仅在一些横向垄断协议的审查上适用本身违法原则。药品专利反向支付作为一种滥用知识产权实施垄断的新型行为,不能单纯将其归类为某种横向垄断协议。虽然药品专利反向支付协议的签订主体一般为处于制药产业同一环节的两个或多个制药企业,但协议产生

---

① 参见张瑜、罗先觉:《专利诉讼和解协议中反向支付的反垄断分析——兼评 Schering-Plough 及 Tamoxifen 反向支付案》,载《北京政法职业学院学报》2009 年第 4 期。

② 参见何鹏:《药品专利反向支付协议反垄断审查规则及启示——美国最高法院 FTC v. Actavis, Inc. , et al. 述评》,载《北京政法职业学院学报》2014 年第 1 期。

③ 参见丁锦希、邵美令、孟立立:《美国知识产权反垄断诉讼中专利范围测试规则的适用及启示——基于"Schering V. S. Upsher"案实证分析》,载《知识产权》2013 年第 6 期。

④ 参见苏华、韩伟:《药业反向支付协议反垄断规制的最新发展——兼评 Actavis 案及 Lundbeck 案》,载《工商行政管理》2013 年第 16 期。

⑤ 参见罗蓉蓉:《美国医药专利诉讼中"反向支付"的反垄断规制及其启示》,载《政治与法律》2012 年第 12 期。

的效果不仅是单纯的限制竞争,即原研药企业对专利权利的滥用,还与知识产权制度初衷背道而驰,对其他经营者行使专利权产生不利的影响,这与纯粹的破坏市场竞争的行为存在本质上的差别。因此,我国不应当运用本身违法原则对药品专利反向支付进行反垄断审查。专利范围排他测试规则是从专利法的角度考察反向支付,强调专利权具有合法垄断性,《专利法》应当优先于《反垄断法》适用,导致实践中少有药品专利反向支付行为被认定违反反垄断法。虽然专利范围排他测试规则对专利的高度保护在最大限度上维护了专利权人的利益,却无视反向支付对市场竞争及消费者利益的损害。《反垄断法》尚无专利范围排他测试规则的规定,因而将其作为对专利权滥用行为的反垄断审查原则缺少立法依据,况且我国司法实践中并未适用此规则,缺少实际操作经验,因此专利范围排他测试规则也不宜作为我国对药品专利反向支付反垄断审查原则。快速审查规则由于其特殊的适用前提与举证规则,使涉案专利和解协议较易被认定为违法,是对市场竞争倾斜保护的审查原则,也不具有公平性。

总之,药品专利反向支付的反垄断审查不仅涉及反垄断法,还涉及知识产权法,兼具公私属性,无论本身违法原则、专利范围排他测试、快速审查规则,均不具备此双重属性。本身违法原则只重视反向支付协议对市场竞争产生的不利影响;专利排他测试规则过于注重专利权的行使而忽视了竞争的因素;快速审查规则又过于注重对竞争的保护而损害了实质公平,因此这 3 种原则皆具有片面性,不宜成为我国药品专利反向支付反垄断审查的基础性原则。

传统合理原则的优势在于其综合了知识产权法和反垄断法的双重法益,在综合考量各种影响竞争效果的因素的基础上分析行为的损益。传统合理原则弥补了其他原则的不足,兼具灵活性和综合性,是药品专利反向支付反垄断审查最为适宜的基本原则。此外,药品专利反向支付的表现形式多样,本身又具有高值性、隐蔽性等特点,对其反垄断审查极其复杂。传统合理原则作为一种灵活性极强的原则,能够较好应对此种复杂性,运用多种因素、多个角度进行考量,结合案件情况进行综合判断,以更好地达到实质公平。随着对创新与竞争关系认识的进一步深化,经济分析能力的不断提高,传统合理原则越来越多的被作为反垄断审查的基础性原则。《反垄断法》对于滥用知识产权的垄断行为的认定亦采用了传统的合理原则,《关于滥用知识产权的反垄断指南(征求意见稿)》分析经营者是否滥用知识产权排除、限制竞争系采用个案分析的思路,并对相关影响因素进行了细致规定,使我国对传统合理原则的适用更加成熟。

(二)反垄断审查的标准

确立传统合理原则为药品专利反向支付协议反垄断审查原则,还应当进一步明确审查判断标准,反垄断审查标准的明确是克服传统合理原则的局限性,将之具体化和清晰化,增加规则使用的确定性和可预期性,可以从协议的目的、规模、市场进入时间及相关市场等多方面判断药品专利反向支付协议是否对竞争产生实质损害。

1. 基于协议本身的内部判定标准

(1)协议的目的

协议的目的是对协议进行反垄断审查的首要判定标准。如果协议当事人签订协议的目的是排除、限制竞争,以获取垄断利益,那么此协议的违法性显而易见。但是,在药品专利反向支付中,协议当事人达成协议的目的往往不止一个,因此难以直接得出协议是否具有反竞争目的,需要根据协议的具体条款进行推断。FTC 就药品专利反向支付向法院提起诉讼的理由中,通常主张原研药企业签订协议的目的是排除限制仿制药企业进入相关市场,以维持其垄断利益;仿制药企业则为了获得巨额经济回报而放弃进入相关市场参与竞争,本质上都是以排除、限制竞争为目的。但是,协议双方当事人在诉讼中通常主张达成协议的目的是尽快结束诉讼、节约诉讼成本以及对专利创新具有激励作用等理由进行抗辩。在专利侵权诉讼中,涉及问题的专业性较强,情况复杂,审理周期可能长达数年,当事人虽然投入极大的诉讼成本,亦面临着结果不确定性等诉讼风险。为了避免诉讼对生产经营的损耗,诉讼当事人可能会签订以终结诉讼为目的的和解协议,帮助仿制药更早地参与市场竞争。因此,如果协议以结束专利侵权诉讼为目的,那么其违法可能性会大大降低。此外,由于药品专利涉及科技创新问题,如果签订协议的目的是推动制药产业科技进步、促进药品专利创新乃至实现社会健康福祉,其违法可能性亦会降低。总之,达成协议的目的对于判断协议的反竞争性至关重要,应从不同角度展开分析,通常可以推定协议以排除、限制竞争,获取垄断利益为目的,但仍应考虑达成协议是否存在诉讼终结、科技创新等其他理由。

(2)协议的规模

协议的规模可以用来考量协议对市场竞争影响的大小。一般而言,协议的规模越大,对市场竞争造成的影响程度越大。协议规模可以从协议主体的规模和协议内容的规模两方面予以判断:主体的规模可以按参与主体的数量和实力来判断。药品专利反向支付协议的参与主体一般为2家或2家以上制药企业,通常包括1家原研药企业和多家仿制药企业,越多的制药企业参与协议,协议所涉及的地域范围和市场范围就越广,协议对市场竞争的危害程度就越高。参与协议的企业实力越强,越能够有效地控制市场,拥有更强的市场支配力,其签订反向支付协议的动机越大,协议实施更容易产生反竞争效果。协议内容则可以根据协议约定反向支付金额和涉及专利范围的大小来判断。协议承诺的反向支付金额越大,说明仿制药企业与原研药企业通过此协议获得的不当利益越大,对市场竞争的损害程度越高。近年来,随着反垄断执法力度的不断加强,为了逃避反垄断审查,反向支付在协议中的表现形式日趋多样化、复杂化和隐蔽化,采用诸如类似商业安排的附属交易、专利授权等方式。因此,判定协议内容的规模应穷尽反向支付的表现形式,不能仅以协议的金钱给付价值进行评估,还要考量非金钱给付的价值。协议主体通过协议以外方式进行的与药品专利反向支付具有关联性的利益给付,亦应在反垄断审查范围之内。反向支付协议所涉专利范围的大小须予以审查,所涉专利范围越广,则协议对市场和其他仿制药企业以及消费者的影响程度更大,造成的反竞争效果会更大。

(3)协议约定的进入时间

协议约定的进入时间是指仿制药企业在反向支付协议中承诺在一定期限内不进入市场的时间截点,截点过后,仿制药就可以进入市场。协议约定的进入时间是药品专利反向支付反垄断审查的特有标准,时间的截点早晚判断方法与专利范围排他测试类似，基于专利正当排他权范围和协议范围的比较，原研药企业药品专利的保护期限作为一种正当的排他权保护期，是判断协议约定的进入时间早晚的关键。在专利侵权诉讼中，若是法院确认专利有效，协议约定的进入时间早于专利到期日，仿制药因协议可能更早进入市场，则协议有利于竞争；若是仿制药企业专利挑战成功，协议约定的进入时间要晚于仿制药本来能够上市的时间，则协议具有反竞争效果。协议约定的仿制药进入市场的时间截点越早，意味着仿制药企业的低价仿制药能够尽快参与市场竞争，对竞争秩序和消费者利益的影响越小；反之，原研药企业专利保护期的变相延长，仿制药进入市场的时间越晚，对药品市场的有效竞争和药品价格产生影响越大，持续居高不下的药品价格更会造成广大消费者的合法权益受到严重损害。

2. 基于相关市场的外部判定标准

药品专利反向支付反垄断审查不仅应当深入协议本身，考虑内部判断标准，还应当将单个的协议置于市场整体之中予以分析，充分考虑主体的市场地位和相关市场竞争程度。

(1)主体的市场地位

主体的市场地位关乎协议对市场竞争的影响程度。主体市场地位判断的首要是明确协议各方是否具有竞争关系。在药品市场上，仿制药与原研药的竞争关系较为明确，二者之间竞争越发激烈，并且逐渐成为药品市场的主要矛盾，所以达成协议的仿制药企业与原研药企业之间的竞争关系显而易见。在诸多药品专利反向支付案中，涉案原研药企业大多为实力雄厚的大型制药企业，在相关市场中占绝对支配地位，其行为必然对市场造成显著影响；作为协议当事人的仿制药企业，若是在相关市场上占有较大市场份额，具有较高市场支配地位，则协议对市场竞争的影响程度会较强，但其相关市场占有较低的份额，协议对市场竞争的影响程度会相对较弱。2015 年原国家工商总局《关于禁止滥用知识产权排除、限制竞争行为的规定》第 5 条针对经营者市场支配增设垄断协议的豁免情形，"经营者行使知识产权的行为有下列情形之一的，可以不被认定为《反垄断法》第十三条第一款第六项和第十四条第三项所禁止的垄断协议，但是有相反的证据证明该协议具有排除、限制竞争效果的除外：

(一)具有竞争关系的经营者在受其行为影响的相关市场上的市场份额合计不超过百分之二十,或者在相关市场上存在至少四个可以以合理成本得到的其他独立控制的替代性技术;(二)经营者与交易相对人在相关市场上的市场份额均不超过百分之三十,或者在相关市场上存在至少两个可以以合理成本得到的其他独立控制的替代性技术",是一个值得参考的重要标准。

(2)相关市场的竞争程度

相关市场的竞争程度亦是判断协议是否构成垄断的一个重要标准。分析相关市场的竞争程度首要是相关市场的界定,《关于滥用知识产权的反垄断指南(征求意见稿)》指出,"界定涉及知识产权的相关市场,既要遵循相关市场界定的一般原则和方法,即通常需要界定相关商品市场和相关地域市场,同时也需要考虑知识产权的特殊性。知识产权既可以直接作为交易的标的,也可以被用于提供商品或者服务(以下统称商品)。因此,在涉及知识产权的反垄断分析中,如果仅界定相关商品市场难以全面评估相关知识产权行使行为的竞争影响,需引入对相关技术市场的界定。根据个案需要,还可以考虑知识产权行使对研发投资、创新活动的影响"。药品市场较为特殊,除了考虑对相关市场界定的一般方法,还应当考虑药品市场的特殊性。一般而言,在制药产业高科技领域,一项重大药品专利往往无可替代的药品或治疗方法,专利权本身在一定程度上符合反垄断法的市场支配力。[①]《短缺药品和原料药经营者价格行为指南》提出,"界定相关商品市场时,应主要考虑需求替代,必要时进行供给替代分析",依据药品需求替代的分析,某种药品的相关市场是针对其所治疗疾病的所有药品的市场。原研药的替代性药品往往极少甚至不存在,药品相关市场内的生产经营者竞争程度较低,因此原研药享有较高的市场份额,在市场上拥有绝对支配地位。原研药企业通过反向支付协议阻止其他仿制药企业进入市场,以致市场竞争不足,药品价格居高不降,可供替代的药品减少,垄断行为的代价最终由消费者承担。因此,相关市场的竞争程度与协议

---

① 参见董新凯:《国家知识产权战略视角下的反垄断法实施》,载《江苏社会科学》2013 年第 4 期。

的反竞争效果成反比,竞争程度越低,原研药企业的市场支配力越大,药品专利反向支付协议所产生的反竞争效果越大。

(3)专利范围排他测试

专利范围排他测试规则以专利保护为意旨,借助反垄断法为工具展开审查,即实质性反垄断审查之前,先从专利保护予以判断。专利范围排他测试规则虽然无法成为我国药品专利反向支付反垄断审查原则,但作为合理原则的衍生规则,其本质是合理原则适用的一种形式和方法,具有一定合理性。

虽然专利范围排他测试规则不具有普遍适用性,且以专利合法有效且有价值为假设前提,不利于对药品专利反向支付的挑战,但若增加认定专利有效且具有价值的前置程序,专利范围排他测试规则可以克服其最大的缺陷,从而得以完善。因此,我国引入专利范围排他测试规则,并且增加认定专利有效的前置性要件,进而将专利范围排他测试规则作为具体反垄断审查的一个步骤,分析竞争效果的一个考量因素。前置性程序着重解决专利效力认定的问题,在我国反垄断执法实践中,反垄断执法机关认定制药企业反向支付行为构成垄断并作出行政决定后,制药企业针对反垄断执法机关的行政决定提起行政诉讼,若是反垄断执法机关在诉讼中对反向支付协议涉及的专利有效性提出质疑,专利复审委员会可以启动专利复审程序,对专利效力予以重新判断。当专利复审委员会认定专利无效,原研药企业和仿制药企业对专利复审委员会提起行政诉讼,要求重新认定专利权效力;当专利复审委员会认定专利有效,反垄断执法机关无法提起诉讼以重启对专利效力的审查。因此,若是能赋予法院运用司法权认定专利效力的权利,可能引发当事人运用行政诉讼拖延诉讼的现象,以及反垄断执法机关对专利效力无效抗辩权无法充分行使。因此,在行政诉讼中,可以引入民事诉讼"双轨制"审查机制,既可以向专利复审委员会提出复审申请,亦可以由法院审查认定专利效力,或者纠正专利复审委员会作出的存在明显错误的复审结果。若是认定专利无效,原研药企业与仿制药企业会面临败诉风险;若是认定专利有效,则以此为前提适用专利范围排他测试规则进行后续审查。无论法院对专利效力作出判断,抑或专利复审委员会对专利效力进行审查,二者目标是一致的,均是为了保护高质量的专利利益,防止低质量的专利侵权行为的发生。

(4)反垄断豁免的情形

基于传统合理原则的运用,若是协议当事人可以证明符合特定条件,则协议可以获得反垄断豁免。我国《反垄断法》第15条规定,“经营者能够证明所达成的协议属于下列情形之一的,不适用本法第十三条、第十四条的规定:(一)为改进技术、研究开发新产品的;(二)为提高产品质量、降低成本、增进效率,统一产品规格、标准或者实行专业化分工的;(三)为提高中小经营者经营效率,增强中小经营者竞争力的;(四)为实现节约能源、保护环境、救灾救助等社会公共利益的;(五)因经济不景气,为缓解销售量严重下降或者生产明显过剩的;(六)为保障对外贸易和对外经济合作中的正当利益的;(七)法律和国务院规定的其他情形。属于前款第一项至第五项情形,不适用本法第十三条、第十四条规定的,经营者还应当证明所达成的协议不会严重限制相关市场的竞争,并且能够使消费者分享由此产生的利益”。《关于禁止滥用知识产权排除、限制竞争行为的规定》第5条又增设知识产权垄断协议的豁免情形。药品专利反向支付协议的签订主体为具有现实或潜在竞争关系的原研药企业和仿制药企业,且反向支付协议往往要求仿制药企业在一定时间内不生产经营某种仿制药,符合《禁止垄断协议暂行规定》第8条第1项规定的情形。因此,药品专利反向支付协议是否构成垄断行为,最后须判断其是否具有合理理由可以受到反垄断法的豁免。

我国《反垄断法》第15条以及《关于禁止滥用知识产权排除、限制竞争行为的规定》第5条规定了豁免的情形,但相关规定较为原则化,难以发现符合反向支付具体情形的豁免条款。换言之,反垄断法忽略与知识产权保护密切相关的药品专利反向支付的特殊性。因此,明确药品专利反向支付的反垄断豁免情形,有助于反垄断执法机关对涉案专利和解协议是否构成垄断作出判断,具体豁免情形应当结合制药产业自身特有的属性,充分考虑药品的创新与竞争要求。譬如,若是兼具限制竞争和促进创新的药品专利反向支付协议,签订协议的原研药企业与仿制药企业市场份额微不足道的;相关协议若是符合药品规制法律与政策的,一般可以予以豁免认定。

第七章 制药企业产品跳跃的反垄断规制

一、制药企业产品跳跃概述

(一)制药企业产品跳跃的概念

药品的研发周期长、资金投入多,并且市场准入尤为严格,因而原研药企业较为依赖专利垄断收回成本乃至实现盈利。一旦原研药的专利保护期届满,因受仿制药竞争影响,原研药的销售量和利润额会大幅度下降,此乃"专利悬崖"(Patent Cliff)。随着"专利悬崖"时代即将到来,原研药企业面临严重、潜在的竞争压力,众多仿制药企业却迎来快速发展的战略机遇期。据统计,全球生物仿制药市场规模以每年53.7%的复合增长速度递增,预计到2021年,其市场规模可达366亿美元。[1] 产品跳转(Product Hopping),又称为产品替代(Product Replacement)、产品拓展(Product Extension)、产品变换(Product Switching),是原研药企业应对仿制药企业竞争以保持乃至扩大药品市场

---

① 参见严姮倩、彭卡:《国产生物类似药的春天已来》,载《华东科技》2019年第9期。

份额的经营策略之一,即原研药企业在某一品牌药(Brand-name Drug)的对应仿制药上市之前,将此品牌药(以下简称旧版品牌药)稍加修改,继而制造新的药品(以下简称新版品牌药),并且展开有效的市场推广,促使公众消费旧版品牌药向消费新版品牌药的转换。[①] 原研药企业的产品跳转策略的本质特征是品牌制药企业通过对旧版品牌药的微小改变,延续原研药专利的市场优势地位,销售实质性地转移至新配方的新版品牌药。

(二)制药企业产品跳跃的方法

原研药企业实施产品跳跃的主要目的在于避免仿制药的市场竞争对旧版品牌药的市场份额或销售利润的巨大冲击,因此产品跳跃是渐进式创新,主要方法包括:[②](1)改换药品的制剂形式,即原研药企业将旧版品牌药在胶囊、药片、注射液、口服液等制剂形式之间进行转换,抑或将旧版品牌药的药效从立即释放调整为缓慢释放;(2)变换药品的分子结构,即原研药企业增加或减少某些化合物,变换旧版品牌药的分子结构,从而形成新版品牌药;(3)重新包装的组合式药品,即单独出售的2种或2种以上且独立销售的旧版品牌药予以组合而成新版品牌药。[③]

(三)制药企业产品跳转的理论争议

原研药企业通过产品跳转,实现旧版品牌药向新版品牌药的转变,对此长期以来存在较大争议,即此行为属于产品创新抑或产品垄断。法律规制的核心问题是产品跳转是否阻碍仿制药的竞争,是否损害了消费者的合法权益。

1. 产品创新观

众所周知,自主创新能力作为一种软实力,是一国经济发展的巨大动力和社会财富增长的活力源泉。原研药企业创新意识与创新能力的提升是增强核

---

① 参见孙晋、钟原:《美国药品行业"产品跳转"的反垄断规制:现状、争议及启示》,载《学习与实践》2017年第9期。

② 参见王艳、胡允银:《制药行业产品跳跃:垄断还是创新》,载《科技管理研究》2017年第11期。

③ 原国家食品药品监督管理局《关于加强药品组合包装管理的通知》(国食药监注〔2004〕81号)指出,"药品组合包装是指两种或者两种以上具有独立的适应症和用法用量的药物制剂组成的包装。"

心竞争力的重要因素，其对旧版品牌药的制剂形式改变、治疗范围扩大、可选择剂量增加等，有助于逐步改良药品治疗效果，并且满足不同消费者的用药需求。因此，原研药企业以一种渐进式创新方式进行产品跳跃，是制药企业扩展某种药品生产线、探索提升药品疗效、改善消费者用药体验的一条常规发展路径。“在制药行业，许多创新都是累积式的……根据 FDA 的统计数据可知，2/3 的新药属于累积式创新药物，这些药物可能有市场上其他药物相同的活性成分，但有着不同的剂量和给药用途，或者还包含其他的活性成分。”①

在美国，原研药企业在实施产品跳跃过程中将旧版品牌药的相关信息从美国国家药品档案数据库（National Drug Data File，NDDF）中撤回，不影响仿制药企业依据原研药记载在橙皮书中的专利信息继续完成 ANDA。其中，NDDF 属于私人数据库，不等同于橙皮书，所以原研药企业从 NDDF 撤回相关信息的行为未阻碍仿制药企业进入旧版品牌药的相关市场，并且原研药企业并无协助仿制药企业进入市场开展竞争的法律义务。原研药企业与仿制药企业作为药品市场的主体，均享有自主经营、自由决策的权利。申言之，原研药企业在某种旧版品牌药专利到期之前，决定是否或何时推出新版品牌药以及以何种方式对新版品牌药进行宣传推广，此乃原研药企业自主决策的具体体现，国家应当尊重原研药企业的自主经营活动。

总之，产品创新观认为，制药企业的产品跳跃是一种渐进式创新，未对仿制药的竞争秩序与消费者的合法权益产生消极影响，故产品跳跃归属于产品创新行为。

2. 产品垄断观

一般而言，原研药企业的旧版品牌药专利保护期届满，随着对应的仿制药进入药品市场，其难以保持旧版品牌药专利保护期内的销售数量和价格水平。一旦原研药企业实施产品跳跃策略，新版品牌药延续旧版品牌药的市场优势。仿制药企业制造的对应仿制药即使已具备旧版品牌药的生物等效性，仍不得不耗费大量的时间和精力，重新研发与申请上市具备与新版品牌药生物等效

① 王艳、胡允银：《制药行业产品跳跃：垄断还是创新》，载《科技管理研究》2017 年第 11 期。

性的仿制药,以便同原研药企业展开抢夺市场的竞争。若是对原研药企业的产品跳跃行为不予以规制,放任其以渐进式无限地推出某种品牌药的新版本,仿制药企业不得不反复研发与申请上市新的仿制药,对仿制药企业而言,这无疑是一道“屏障”。原研药企业以产品跳跃将其竞争者排除市场之外,确保自身销售量和利润额保持不变乃至大幅增加。因此,原研药企业虽然无法律义务协助仿制药企业进入相关市场,但应当在合法范围内行使其权利,不可借滥用专利所确立的市场优势,借口自主决策排除、限制市场竞争。

原研药企业通过渐进式创新逐步维持和提高药品的竞争力本无可厚非,但在某种旧版品牌药的专利到期之前,改造旧版品牌药而形成的新版品牌药,其安全性、有效性并无实质性改变,却为避免仿制药竞争而维持乃至提高药价,将影响公众的药品可及性。换言之,原研药企业推出的新版品牌药,尽管在服用次数、立即释放到缓慢释放等方面发生变化,符合消费者的个性化用药需求,但与消费者为新版品牌药付出的价格成本、药效成本等巨大代价相比,消费者未从新版品牌药获得实质性福利。若是对原研药企业的产品跳跃中的渐进式创新持积极赞成态度,则变相支持原研药企业采用微小改变即可获得新版品牌药的市场垄断效果,长此以往,不利于国家、企业提高创新能力,消费者福祉必将受到影响。此外,原研药企业为了迅速将新版品牌药推向市场,完成消费者用药转换,不惜对旧版品牌药采用停售、回购等方式而使其在药品市场上彻底消失,因此产品跳跃在一定程度上构成对消费者用药选择权的不当干预。

总之,产品垄断观不认可产品跳跃策略的渐进式创新,认为其是原研药企业狙击“专利悬崖”的竞争策略,以此排除、阻碍仿制药的竞争,干预消费者的用药选择权,构成垄断行为,应当受反垄断规制。

二、美国制药企业产品跳跃反垄断规制的法治经验

(一)美国制药企业产品跳跃的制度背景

美国药品监管法史上有 3 个重要里程碑:(1)1906 年《纯净食品药品法》

（Pure Food and Drug Act），防止药品添加不纯净物质、误导性宣传等不公平的经济行为，并且设立 FDA；①（2）1938 年《食品、药品与化妆品法》（Food，Drug and Cosmetic Act），为回应"磺胺酏剂事件"对加强药品监管的要求，②扩大 FDA 的药品监管权力，其中药品上市须经 NDA 的自动核准程序，并且申请者需要提供证明药品治疗目的和使用安全性的证明材料；（3）1962 年《Kefauver-Harris 修正案》，为回应"反应停事件"而修改药品上市审批规则。③ FDA 对药品上市予以主动审查，申请者需要提交证明药品安全性和有效性的临床试验数据，由于药品有效性证明比安全性证明更加困难，制药企业收集数据、申报、审批必须投入大量的资金和时间，仿制药参与市场竞争较为困难，以致药价居高不下。

1.《Hatch-Waxman 法》

为促进药品市场竞争，实现原研药与仿制药的平衡发展，1984 年美国颁布《Hatch-Waxman 法》。依据《Hatch-Waxman 法》，原研药提出 NDA，应当在 FDA 的橙皮书中记载相关专利信息，从而鼓励、帮助仿制药研发。

《Hatch-Waxman 法》简化仿制药上市申请程序，仿制药企业提出针对原研药的四项专利声明之一，若是 45 日内原研药专利权人未提出诉讼，FDA 即

---

① 参见［日］秋元奈穗子：《药品安全法律体系之建构：以资讯传达为核心之动态发展》，陈麒译，元照出版有限公司 2018 年版，第 7～11 页。

② 磺胺是治疗感染性疾病的常用药，美国马森古尔（Massengill）制药企业的主任药师瓦特金斯（Harold Watkins）以二甘醇作为溶剂，并加入甜味剂，称之磺胺酏剂，方便儿童服用。但是，磺胺酏剂未经药物试验是否存在有害反应，在 1937 年秋大规模上市，由于口服二甘醇的致毒性，在数月内造成以儿童为主的一百多人死亡的悲剧。

③ 德国理查森·梅雷尔（Richardson-Merrell）制药企业在 1957 年研发一种新镇静剂药沙利度胺（Thalidomide），作为非处方用安眠药上市，因其声称低毒、无依赖性，又不像巴比妥酸盐可用于自杀，同时还能用于减轻孕妇怀孕初期的呕吐反应，因此在欧洲、南美及加拿大等国迅速上市。1960 年，此药以 Kevadon 品牌名申请美国上市，FDA 医师弗朗西斯·凯西（Frances Kelsey）负责审评，由于她认为药物动物实验获得的毒理学数据不可靠，延迟批准在美国上市。1961 年，欧洲发现孕妇服用此药，其胎儿会发生海豹肢症，已经出现大量的畸形婴儿。弗朗西斯·凯西因此被时任美国总统肯尼迪在 1962 年授予代表最高荣誉的联邦公民服务杰出勋章（Medal for Distinguished Federal Civilian Service）。虽然沙利度胺未获准在美国上市，但当时美国药事法不对调研性用药进行安全性审评，超过两万多美国人通过此途径被散发 250 万多粒沙利度胺，其中多数为妇女，出现四十多个海豹肢畸形婴儿。

可对仿制药企业提交 ANDA 予以审查。因为原研药企业已证明原研药的安全性、有效性,ANDA 不需仿制药企业进行对应仿制药的有效性和安全性验证,仅提交证明与原研药的药物上等效且生物上等效即可:(1)药物等效性证明,即仿制药企业证明仿制药具有与原研药相同的活性成分、剂型、强度和给药途径;(2)生物等效性证明,即仿制药企业证明仿制药与原研药被人体吸收有效成分的速率大致相同。质言之,仿制药企业通过《Hatch-Waxman 法》的 ANDA 对原研药审批进行"搭便车",时间更短、成本更低的仿制药上市审批缩短其上市时间,推动市场充分竞争。

虽然《Hatch-Waxman 法》为平衡原研药与仿制药的发展,对原研药予以专利保护期补偿,但受专利期补偿后最长超过 14 年限制,因此仿制药在《Hatch-Waxman 法》推动下药品市场份额明显增长,原研药企业开始通过药品专利反向支付、产品跳跃等延续药品专利的市场优势。

2. DPS

在一般产业中,消费者的市场决策可以充分反映新产品带来的消费者福利程度。企业推出一款新产品,消息灵通、富有经验的消费者主要从价格和功能两方面对新产品与旧产品予以权衡,据此选择最符合其心理预期的产品:若是新产品上市成功,可以判定其符合市场需要,能够增加消费者福利;反之,可以判定新产品上市未对消费者带来实质意义的益处。但是,制药产业不符合一般产业的市场规律,作为特殊产品,药品上市销售须经复杂的审批程序且受严格监管,处方药尚须医生开具处方。医生按照职业规范,根据患者的具体情况及药品的治疗效果,为患者选择最佳的治疗药品,但往往欠缺对患者药品购买实际支付能力的考虑,加之医疗保障体系的复杂性,导致药品的价格不够透明化。换言之,药品市场的主要参与者是代替患者做出药品选择的医生,而不是作为药品价款最终承担者或者药品使用者的患者,并且医生的计算方法与消费者不大相同,以致产生药品"价格脱节"的问题。在一般市场中,消费者通过对产品的价格和质量的综合判断推动市场竞争,然而在药品市场中,消费者却因信息不对称、不具有选择主体身份等原因而无法有效推动药品市场的竞争。

1979 年,FDA 和 FTC 联合发布药品选择示范法,便利药品选择,促进药价竞争。各州对此予以认同,50 个州均通过旨在解决"价格脱节"问题、降低消费者药价负担的州药品选择法律(State Drug Product Selection Laws,DPS)。虽然每个州通过 DPS 的具体规定略有差异,但主要内容大体保持一致:若医生开具的处方未明确指出不得进行药品替换,而且某种仿制药满足与原研药的药物等效性和生物等效性,此仿制药即为原研药的可替代品,药剂师有权在参考 NDDF 等私人数据库的情况下,将患者处方上的原研药替换成疗效相同、价格便宜的仿制药。由于《Hatch-Waxman 法》降低仿制药企业将仿制药推向市场的研发和审批成本,DPS 又节约仿制药的市场推广成本,从而实现药品市场上原研药向仿制药的快速转换。

总之,《Hatch-Waxman 法》和 DPS 鼓励、促进了仿制药品参与市场竞争,但仍存在一个复杂的药品监管框架,原研药企业的产品跳跃正是利用这一框架,通过对旧版品牌药的非实质性更改,以不断延长其药品的市场独占期。

(二)美国制药企业产品跳跃反垄断规制的法治发展

制药企业的产品跳跃引发了"以保护市场自由竞争"为目标的反垄断法的重点关注。①《谢尔曼法》第 2 条规定,"任何人垄断或企图垄断,或与他人联合、共谋垄断州际间或与外国间的商业和贸易,将构成重罪",制药企业因原研药专利而获得市场优势地位不受反垄断规制,但其以何种方式获得或维持市场支配力则是反垄断规制所在。制药企业的产品跳跃受反垄断规制的另一关键点是其是否具有反竞争效果。这里的反竞争效果呈现出多样性,例如药价上涨的价格因素,又如药品质量低、创新少、消费者选择少等非价格因素,由此损害消费者利益,破坏市场竞争秩序。

迄今为止,美国法院关于制药企业产品跳跃的实质性判决为数不多,主要包括雅培实验室诉美国泰华制药案(Abbott Laboratories v. Teva Pharmaceuticals USA,Inc.)(以下简称 Abbott 案)②与沃尔格林诉阿斯利康案(Walgreen Co.

---

① 参见宁立志、胡贞珍:《美国反托拉斯法中的专利权行使》,载《法学评论》2005 年第 5 期。

② See Abbott Labs v. Teva Pharms. USA,Inc. ,432 F. Supp. 2d 408(D. Del. 2006).

v. Astra Zeneca Pharmaceuticals L. P.)(以下简称 AZ 案)①。

1. Abbott 案

Abbott 案是第一个以产品跳跃为规制对象的反垄断案件,并且由此确立对其适用反垄断的合理原则分析框架。品牌药 TriCor 是由 Abbott 原研药企业研发的、专门用于治疗高胆固醇的药品,其竞争者——仿制药企业 Teva 提出"专利挑战"。Abbott 意识到 Teva 仿制药的威胁后,立即采取了对旧版品牌药的一系列措施:对 TriCor 制剂作出更改,将其从胶囊型转变为锭型;停止旧版品牌药的市场销售,并从各药店回购;删除 NDDF 数据库中关于 TriCor 的相关数据信息记载。Teva 应对品牌药 TriCor 的制剂变更,向 FDA 重新提交锭型仿制药的 ANDA。但是,Abbott 又研发出第二代锭型 TriCor,并且删除 NDDF 数据库中第一代锭型 TriCor 相关数据信息,再次实施产品跳跃行为。Teva 的仿制药替代率因 Abbott 的两次产品跳跃呈下降趋势,Abbott 的品牌药 TriCor 销量始终维持超高状态。对此,Teva 针对 Abbott 的产品跳跃向法院提起诉讼。

法院对 Abbott 的产品跳跃予以反垄断分析,在借鉴伯克利(Berkey)案②和微软(Microsof)案③的基础上作出判决。法院认为,Abbott 每次向市场推出新版本品牌药 TriCor,采取停售、回购方式将旧版品牌药从市场上移除,同时删除 NDDF 数据库中记载的旧版品牌药的相关数据信息,以致药品市场上只有其推出的新版品牌药 TriCor,迫使消费者从品牌药 TriCor 的旧版本转向新版本。Abbott 采取一切手段切断未来可能获得上市许可的仿制药与其研发的新版品牌药 TriCor 之间的联系,以致阻碍仿制药对原研药的市场替代效果,实际上达到剥夺消费者选择权的程度。质言之,法院将是否排除、减少消费者的选择权,作为产品跳跃是否构成垄断行为的重要判断因素。至于达到何种程度会被认定为剥夺消费者选择权,需要结合多种因素予以考虑判断,但是法

① See Walgreen Co. v. AstraZeneca Pharmaceuticals L. P. , 534 F. Supp. 2d 146 (D. D. C. 2008).

② See Berkey Photo, Inc. v. Eastman Kodak Co. , 603 F. 2d 263 (2d Cir. 1979).

③ See United States v. Microsoft Corp. , 253 F. 3d 34 (D. C. Cir. 2001).

院认为，并非只有全面阻止其竞争者进入市场才构成对消费者选择权的剥夺。法院在案件审理中运用 Microsof 案的合理原则，就原被告双方的主张及其举证进行充分权衡，比较分析 Abbott 的产品跳跃给市场带来的竞争效益和造成的竞争损害。

2. AZ 案

原研药企业 AZ 研发的品牌药 Prilosec 是一种以质子泵抑制剂（Omeprazole）化合物为主要成分、用以治疗胃灼热等肠胃疾病的药品。AZ 为防止旧版品牌药 Prilosec 的销售额在专利到期后出现大幅下降，故在仿制药尚未进入市场之前，推出新版品牌药 Nexium。就药理而言，旧版品牌药 Prilosec 抑或新版品牌药 Nexium 均为奥美拉唑（Omeprazole）化合物，只是在立体化学方面存在微小差异。AZ 对旧版品牌药 Prilosec 采取“停宣停促”措施，使其销量开始下跌，同时又极力宣传推广新版品牌药 Nexium，游说医生在开具处方时用新版品牌药 Nexium 替代旧版品牌药 Prilosec，新版品牌药 Nexium 的销量大幅上涨。直至 2001 年旧版品牌药 Prilosec 专利到期后，尽管仿制药 Prilosec 无障碍进入市场，但因市场选择早已从旧版品牌药 Prilosec 转移到新版品牌药 Nexium，仿制药 Prilosec、旧版品牌药 Prilosec 的销量长期处于低迷状态。仿制药企业沃尔格林（Walgreen）等原告因此在 2006 年向法院提起诉讼，指控 AZ 为实现非法独占药品市场的目的而实施产品跳跃行为。

法院认为，由于 AZ 推出新版品牌药 Nexium，并未将旧版品牌药 Prilosec 从市场上移除，药品市场上存在旧版品牌药 Prilosec、仿制药 Prilosec 与新版品牌药 Nexium 的充分竞争，因此对消费者的选择权并未造成损害。即使客观上新版品牌药 Nexium 吸收旧版品牌药 Prilosec 的部分销量，以致仿制药 Prilosec 的销售受到压制，但尚不能成为反垄断规制的原因。此外，尽管 AZ 在推广新版品牌药 Nexium 的同时，停止对旧版品牌药 Prilosec 的促销，但医生选择旧版品牌药 Prilosec 作为处方药仍具有现实可能性。原研药企业对其生产的品牌药采用何种宣传和促销策略，属于合理商业决策的自由，反垄断法对此不应当加以干预乃至禁止。AZ 研发的新版品牌药 Nexium 是否更具有优越性，法院不负责加以判断，而是交由市场来决定。因此，法院对 Walgreen

等提出对 AZ 的反竞争行为指控,因 AZ 的行为并未排除消费者选择权,最终未予支持。

3. Abbott 案和 AZ 案的反思

美国法院对 Abbott 案和 AZ 案的判决表明,原研药企业推出新版品牌药,通过营销手段将旧版品牌药的市场份额转移至新版品牌药上,此种产品跳跃导致仿制药的市场销售份额减少,但仿制药企业单纯据此对原研药企业提起垄断之诉,不足以获得法院支持。仿制药企业还应当提供相关证据证明原研药企业的产品跳跃在实质上减少或剥夺了消费者选择权。质言之,原研药企业的行为是否剥夺或者减少了消费者选择权是法院认定产品跳跃是否构成垄断行为的核心判断因素。

原研药企业实施产品跳跃行为之后,依据其是否将旧版品牌药移除出相关市场,可以作出进一步划分为"硬转换"和"软转换"。Abbott 将旧版品牌药完全移除出药品市场,可供消费者选择的只有新版品牌药,以致市场无法判断品牌药的新旧版本的相对利益优势,产品跳跃作为一种"强制手段"减少了消费者的选择,故属于"硬转换"。相反地,AZ 只是停止对旧版品牌药的宣传促销,并未将其从药品市场移除,故属于"软转换"。但是,"硬转换"和"软转换"的区分忽略了鼓励仿制药进入药品市场中所产生的竞争效益的重要性。不论原研药企业采取"硬转换"抑或"软转换",都会在某种意义上阻止仿制药企业充分利用竞争机制,而竞争机制是药品研发创新的前提和基础。虽然旧版品牌药所对应的仿制药仍与新版品牌药处于市场竞争状态,但仿制药的替代率会下降或失去替代的可能性。因此,原研药企业在仿制药进入市场之前将消费者选择转移到新版品牌药上的产品跳跃行为,将对《Hatch-Waxman 法》、DPS 设计的替代机制产生破坏性效果。

依据 AZ 案的判决,虽然 AZ 采取"软转换"策略保障消费者对药品的选择,但法院由此免除 AZ 的反垄断法责任,可能导致其他原研药企业在实施产品跳跃时采用此种策略以规避反垄断规制。产品跳跃本身若仅对既有药品进行微小改造,任由"软转换"破坏仿制药的竞争替代,最终还是会损害消费者的正当权益。此外,不能排除在特定情况下,原研药企业从市场上清除旧版品牌药亦具有竞争性,如原研药企业认为消费者服用新配方的新版品牌药具有明显的优势,那么"硬转换"是克服消费惯性的有效方法。总之,针对制药企业产品跳跃行为,美国法院将之区分为"硬转换"和"软转换",但是不能就此认为该认定方法具有决定性意义,以免扭曲原研药企业竞争动机。

三、我国制药企业产品跳跃的反垄断规制

作为仿制药大国,一系列鼓励仿制药产业发展的政策出台,以仿制药竞争解决药价上涨等问题,已初见成效。原研药企业,尤其跨国原研药企业,实施的产品跳跃行为挤压我国仿制药企业的市场空间,其新版品牌药限制了我国仿制药企业的研发创新。原研药企业多分布在美国等发达国家,对其产品跳跃予以反垄断规制面临经济、政治、国家安全等多重因素,易引发国际间的纠纷。因此,我国应当重视制药企业产品跳跃的反垄断规制的难度与风险,谨慎适用《反垄断法》。

(一)反垄断法与专利法的冲突与协调

为实现国内制药产业转型升级,同时落实2020年《中美经贸协议》中与药品相关的知识产权条款,需要加强原研药的专利保护,鼓励原研药的创新与研发。原研药企业产品跳跃游离在反垄断法与专利法的边界之间,对其法律规制应当协调适用反垄断法和专利法,避免法律冲突。

反垄断法和专利法之间的关系颇具争议。一方面,反垄断法保护自由竞争,而专利法正是通过赋予专利权人垄断性权利的方式保护创新成果,具有天然限制竞争的特点。因此从表面上看,两者之间是似乎是非此即彼的对立关系。另一方面,反垄断法和专利法的价值目标亦具有一致性——促进竞争抑或鼓励创新均旨在保护消费者权益、增进社会整体福祉。[①] 两者实际上是为实现一致价值目标而采取不同的手段:反垄断法为保护自由竞争、提升社会福利而禁止限制竞争的行为;专利法为鼓励创新、保护权利人的创新成果以授予专利权,专利权本身具有的独占性和排他性构成竞争自由的阻碍,在制药产业

---

① Atari Games Corp. v. Nintendo of Am. ,Inc. ,897 F. 2d 1572,1576(Fed. Cir. 1990).

尤甚。在特定情况下,因规制手段不同而引起的反垄断法与专利法之间的冲突难以避免。①

制药企业运用产品跳跃延续专利的市场优势,与反垄断法保护制药产业充分竞争的功能目标形成矛盾。为了缓和这一矛盾冲突,在判断原研药企业产品跳跃行为是否正当合法时,应当注意对鼓励创新效果与限制竞争后果之间的权衡:若是原研药企业实施产品跳跃对创新的增进效益大于限制竞争的弊害,则应当受到保护和激励;反之,若是此种行为严重排除、限制竞争,则应当予以反垄断规制。

(二)我国制药企业产品跳跃的反垄断审查

药品专利权的专有属性使之具备合法垄断市场的法律效力,故对制药企业产品跳跃进行反垄断规制须存在更为具体化的适用条件。原研药企业作为实施产品跳跃行为的主体,若是对其某种品牌药在一定期间内竞争的商品范围或地域范围具有明显的交易条件等市场优势,形成与对方不平等的市场地位,从而产生排除、限制竞争的影响,则存在反垄断法的适用余地。《反垄断法》第55条规定,"经营者依照有关知识产权的法律、行政法规规定行使知识产权的行为,不适用本法;但是,经营者滥用知识产权,排除、限制竞争的行为,适用本法"。这一规定旨在表明《反垄断法》尊重且不干预知识产权人正当行使权利,但是,根据民法不得滥用权利的原则,如果知识产权的权利人以不当方式滥用权利,造成排除、限制市场竞争的损害结果,则《反垄断法》将予以规制。判断某一行为是否构成《反垄断法》中的知识产权的权利滥用,需要结合具体情况,重点分析行为是否达到排除、限制竞争的目的和效果。因此,若原研药企业对其某种品牌药实施产品跳跃行为达到排除、限制竞争效果的,即构成垄断行为,应当受反垄断规制。

我国《反垄断法》第55条仅作原则性规定,具有宣示性和说明性功能,难以仅依此做出违法性认定。认定原研药企业实施产品跳跃是否构成垄断行为,可以参考原国家工商行政管理总局2015年《关于禁止滥用知识产权排除、

---

① 参见牛睿主编:《反垄断法问题研究》,辽宁大学出版社2010年版,第24页。

限制竞争行为的规定》加以分析。规定对经营者行使知识产权，实施垄断协议、滥用市场支配地位等垄断行为予以细化：第 7 条至第 13 条正面列举了行使知识产权滥用市场支配地位的具体表现形式；第 15 条、第 16 条分别规定分析认定经营者涉嫌滥用知识产权排除、限制竞争行为所采取的步骤和对竞争影响的考量因素。经营者滥用知识产权排除、限制竞争的行为不是一种垄断的独立形态，[①]就垄断类型而言，制药企业产品跳跃与滥用市场支配地位的联系较为紧密，故应当围绕滥用市场支配地位在产品跳跃中排除、限制竞争问题展开，主要是相关市场界定、市场支配地位认定。

界定相关市场是认定原研药企业是否具有市场支配地位的基本前提。依据《反垄断法》《国务院反垄断委员会关于相关市场界定的指南》对相关市场的界定，相关市场是指涉嫌垄断者即原研药企业所提供的特定商品或服务具有竞争关系的商品范围和地域范围。制药企业产品跳跃行为涉及专利，相关市场的界定除考虑相关商品市场、相关地域市场以外，还应当结合原研药专利进一步考虑相关技术市场和创新药品市场。鉴于药品本身的复杂性，界定相关市场应当综合考虑药品的剂量、给药途径、不同化学制剂等因素。界定相关市场是一种分析方法，作用在于认定原研药企业的被诉产品跳跃行为、原研药企业拥有的市场力量所产生的竞争效果，因此具体案件中若存在原研药企业排除、限制竞争的直接证据，足以证明原研药企业被诉垄断行为及拥有的市场力量对竞争产生的影响，则无须再对相关市场进行界定。

制药产业不同于其他一般产业，不能简单依据在特定时间内，原研药企业提供的某种品牌药占有较高比例的市场份额就认为其存在市场支配地位，这是因为原研药企业具有市场支配地位可能因其研发的品牌药恰好符合市场需求。一般产业的产品可替代性或者可仿制性高于药品，专利仅是品牌药占据市场支配地位的因素之一，原研药企业的生产技术、品牌商誉、营销策略都可能帮助品牌药持续占据市场支配地位。从消费者角度来看，患者或医生对某

① 参见王先林：《论我国反垄断法在知识产权领域的实施》，载《上海交通大学学报》（哲学社会科学版）2009 年第 6 期。

一品牌药的依赖度或认可度往往具有较长的时间惯性,甚至在药品专利期过后的相当时间里仍然选择该品牌药。因此,应当对药品市场支配地位予以动态性综合分析。

参考文献

一、专著类

1. [澳]彼得·达沃豪斯、约翰·布雷斯韦特:《信息封建主义》,刘雪涛译,知识产权出版社 2005 年版。

2. [美]弗雷德里克·M. 阿尔伯特、[挪威]格雷厄姆·杜克斯:《全球医药政策:药品的可持续发展》,翟宏丽、张立新主译,中国政法大学出版社 2016 年版。

3. [美]凯斯·R. 桑斯坦:《罗斯福宪法:第二权利法案的历史与未来》,毕竞悦、高瞰译,中国政法大学出版社 2016 年版。

4. [美]劳伦斯·O. 戈斯廷:《全球卫生法》,翟宏丽、张立新主译,中国政法大学出版社 2016 年版。

5. [美]罗伯特·P. 莫杰思:《知识产权正当性解释》,金海军、史兆欢、寇海侠译,商务印书馆 2019 年版。

6. [美]玛西娅·安吉尔:《制药业的真相》,续芹译,北京师范大学出版社 2006 年版。

7. [美]谢尔登·W. 哈尔彭、克雷格·艾伦·纳德、肯尼思·L. 波特:《美国知识产权法原理》(第 3

版),宋慧献译,商务印书馆2013年版。

8.[日]青山纮一:《日本专利法概论》,聂宁乐译,知识产权出版社2014年版。

9.[日]秋元奈穗子:《药品安全法律体系之建构:以资讯传达为核心之动态发展》,陈麒译,元照出版有限公司2018年版。

10.[英]埃利亚斯·莫西洛斯、葛延风、胡加、王列军:《中国药品政策:改革的挑战和机遇》,中国发展出版社2017年版。

11.[英]理查德·哈康、[德]约亨·帕根贝格:《简明欧洲专利法》,何怀文、刘国伟译,商务印书馆2015年版。

12.[英]约翰·廷格、皮帕·巴克编:《患者安全、法律政策和实务》,张鲁平、翟宏丽等译,中国政法大学出版社2016年版。

13.陈洁主编:《药物经济学》,人民卫生出版社2016年版。

14.程永顺、吴莉娟:《探索药品专利链接制度》,知识产权出版社有限责任公司2019年版。

15.方江宁:《知识产权法基础理论》,知识产权出版社2014年版。

16.冯洁菡:《公共健康与知识产权国际保护问题研究》,中国社会科学出版社2012年版。

17.冯晓青:《知识产权法哲学》,中国人民公安大学出版社2003年版。

18.国家知识产权局条法司编:《新专利法详解》,知识产权出版社2001年版。

19.国家知识产权局条法司编:《〈专利法〉第三次修改导读》,知识产权出版社2009年版。

20.胡善联主编:《药物经济学》,高等教育出版社2009年版。

21.胡潇潇:《药品专利实验例外制度研究》,知识产权出版社2016年版。

22.胡颖廉:《中国药品安全治理现代化》,中国医药科技出版社2017年版。

23.彭礼堂:《公共利益论域中的知识产权限制》,知识产权出版社2008年版。

24. 桑林等:《瘟疫:文明的代价》,广东经济出版社 2003 年版。

25. 史录文主编:《药品价格形成机制研究》,中国协和医科大学出版社 2017 年版。

26. 史学瀛、张春玲、高俊芹、罗赛霞:《公共健康危机与发展中国家的知识产权战略》,南开大学出版社 2014 年版。

27. 宋华琳:《药品行政法专论》,清华大学出版社 2015 年版。

28. 唐健元主编:《美国药品监管启示》,中国医药科技出版社 2018 年版。

29. 康添雄:《专利法的公共政策研究》,华中科技大学出版社 2019 年版。

30. 王晓晔主编:《反垄断法实施中的重大问题》,社会科学文献出版社 2010 年版。

31. 牛睿主编:《反垄断法问题研究》,辽宁大学出版社 2010 年版。

32. 杨志敏:《知识产权法新解——详析知识产权法的理论与实务》,四川大学出版社 2017 年版。

33. 姚颉靖:《全球视野下的药品专利:从利益分配到利益创造》,知识产权出版社 2011 年版。

34. 易继明:《美国专利法》,知识产权出版社 2013 年版。

35. 尹新天:《专利权的保护》(第 2 版),知识产权出版社 2005 年版。

36. 俞飞主编:《知识产权保护》,厦门大学出版社 2007 年版。

37. 袁林:《美国药品审评制度研究》,中国医药科技出版社 2017 年版。

38. 袁曙宏、张敬礼主编:《百年 FDA:美国药品监管法律框架》,中国医药科技出版社 2008 年版。

39. 中国药学会医药知识产权研究专业委员会组织编写:《药品试验数据保护制度比较研究》,中国医药科技出版社 2013 年版。

二、论文类

40. Choe, Jeong Yeol, Yoon, Kyung Ae, Lee, Samuel, *Korea: The New First Battleground for the High Stakes Poker Game of Pharmaceutical Patent*

Litigation, Pharm. Pat. Anal. ,2015(4).

41. David H. Peters et al. , *Poverty and Access to Healthcare in Developing Countries*, ANN. N. Y. ACAD. Sci. 2008(1).

42. JamesThuo Gathii, *The Legal Status of the DOHA Declaration on TRIPs and Public Health under the Vienna Convention on the Law of Treaties*, Harvard Journal of Law & Technology, 2002(2).

43. Mansfield, M. Schwarz, S. Wagner, *Imitation Costs and Patents: An Empirical Study*, Economic Journal, 1981(4).

44. Michael A. Carrier, *Why the "Scope of the Patent" Test Cannot Solve the Drug Patent Settlement Problem*, Social Science Electronic Publishing, 2012(9).

45. Steve Chernovtsy, *The Legal Status of The DOHA Declaration*, Journal of International Economic Law, 2002(1).

46. Tracey Toll, P*harmaceutical Reverse Payment Settlement Agreements and a Proposal for Clarifying the Application of Antitrust Law Rule of Reason Analysis to These Agreements*, Houston Journal of Health Law & Policy, 2015(15).

47. Wang Z. *Reanalyzing reverse payment settlements: a solution to the patentee's dilemma*. Cornell Law Review, 2014(5).

48. Jonathan D. Quick 、Hans V. Hogerzeil、German Velasquez 等:《基本药物今昔 25 年》,载《中国循证医学杂志》2003 年第 2 期。

49. [美]林达·扎德拉、约瑟夫·巴塞斯达:《运用美国知识产权阻止平行进口》,张今译,载《外国法译评》2000 年第 1 期。

50. 白洁、苏庆义:《CPTPP 的规则、影响及中国对策:基于和 TPP 对比的分析》,载《国际经济评论》2019 年第 1 期。

51. 蔡江南:《管制与竞争:美国药品市场中政府的作用》,载《世界经济文汇》2004 年第 3 期。

52. 陈兵:《汽车行业价格垄断协议违法性认定与法律治理》,载《法学》2015 年第 8 期。

53. 陈兵:《美国药品领域反向支付的反垄断司法经验解读与启示——以

反垄断审查规则为线索》,载《上海财经大学学报》2018 年第 5 期。

54. 陈昊、饶苑弘:《新时代的药品带量采购实践与思考》,载《中国药物经济学》2019 年第 7 期。

55. 陈其林、韩晓婷:《准公共产品的性质:定义、分类依据及其类别》,载《经济学家》2010 年第 7 期。

56. 陈庆:《药品试验数据专有权与药品专利权冲突之研究——从药品可及性角度谈起》,载《知识产权》2012 年第 12 期。

57. 陈武:《美国药品专利诉讼中的反向支付协议——以 Cardizem CD 以及 Vally Drug 案为研究进路》,载《知识产权》2007 年第 4 期。

58. 陈学宇:《我国药品专利强制许可制度分类实施探讨——基于仿制药供应保障的视角》,载《华侨大学学报》(哲学社会科学版)2019 年第 9 期。

59. 陈瑶:《论美国 TPP 药品知识产权建议条款对公共健康之反作用——与 TRIPs 之比较》,载《国际经济法学刊》2014 年第 1 期。

60. 陈云良:《基本医疗服务法制化研究》,载《法律科学》(西北政法大学学报)2014 年第 2 期。

61. 程永顺、吴莉娟:《创新与仿制的平衡与发展——评 Hatch-Waxman 法案对美国医药产业的贡献》,载《科技与法律》2018 年第 1 期。

62. 褚童:《TRIPs 协定下药品试验数据保护的政府义务》,载《行政与法》2013 年第 6 期。

63. 褚童:《论药品试验数据保护中的数据独占保护制度》,载《金陵法律评论》2013 年第 1 期。

64. 丁锦希、韩蓓蓓:《中美药品专利链接制度比较研究》,载《中国医药工业杂志》2008 年第 12 期。

65. 丁锦希、李梦琦、陈烨、姚雪芳:《专利药平行进口价格控制效应研究——基于意大利达夫隆案例的实证分析》,载《卫生经济研究》2016 年第 10 期。

66. 丁锦希、任宏业、姚雪芳、徐卓环:《药品数据保护制度框架下的中国新化学实体法律界定若干问题探讨》,载《中国新药杂志》2015 年第 6 期。

67. 丁锦希、邵美令、孟立立:《美国知识产权反垄断诉讼中专利范围测试规则的适用及启示——基于"Schering V. S. Upsher"案实证分析》,载《知识产权》2013年第6期。

68. 董新凯:《国家知识产权战略视角下的反垄断法实施》,载《江苏社会科学》2013年第4期。

69. 范文舟:《试论WTO的药品知识产权保护对健康权的影响》,载《河北法学》2014年第9期。

70. 冯洁涵:《全球公共健康危机、知识产权国际保护与WTO多哈宣言》,载《法学评论》2003年第2期。

71. 冯洁菡:《TRIPs协议下对药品试验数据的保护及限制——以国际法和比较法为视角》,载《武大国际法评论》2010年第1期。

72. 郭德忠:《美国药品专利领域反向支付的反托拉斯问题》,载《北京理工大学学报》(社会科学版)2015年第3期。

73. 国家发展改革委经济研究所课题组:《应建立"医保支付价管理"为核心的我国药价新体制》,载《宏观经济研究》2014年第4期。

74. 何华:《药品专利期限补偿制度探究——以药品消费特性为视角》,载《法学评论》2019年第4期。

75. 何鹏:《药品专利反向支付协议反垄断审查规则及启示——美国最高法院FTC v. Actavis, Inc., et al.述评》,载《北京政法职业学院学报》2014年第1期。

76. 焦洪昌:《论作为基本权利的健康权》,载《中国政法大学学报》2010年第1期。

77. 康添雄:《专利强制许可的公共政策研究》,载《科技进步与对策》2013年第6期。

78. 李蓓:《中美药品专利链接制度研究》,载《科技与法律》2018年第1期。

79. 李瑞丰、陈燕:《专利布局视角下药企应对"专利悬崖"策略研究及思考》,载《电子知识产权》2017年第6期。

80. 李顺德:《自由贸易协定(FTA)与知识产权国际环境》,载《知识产权》2013 年第 10 期。

81. 梁志文:《美国自由贸易协定中药品 TRIPs-plus 保护》,载《比较法研究》2014 年第 1 期。

82. 梁志文:《药品专利保护期补偿制度的中国路径——〈专利法修改草案(2019)〉之完善》,载《法治现代化研究》2019 年第 4 期。

83. 刘点、肖冬梅:《日本专利异议制度回归缘由及其启示》,载《湘潭大学学报》(哲学社会科学版)2018 年第 3 期。

84. 刘风景:《"视为"的法理与创制》,载《中外法学》2010 年第 2 期。

85. 刘凯、和经纬:《激励机制、资源约束与监管成本——医保经办机构组织能力影响医疗费用增长的实证研究》,载《公共行政评论》2018 年第 2 期。

86. 刘立春、朱雪忠:《美国和加拿大药品专利链接体系要素的选择及其对中国的启示》,载《中国科技论坛》2014 年第 1 期。

87. 刘强、沈伟:《专利权用尽的售后限制研究——以专利权保留规则的构建为视角》,载《知识产权》2016 年第 2 期。

88. 刘亚军、马乐:《我国专利产品平行进口制度新发展之理论探究——以〈专利法〉的修改为考察对象》,载《社会科学战线》2012 年第 8 期。

89. 刘义胜、田侃:《根据〈专利法〉第 49 条研究药品专利强制许可的可执行性》,载《中国新药杂志》2016 年第 22 期。

90. 刘宇晖:《论专利强制许可制度——兼评〈专利法〉第三次修订的相关条款》,载《河北法学》2010 年第 4 期。

91. 罗蓉蓉:《美国医药专利诉讼中"反向支付"的反垄断规制及其启示》,载《政治与法律》2012 年第 12 期。

92. 孟祥娟:《论专利权保护与平行进口问题》,载《北方论丛》2006 年第 5 期。

93. 宁立志:《我国"Bolar 例外规则"的学理解构与制度重建》,载《政法论丛》2019 年第 2 期。

94. 宁立志、胡贞珍:《美国反托拉斯法中的专利权行使》,载《法学评论》

2005 年第 5 期。

95. 彭心倩:《专利强制许可下的专利权人权益保障论》,载《政治与法律》2019 年第 5 期。

96. 邱福恩:《韩国药品专利链接制度介绍及对我国制度的启示》,载《电子知识产权》2019 年第 3 期。

97. 石超:《从 TPP 到 CPTPP:知识产权条款的梳理、分析与启示——兼谈对中国开展知识产权国际保护合作的建议》,载《石河子大学学报》(哲学社会科学版)2019 年第 4 期。

98. 宋建宝:《专利诉讼反向支付和解协议的反垄断审查:美国的规制与实践》,载《知识产权》2014 年第 2 期。

99. 宋玉萍、王晨光:《从权利救济到权利请求——基本药物制度的法理学分析》,载《比较法研究》2013 年第 3 期。

100. 苏华、韩伟:《药业反向支付协议反垄断规制的最新发展——兼评 Actavis 案及 Lundbeck 案》,载《工商行政管理》2013 年第 16 期。

101. 苏华:《药品专利反垄断的美国经验》,载《中国价格监管与反垄断》2017 年第 3 期。

102. 孙晋、钟原:《美国药品行业"产品跳转"的反垄断规制:现状、争议及启示》,载《学习与实践》2017 年第 9 期。

103. 孙莉:《TRIPs 协定下发展中国家药品试验数据独占保护制度的构建》,载《未来与发展》2016 年第 12 期。

104. 孙颖:《平行进口与知识产权保护之冲突及其法律调控》,载《政法论坛》1999 年第 3 期。

105. 唐晓帆:《欧盟药品补充保护证书(SPC)制度简介》,载《电子知识产权》2005 年第 10 期。

106. 王玫黎、谭畅:《挑战与回应:我国药品专利制度的未来——以药品专利与健康权的关系为视角》,载《知识产权》2017 年第 2 期。

107. 王先林:《论我国反垄断法在知识产权领域的实施》,载《上海交通大学学报》(哲学社会科学版)2009 年第 6 期。

108. 王鑫、甄橙:《美国 Hatch-Waxman 法案研究》,载《东岳论丛》2017 年第 1 期。

109. 王艳、胡允银:《制药行业产品跳跃:垄断还是创新》,载《科技管理研究》2017 年第 11 期。

110. 韦森:《棘轮效应与代理的动态行为》,载《经济科学》1998 年第 6 期。

111. 韦晓云:《专利的默认许可》,载《人民司法》2007 年第 17 期。

112. 吴汉东:《国家治理现代化的三个维度:共治、善治与法治》,载《法制与社会发展》2014 年第 5 期。

113. 吴雪燕:《TRIPs-plus 条款的扩张及中国的应对策略——以药品的专利保护为视角》,载《现代法学》2010 年第 5 期。

114. 吴玉和、熊延峰:《中美两国有关 Bolar 例外的理论与实践》,载《中国专利与商标》2008 年第 3 期。

115. 肖建玉、沈爱玲:《加拿大药品专利链接制度对我国的启示》,载《中国卫生事业管理》2010 年第 10 期。

116. 徐飞:《利益平衡原则在平行进口案件审理中的重要性及其运用》,载丁寿兴主编:《浦东法院知识产权审判文选 2005 ~ 2008》,知识产权出版社 2009 年版。

117. 严桂珍:《论进口权与平行进口的关系》,载《同济大学学报》(社会科学版)2008 年第 6 期。

118. 严桂珍:《我国专利平行进口制度之选择——默示许可》,载《政治与法律》2009 年第 4 期。

119. 杨建红、陈震、邵颖、张彦彦、张象麟:《关于我国橙皮书制度构建和实施路径研究的建议》,载《现代药物与临床》2017 年第 11 期。

120. 杨静、朱雪忠:《中国自由贸易协定知识产权范本建设研究——以应对 TRIPs-plus 扩张为视角》,载《现代法学》2013 年第 2 期。

121. 杨莉、宋华琳、赵婕:《药品试验数据保护与专利保护之平行并存性研究》,载《中国新药杂志》2013 年第 22 期。

122. 杨莉、田丽娟、林琳:《药物临床试验数据公开制度研究及启示》,载

《中国新药杂志》2017 年第 9 期。

123. 杨莉、张大为、陈晶、林琳:《TRIPs 框架下药品试验数据保护的适用范围与我国的立法选择》,载《中国新药杂志》2015 年第 20 期。

124. 杨悦、邢花、冯霄婵:《关于建立我国药品专利期补偿制度的研究和探讨》,载《中国食品药品监管》2018 年第 3 期。

125. 姚颉靖、彭辉:《药品专利与公共健康关系的实证研究——基于 27 个国家和地区的数据分析》,载《科技与经济》2010 年第 3 期。

126. 姚黎、余翔:《世界主要国家药品平行进口政策的研究》,载《国际商务 · 对外经济贸易大学学报》2005 年第 1 期。

127. 姚新超:《世贸组织与贸易有关的知识产权协议在医药专利保护方面面临的问题》,载《国际贸易问题》2005 年第 7 期。

128. 尹新天:《从我国专利法看平行进口》,载《中国专利与商标》2001 年第 2 期。

129. 余东华:《转型期中国反行政性垄断中违法判定原则的选择——从本身违法原则到合理原则》,载《天津社会科学》2008 年第 1 期。

130. 张今:《平行进口法律问题研究》,载《政法论坛》1999 年第 3 期。

131. 张奇:《简述西班牙专利法的最新修改对于发明专利申请程序的影响》,载《科技与创新》2009 年第 18 期。

132. 张清奎:《TPP 条款对我国医药行业可能产生的影响初探》,载《中国发明与专利》2016 年第 8 期。

133. 张清奎:《医药生物技术领域知识产权保护现状及发展趋势》,载《中国药学杂志》2010 年第 16 期。

134. 张瑜、罗先觉:《专利诉讼和解协议中反向支付的反垄断分析——兼评 Schering-Plough 及 Tamoxifen 反向支付案》,载《北京政法职业学院学报》2007 年第 4 期。

135. 张再生、李亚男:《中国医疗保险法律体系的发展与改革》,载《中国卫生政策研究》2015 年第 4 期。

136. 赵曦:《原研药与仿制药的较量——美国 Hatch-Waxman 法案简介》,

载《中国发明与专利》2009 年第 10 期。

137. 周唯璇:《药品试验数据保护的发展趋势及我国的应对之策——从 TRIPs 到 TPP》,载《经济》2016 年第 2 期。

138. 朱玉能、罗大钧:《平行进口之竞争法规制》,载《商业经济》2004 年第 2 期。

图书在版编目(CIP)数据

基于药品可及性的专利法治研究 / 闫海等著. -- 北京：法律出版社, 2020
(辽宁大学经济法学文丛)
ISBN 978 - 7 - 5197 - 4598 - 1

Ⅰ. ①基… Ⅱ. ①闫… Ⅲ. ①药品 – 可及性 – 专利权法 – 研究 – 中国 Ⅳ. ①D923.424

中国版本图书馆 CIP 数据核字(2020)第 093595 号

基于药品可及性的专利法治研究
JIYU YAOPIN KEJIXING DE ZHUANLI FAZHI YANJIU

闫 海 等著

策划编辑 沈小英
责任编辑 贾方武
装帧设计 汪奇峰

出版 法律出版社
总发行 中国法律图书有限公司
经销 新华书店
印刷 固安华明印业有限公司
责任校对 李景美
责任印制 吕亚莉

编辑统筹 法治与经济出版分社
开本 710 毫米 × 1000 毫米 1/16
印张 13.75
字数 210 千
版本 2020 年 6 月第 1 版
印次 2020 年 6 月第 1 次印刷

法律出版社/北京市丰台区莲花池西里 7 号(100073)
网址/www.lawpress.com.cn
投稿邮箱/info@lawpress.com.cn
举报维权邮箱/jbwq@lawpress.com.cn
销售热线/400 - 660 - 8393
咨询电话/010 - 63939796

中国法律图书有限公司/北京市丰台区莲花池西里 7 号(100073)
全国各地中法图分、子公司销售电话:
统一销售客服/400 - 660 - 8393/6393
第一法律书店/010 - 83938432/8433
西安分公司/029 - 85330678
重庆分公司/023 - 67453036
上海分公司/021 - 62071639/1636
深圳分公司/0755 - 83072995

书号:ISBN 978 - 7 - 5197 - 4598 - 1
定价:69.00 元